作者 艾美·赫林
Amy Herring

# 基礎占星

## 本命盤解盤技巧

譯者 陳紅穎
Rose Chen

楓樹林

目錄

# 第二部 星盤裡的意義

# 圖示目錄

## 推薦序

# 古典占星與現代占星的相遇

很高興受邀為占星界又一本翻譯好書《基礎占星：本命盤解盤技巧》（ESSENTIAL ASTROLOGY）寫推薦序。自從全心投入到古典占星學的出版專書後，已經有很長時間沒有涉獵現代占星學的讀物了，有此機會重新閱讀現代占星的著作，原本的心態像是滲入敵營的間諜，來探查敵手劣敗的，同時也提醒自己要隨時轉換立場才能提供讀者客觀的閱讀心得，沒想到一開卷竟讀得津津有味停不下來，除了作者艾美．赫林搭配星盤知識，對人性深刻描寫極其生動外，也是因為譯者紅穎流暢的譯筆，讓我又重回初識占星學的心情。

作者從前言開始就深得我心，許多文句都像是自己常在課堂或諮商時所言，而且描寫得更為生動、妙筆生花。我也很開心看到本書在多處提及古占與現占的差異，代表作者也涉獵古典文獻，只是她的觀點仍以現代的論述為重。尤其在閱讀行星與星座的描述時，我開始進入月亮雙魚的狀態，不斷地汲取與認可這些文句，引用書本對雙魚座的描述：

「就像鮭魚不斷回到河口產卵後又死去的生命循環般，雙魚座總能感知並渴望回到源頭，無論他們怎麼稱呼或定義這個源頭。」

這些豐富深刻又引發深思的形容語句，確實不常出現在古典文獻中，只是身為古典占星學者，水星摩羯還是把我拉回到實事求是的求知原則上。例如看到以下對於太陽的形容時：

「……這就像是紅巨星，會將身旁的一切燃燒殆盡，耗盡身邊的人的能量。我們將變得自大，為了彌補內心自信的不足而竊取他人的能量以維持我們的生存。

紅巨星的太陽會以多種行為來表現，例如吹噓、說謊或誇大自己的能力，過度渴望別人的讚美，為了顯示高人一等而貶低他人，認為具競爭力是指自己要比他人強而不是自己是否已經盡力了等等。」

我的水星摩羯就會想著，這些內容涵蓋了：太陽焦傷其他行星、太陽入弱、太陽入陷、太陽在宮位上過度強化等多種判讀法則的形容，形容得十分好，比我能用的詞彙還要引人入勝，但上述內容將太陽許多狀態的表現都放在一起敘述時，學子將無法清楚判讀不同星盤中不同狀態的太陽，所對應的表現究竟是那一種，而這也是古典文獻之所以會有關鍵詞去對應各種狀態的判斷原則，以此作為像是計算公式般的推理邏輯，在腦中快速做出整合性的判讀。

在現今占星學的流傳上，主要有兩大占星學知識體系，一般分為古典占星與現代占星。古典占星可說是西元前三千年，從美索不達米亞持續傳承累績的完整占星學體系，包含了天文數理與占星學判讀人世的知識；而發展出古典與現代分水嶺的一位關鍵人物，是在十九世紀末創辦《現代占星》（Modern Astrology）雜誌的艾倫・李奧（Alan Leo），在他廣為宣傳太陽星座的重要性下，也讓「星座說」在報章雜誌的專欄上蔚為流行，因為當時英國有禁止算命之法條，他因為被控違法算命，在法庭上辯稱占星學僅作為心理傾向的說明，而非用在預測算命上，藉此開脫罪名，話雖如此，但他本人確實也因為長期受到通神學會（Theosophy Society）的潛移默化，傾向內在精神性的探索，他早就提出「個性決定命運」這一見解，顯見他在面對占星學的態度上，有逐漸擺脫宿命的預測論述，走向啟發式的自我提升。這也是為什麼本書作者雖有少許篇幅提及占星歷史，卻僅僅著墨在至今百年來的艾倫・李奧，以及隨後心理占星的發展上，而對於建構出「擇時占星」「卜卦占星」「醫療占星」「世運占星」「尊貴力量」等本書末「專有名詞表」中的內容卻暫不論述，因為這些名詞，都是來自數千年占星學歷史與傳承的學問，是屬於古典占星的範疇，只是在19世紀末現占與古占分野後，兩學者側重了不同的面相。

其實，許多人受到占星學吸引，多半是想透過一個客觀的工具解讀自己、理解自己，甚少人初始的動機是為了學習一門算命的工具。但是，會讓我與所有古典研究者持續留在古典文獻的研究保存上，便是為了呈現這門學問的嚴謹與科學性，降低推算者個人的主觀判讀，占星學才能依據客觀與可信度的知識。更重要的是，當我們認為要「活出自己」、「勇敢做自己」時，代表有一個先驗式的「自己」存在著，等著我們窮究一生去認識，這點作者也有相同的想法：

「命運可被定義為刻在石頭上、無可避免的事物，或是我們無法掌控的特質或環境，天體的運行有著自己的軌跡，是可以被預測的，也是注定好的。你出生時太陽在天空中的位置也是永恆無法改變的。不過，理解它之於你的意義以及如何回應流經你身體的能量卻是可以掌控的，你可依據意識上的選擇與自由意志來行動。」

依上述所說，占星學就是一門可以清晰刻畫「自己」的知識，假若占星學「僅僅」落入沒有明確定義、或融合多種表現樣態的散文式敘述語句，在判讀上會缺乏穩定性，也做不到刻畫自己與外在現象的輪廓了，這也是古占與現占最爭論不休的地方，無關對錯，而是觀看你用什麼樣的角度和需求去學習占星。

最終，以怎樣的態度去使用這門知識，才是我們由衷所追求的學問。引用本書作者的前言：

「透過自己的出生星盤，你將對自己的潛能更有覺知，並做出讓自己更接近完整生命的選擇，與真實的自我連結，如此你便不會覺得自己是命運的受害者了。」

我們要以正確精細的判讀去認識真正的自己，再觀察自己有意識的抉擇所產出的人生經驗，跟星盤所刻畫的徵象越貼合，代表你真正與自己連結在一起，你也就越懂得找到力量去掌握自己的人生。我認可艾倫・李奧脫離被動式觀命忍受的宿命觀，以探索內在精神性的方式來運用占星學，改造我們看待生命的觀點，這也是現代與古典占星最美好的相遇方式。

**韓琦瑩** 星空凝視占星學院
Skygaze Academy of Traditional Astrology (SATA) 院長

謹序於台北 3. 29. 2021

# 譯者序

我是在二〇〇四年接觸占星這門學問的。和大多數人相同，會想要尋求專業命理學的協助，通常都是在面臨人生重要關卡之際。當時有位朋友剛完成與專業占星師珍妮佛老師的諮商，因為感嘆其精細的解讀，於是迫不及待地向我介紹，而我想也沒想就直接預約諮商。猶記得當時專業占星師珍妮佛老師（https://m.xuite.net/blog/cwc1688/blog）在解析我的星盤時，不但精確說出我的內在及外在狀況，在預測我未來的伴侶時也有非常細微的描述，現在想來仍覺得十分神奇。也因為那次的諮商，我成為專業占星師珍妮佛老師的學生，進而踏上占星學習的漫長旅程。

隨著向專業占星師珍妮佛老師學習長達三年以上的時間，我打下了現代占星紮實的基礎，同時也累積為數不少的諮商個案。之後我又因緣際會認識了教授古典占星的韓琦瑩老師（Cecily Han）及其老師秦瑞生老師（天人之際學會），才明白原來占星學還有現代派及古典派的區別。由於好奇心驅使，我又追隨這兩位古典大師開始為數更長的古典占星的學習，甚至成為韓老師所創辦的星空凝視占星學院（SATA）的教務主任及專任講師，並翻譯了《占星魔法學》《占星詩集》兩本著作。

雖然我在學習道路上有著現代派及古典派的分別，但這並不代表我在實踐古典占星時就完全把現代占星給忘卻。相反地，在針對個案個性及心理的描繪上，我仍覺得現代占星細膩並符合現代生活的豐沛語彙更能讓當事人有所觸動，也因此我仍時常翻閱現代占星學的著作來豐富我的詞彙庫。《基礎占星：本命盤解盤技巧》是我認為在眾多現代占星的啟蒙書中，對行星、星座及宮位等基礎知識有著最深刻的解釋及生動描繪的著作之一。而如書名所示，這本書更囊括了基礎的解盤技巧，其中一些方法也是我在進行個案諮商時會使用的。換句話說，若能細心讀完這本書並加以練習，即使是占星的初學者也能很快為親朋好友解讀星盤，同時為未來的進階學習打下良好的基礎。

在此特別感謝學院學員瀅晴（同時也是楓書坊的企畫）介紹，讓我有寶貴的機會翻譯這本書。也希望此舉能打破現代占星及古典占星的門派之見（若有的話），而讓兩方學派的人都能互相學習彼此的長處，在諮商時為個案尋求最適合的解決方案，並在占星學的研究上激盪出更多創意，為占星學的永續發展盡一己之力。

陳紅穎 Rose Chen
星空凝視占星學院
Skygaze Academy of Traditional *Astrology* (SATA)
教務主任及專任講師

# 致謝

這本書的出版要感謝摩羯座。

感謝我太陽摩羯的丈夫，在我告訴他我準備寫第二本書時，他只深深吸了一口氣，而無論在寫書前、寫書時或寫書後，都對我展現堅定的支持。他總讓我大笑——不管是取笑他還是因為與他共處的快樂。

感謝我那月亮摩羯的好友，這十年來她總是嘮叨著要我寫一本給初學者的占星書。這是多麼驚人的毅力！

一如往常的我要感謝我那太陽摩羯的導師史蒂文・福雷斯特，他深入淺出的教學方式讓多年前的我就能理解。

感謝我的學生（不管是不是摩羯座），在**他們**受到占星學啟發的同時，也不斷地打破我對占星想像的界限。

特別感謝梅莉莎，給予我足夠的空間不受干擾地持續寫書，這還是第二次。也感謝克里斯蒂，願意以初學者身分閱讀並評論我的手稿。另外還有奧斯卡，讓我了解獅子座權威的原型是什麼樣子。

# 前言

## 命中注定與自由意志

現實中的我們是真實且多元的，而占星學正能反映這種活生生、多變的實相。星盤中的每部分皆蘊含著某種範圍的可能性，絕非單一平板的行為模式。即便出生星盤在出生的**當下**就已固定，但其所揭櫫的並非人性的刻板設定，而是無窮無盡的成長之路。本書中所有占星學的定義與技術莫不以這樣的理念呈現。

你們可能聽過一些關於個性特徵的武斷說法，例如雙子座善變，巨蟹座喜歡小孩，處女座龜毛挑剔。本書的用意就在於揭穿與駁斥這些刻板印象。占星學並非用來設定這些界限，而是協助我們了解與發揮潛能，移除內心的路障，甚至療癒所有受過的傷。人類的本性都繼承著演化的潛能，善用占星學能聚焦在這些潛能上，為個人的演化揭示一條前進的道路。出生星盤並非只用來描繪有限的個性特徵，它更像是生命的藍圖，指引我們活出生命中最大的可能，實現獨一無二的需求與天賦。

本書是以心理學及象徵性的觀點來解析占星學。你將會學習如何以心理學的角度應用本書所介紹的技術與理論，你必須越過星座的刻板行為模式來思考人們背後的動機。我們不能老是認為所有的雙子座都是話癆，所有的獅子座都想成為目光的焦點，而是要理解為何這些現象**有可能總是或不總是正確**。

心理學家卡爾．榮格（Carl Jung）曾說：「若內在處境未被意識到，就會以命運的形式顯現於外」。許多人排斥占星學，是因為他們對於性格或未來已經是預定好的想法感到不悅，認為這剝奪了他們的自由意志。然而，占星學能和諧地容納命中注定與自由意志這兩種概念，現代占星學亦不認同古代占星學常見的命定與僵硬的論述。【譯註1】

命運可被定義為刻在石頭上、無可避免的事物，或是我們無法掌控的特質或環境，天體的運行有著自己的軌跡，是可以被預測的，也是注定好的。你出生時太陽在天空中的位置也是永恆無法改變的。不過，理解它之於你的意義以及如何回應流經你身體的能量卻是可以掌控的，你可以依據意識上的選擇與自由意志來行動。透過自己的出生星盤，你將對自己的潛能更有覺知，並做出讓自己更接近完整生命的選擇，與真實的自我連結，如此你便不會覺得自己是命運的受害者了。當你愈能意識到並擁抱真我，學習有創意地回應及處理出生星盤中的能量，占星學中標準但刻板的描述就愈無法反映你的生活。

別只是把出生星盤當作行動指南，而是屬於你個人的謎題——必須去拆解它、活出它並穿越它。出生星盤也可被視為一生的工具箱，裡面的工具既堅實又可靠，它不僅能用來打造你的生活，學習善用這些工具並發揮其最大效能更是打造夢想生活的重要關鍵。就像榔頭，它可以拿來建造房屋，但也可以敲碎拇指。若能將出生星盤視為你即將成為或創造的，而不只顯現本來就是的，對你將會更有助益。

## 不只是太陽星座與星座運勢

儘管有多種的說法，但沒人能確切地說明占星學為何準驗。占星學家常以「天上如是，地下亦然」的名言來解釋，意思是天上所顯示的一切，我們也能在塵世中見到其徵象。這本書的觀點在於天體的運行能同時反映地上的事件，而非行星的運行**造就**所有事件。你的出生星盤並非造就你的作為或思想的原因，它僅能提供你的內在是如何運作的洞見。

你可能是透過星座運勢而接觸到占星學的，甚至因而產生興趣。你在報章雜誌、書籍或網路上所讀到星座運勢可能是某段期間的簡短分析（通常是每日、每週、每月或一年），這些都是根據

---

【譯註1】古代占星文獻有許多看來命定或僵化的論述，因為古代占星師在表達上囿於時代背景，目前學習占星的人，已經越來越多人懂得穿越文字表面去理解底層的邏輯與精髓，也有現代占星師融合古典占星來解析命盤。事實上，現代占星有八〇％以上的技術皆源自古典占星，而要精研任何一門學問，了解其本源及歷史的演進非常重要，古典和現代的占星分界已漸漸模糊，取而代之的是兼容並蓄的學習。

你的星座而定，或更精確來說，是根據你的**太陽**星座。當你在問某人是什麼「星座」，實際上是在問他們的太陽星座，而這主要是由生日當天太陽來到什麼星座來決定。若你是巨蟹座，那麼你的生日就會在六月下旬到七月中左右，因為每年的這個時候太陽都會經過巨蟹座。在你出生的時候，其他的行星也會來到某個星座上，但太陽星座是最廣為人知的。

大多數的人並不了解星座運勢只是占星學的某一面向，而且並非良好的示範。**星座**（horoscope）一詞被大眾簡化為日報、月刊、太陽星座年度預測書或網路上的片段描述，以及那些每日、每週、每月或每年的星座運勢或對未來事件的預測。然而 horoscope 真正的意思是指一張張繪製行星在星座及宮位的天宮圖，也就是你即將在本書學到的內容。為避免混淆，我們將使用**星盤**或**出生星盤**來描述占星學星盤的整體內容。

不同的人所寫的星座運勢都有所差異。占星符號有其核心基礎的意涵，但這些意涵會隨著不同人的觀點、經驗與知識而有不同的詮釋。例如你是巨蟹座，你在不同的來源所讀到星座運勢可能會有所出入。假設有兩個專業的占星師針對你的星座撰寫運勢，你也很難分析出他們的高下，因為他們都是根據各種與巨蟹座相關的天體變化來**詮譯**的。

太陽星座的運勢可說是一種「稀釋過」的占星學，為了迎合大多數的人，它們只能根據你的太陽星座來推論（或忽視）你星盤中的其他部分。許多人常批評占星學將所有人塞進十二個星座，相對於人們的多元性而言太過局限。難道巨蟹座們每天的生活經驗都是一樣的？不太可能。大部分的時候，星座運勢的價值大概僅在吸引人們對占星學的興趣，即「娛樂的價值」——但也成為大部分的星座專欄用來開脫什麼都有可能，或預言的內容不一定準驗的免責聲明。這些星座運勢是有局限性的，充其量只能為每日的生活帶來一些想法，但絕非過生活的準則。我們或許也可以稱它們為占星的詩文。

大眾化的占星學，例如罐頭式的定義、電腦產生的星座報告以及太陽星座運勢通常是無效的，因為這些內容只來自個人的解析，是固定且不變的。但對於不熟悉占星學複雜度的人而言，在閱讀過後會以為這些是構成占星學的**唯一**說法。占星學**本身**是流動的，如同一百個字可能產生無限個不同句子與故事，占星學所使用的關鍵詞也無法說明整個占星學，構成占星學的整體遠大於各個部分的加總。又例如我們要說明巨蟹座的經驗，我們必須與它互動；這些經驗是活的，我們必須有創意地與它對應並活在其中。對於這些生搬硬套的解析，我們不是接受就是拒絕，因為它並不能真正反映巨蟹座的精髓；這些只是預先填充好要餵食給你的簡短膚淺、如速食雞塊般的解析，不但無法幫助對自我的了解與探索，反而讓人自我定義與分類。

占星學是以**象徵符號**的語言來描述生活的。當符號的流動性及多面相的本質被固定在僵硬無法改變的型式時，便會失去效益。當符號流於字面上的表達，就會變得扁平化、無聊而沒有生命。為了體現符號的意思而對其強加解釋反而會失去重點。符號本身就是蘊藏豐富資源的深井，所有的表達只能從深井中汲取。每種表達也只能反映其精髓的某個面相，而非精髓本身。就像柏拉圖的型式（Forms）或榮格的原型（Archetypes），當我們參與其中並擁抱這些能量時，即是從深井中汲取其精髓，但我們若試圖將符號文字化，它就會變得像二度空間一樣扁平且毫無彈性。若占星學成為固定的、流於字面的定義與預測時，自然就不能應用在個體的描述上，因為個體的特質是無法被僵化地歸類的。

即使有其他人的星盤跟你的一模一樣（這極有可能），那個人也不可能過著跟你同樣的生活，有著同樣的經歷，做出同樣的選擇。占星家伊莉沙白・蘿絲・坎培爾（Elizabeth Rose Campbell）曾說道：「車子可能相同，但駕駛是不同的」。

星盤較像是你的夥伴，當你感到迷失或想要釐清自己到底是誰時，可以向它尋求指引。它雖然不能告訴你一切，但它能告訴你什麼是重要的；它是自我建構時最有創意的一塊磚——在你呼吸的每個當下，能從中成長、更新的符號。

出生星盤的解析必須能促進靈魂的完整與表達，絕不能局限在定義一個人的應用上，雖然占星學的確能做到這點。與其定義支微末節，我們應該著眼並滋養它的根，人們才能透過占星學成長。

## 如何使用本書

這本書不是占星學的大雜燴。書中不會有星座代表的花朵、寶石、幸運顏色或鞋子的平均尺寸。這裡將言簡意賅地列出星座、行星、宮位及相位的**基礎**意涵，並迅速進入解析星盤的核心以及所需的技術與觀念，而非片段的關鍵詞或缺乏個人色彩的刻板描述。你將會發現出生星盤最深層的意義，並將最重要、最具意義的部分帶到表面上來。從這些基礎中還可衍伸出其他寶貴有趣的學習主題，例如小行星（asteroids）、彗星、恆星（fixed stars）、十度（decanates）、過運（transits）或次限推運法（progressions）。這些主題值得你更深入的學習來豐富自己的占星知識與應用，但仍必須建構在對本命占星基礎的了解上。

在閱讀本書時你手邊應該要有一張自己的出生星盤。要獲取完整正確的出生星盤，你必須先準備好出生日期、準確的出生時間以及出生地點。若你還沒有自己的出生星盤，本書的結尾列有如何獲取出生星盤的相關資訊。大部分的時候無法取得完整出生資訊的困難點在於出生時間。從過去幾十年開始，出生證明大多都會記載出生時間，因此從你的出生證明應該都可以查得到可靠的出生時間。若你手上沒有出生證明，那就去申請一張吧！本書附錄中列有如何申請出生證明的資訊。【譯註2】

若你的出生證明並未記載出生時間，那就尋找任何有可能記載的文件，例如家裡的聖經、族譜、嬰兒手冊或相簿。除了尋找這些文件外，直接問親戚也是不錯的選擇。不過尋找記載的文

【譯註2】作者僅能列出美國申請出生證明的資訊。

件還是首先要做的，畢竟親戚，甚至是自己的父母都有可能記錯時間，尤其時間愈久愈是如此。

若經過各種努力你還是找不到自己的出生時間，還有另一個稱為生時校正的選項。這個過程包含了收集一些人生重要的經歷，以回溯的方式找到正確的出生時間。但這個過程並不容易，而且很可能會出錯，因此寧可費盡千辛萬苦來找出生時間，也不要輕易嘗試。若你仍想嘗試，你至少要有個大概的出生時段，例如「在早上」或「爸爸下班後」或「在凌晨」。這些形容詞都可以幫助占星師在做生時校正時縮小可能的時段。

在進行生時校正時，只有技術高超、經驗老道的占星師才能找到最好的結果。生時校正的過程既細緻又複雜，經驗不足的占星師很容易出錯。也因為如此，並不是每位占星師都提供生時校正的服務。

若你找不到出生時間，又不想做生時校正，也不用感到絕望。你的出生日期仍能為你的行星及星座找到足夠準確的位置（不包括宮位），但月亮為例外。因為月亮移動快速，每兩天半會轉換一個星座。因此出生時月亮剛轉換星座的機會將比其他行星來得高。

若用利用網站或軟體計算出生星盤，你必須在出生時間裡鍵入一個預設值，此時正中午將會是一個好的選擇。只要你的出生日期正確，行星在星座的位置基本上也會正確。同樣，月亮為例外。若你將時間的預設值設為中午，然後發現星盤中的月亮剛轉換星座或即將進離開所在的星座，那就表示若你沒有準確的出生時間，的確就無法知道月亮在什麼星座了。[1]

手繪星盤是個有趣且令人欽佩的技能，不過本書的內容並不包括這項技能。準確的占星軟體或網站就可以繪製你的出生星盤了，而手繪星盤的計算過程反而容易出錯，因此只要確認你的軟體或網站能可靠地計算出你的出生星盤即可。若有任何疑慮，也可以比較多種來源來確認其精確度。本書結尾列有推薦的軟體及網站。

隨著本書的進展你很快就會發現占星學真是個洞悉人性的有力工具。但和心理醫生討論客戶的諮商內容，或醫生在未經病患同意便透露其醫療狀況相同，在占星學界裡，若未經本人同意就解讀他人的星盤，亦會被認為是不道德的。星盤裡的訊息本身就是敏感的，尤其在這個資訊比金錢來得更有價值的年代，不管當事人相不相信占星學，隨意透露星盤資訊也可能被視為背信。

當然也有例外的時候，例如父母解讀孩子的星盤或我們解讀公眾人物的星盤時，不過若要解讀他人的星盤，尤其還會與他人討論星盤裡的資訊時，最好能事先取得當事人的同意。

---

1 有些方法，例如太陽回歸盤（solar chart），可以在不知道出生時間的狀況下找出宮位所在。然而，也有占星師認為，在本命資訊不準確的情況下，其所衍生的方法也無法正確地找到行星所在的宮位。

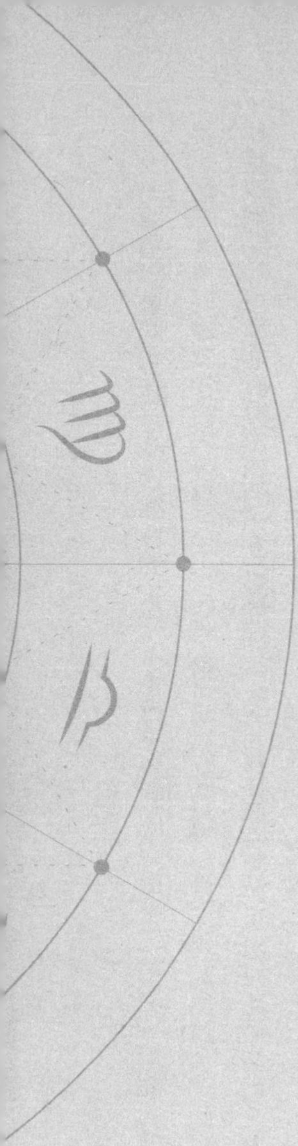

第一部

# 占星學的歷史與天文學

# 第一章 占星學的歷史

## 什麼是占星學？

占星學乃根據天體能象徵性地反映（而不是造就）人類個性與各種事物的概念，而研究行星、星體及各種天體現象的一門學問。占星學被稱為一種象徵符號的語言。如同我們的字母有其聲音或發音的規則，每個占星符號亦有其徵象或含意。我們的字母能串連成文字，而占星符號能串連出有意義甚至是複雜的概念。

占星學的中心思想在於每件事物或人物都有一個開始。不管是事件、國家或人物，都有其出生的時間。在出生的當下記錄特定星體的排列即形成星盤。出生星盤或本命盤的時間通常是指個人的出生時間。但界定事物何時開始是件困難的事。某件事何時開始——某個想法何時產生或某個形狀開始成形？雖然有某一個占星支派研究出生前的狀況，但出生星盤主要是建構在某件事物開始獨立成形的當下，與事物還在孕育的階段是相對的概念。

## 歷史概要

占星學的應用在過去不同的時期由許多不同的哲學觀所驅動。一開始它被視為某種占卜的型式，能預知未來、傳達神諭。經過一段時間的發展並融合不同的文化後，占星學演化成更複雜的系統。有很長的時間占星學享有很高的聲望，但其受歡的程度卻在十七及十八世紀消失殆盡，還受到鄙視，之後才慢慢贏回眾人的興趣與想像。

為了讓大眾更易接觸與了解，像艾倫・李奧（Alan Leo）這樣的神智學家就嘗試將占星學簡化。於是占星學的重點就從占卜轉為性格分析（李奧的名言就是「性格決定命運」）。占星家丹恩・魯伊爾（Dane Rudhyar）和馬克・艾德蒙・瓊斯（Marc Edmond Junes）則隨著大眾對心理學的興趣，繼續將占星學發展成對心理狀態的分析，甚至連備受尊崇的心理學家榮格也研讀占星學，並將「宇宙同時性」與占星學連結，認為占星學的表達建立在這個基礎：一連串看似毫無連結的事件卻同時發生的相關性。

太陽星座專欄讓占星學隨手可得，現在仍為主流占星學的重點，但也因為這股潮流，多數人並不知道占星學的內涵有多深遠。占星學有著長久且多元的傳統，並能從中汲取源源不絕的資源，是一種早已證明其能順應使用者及時代精神的系統。

# 第二章 占星學的天文學

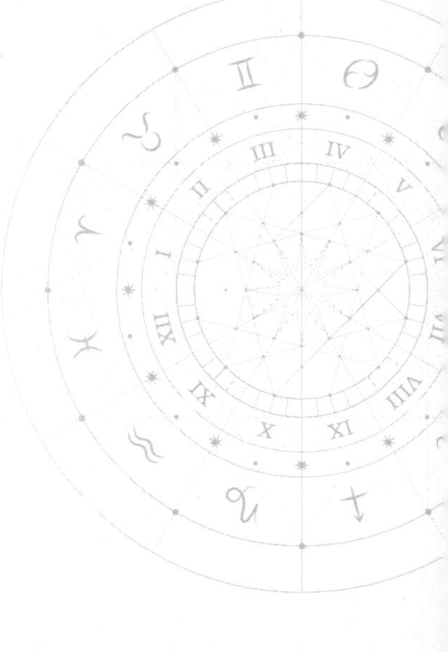

## 天文學 vs 占星學

占星學乃根據天體能象徵性地反映（而不是造就）人類個性與各種事物的概念，而研究行星、星體及各種天體現象的一門學問。占星學被稱為一種象徵符號的語言。如同我們的字母有其聲音或發音的規則，每個占星符號亦有其徵象或含意。我們的字母能串連成文字，而占星符號能串連出有意義甚至是複雜的概念。

占星學的中心思想在於每件事物或人物都有一個開始。不管是事件、國家或人物，都有其出生的時間。在出生的當下記錄特定星體的排列即形成星盤。出生星盤或本命盤的時間通常是指個人的出生時間。但界定事物何時開始是件困難的事。某件事何時開始——某個想法何時產生或某個形狀開始成形？雖然有某一個占星支派研究出生前的狀況，但出生星盤主要是建構在某件事物開始獨立成形的當下，與事物還在孕育的階段是相對的概念。

天文學及占星學皆為研究星體與行星的學問，只是目的與方法各有不同。但在大部分的歷史中，兩者的身分是結合的；天文學家就是占星學家，反之亦然。由於過去這兩種學問的規則相對而言難以分割，因此我們今日所知的天文學是由過去的占星學家所發現的。

## 回歸黃道占星學

占星學這門學問內含世界流傳已久且來自不同領域的系統與技術。雖然基礎概念類似，但執行概念的方法卻各有不同。回歸黃道占星學有時也被稱為「西方占星學」，是最被廣泛使用，也是本書所使用的系統。回歸黃道占星學將天空分為十二個大小相同的星座，第一個星座為牡羊座。而它的起點為三月的二分點（equinox），即一年之中太陽與地球赤道會合的兩個時間點之一。由於地軸是傾斜的，一端指向太陽，另一端則離開太陽，因此只有這二分點是白天和夜晚的長度相等的時候。而天空中的這兩個點則分別標示著牡羊座及其對面的星座天秤座的起點。至於二至點（solstices），即當太陽來到相對赤道最高及最低的位置時，分別標誌著巨蟹座和摩羯座的起點。[2]

2 回歸黃道系統乃根據太陽運行時地球與太陽之間的相對位置，而非地球與天文星座固定某一個點的相對位置。雖然黃道星座與天文星座在西方文化中的名字相同，但兩者因**地軸進動**，或更普遍的說法為**歲差**的緣故在天空中的位置並非一致。更多資訊請見專有詞彙表。

# 第三章　出生星盤地圖

當你開始一段旅程時，你會需要地圖。要開始占星學的旅程，你的地圖就是出生星盤（本命盤）。出生星盤基本上為你出生的當下簡化了的天空的地圖，從你的出生地點往上看時天空的快照。太陽、月亮和行星以二度空間的方式顯現在星盤上。因為地球為星盤的中心，所以地球並未出現在其中。雖然幾個世紀以來我們知道行星是繞著太陽而非地球而轉，但占星學起源於這個普世知識之前，並立論在地球為中心所觀察的結果。大部分的占星傳統採用地心論（地球為中心）的觀點，這可能是因為主觀的經驗相對於客觀的觀察使占星學更具意義及個人化。即使是現在，占星學所談論的也都是觀察的人，至少從這個觀點來看，這世界的確實繞著你而轉！

出生星盤所牽涉到的天文學是引人入勝且複雜的。精確且方便的電腦軟體只要幾秒鐘的計算就能繪製星盤，比過去還要便捷許多。雖然你無須手繪星盤才能進行星盤解析，然而知道一些基礎概念能協助你了解三度空間的天空是如何轉譯為二度空間的地圖。

## 三度空間的占星學

想像你正仰望著夜晚的星空。我們都知道圍繞的宇宙無邊無際，天空中小小發亮的星體實際上巨大無比，與地球的距離遠近不一。然而，**從視覺上**來看，天空就像是綴滿鑽石的黑絲絨布幕。這個布幕被稱為**天球**（Celestial Sphere），而黃道帶及其他構成星盤的部分則被投射其上（圖1）。

想像地球被一個稱為大圈的線所環繞。但它

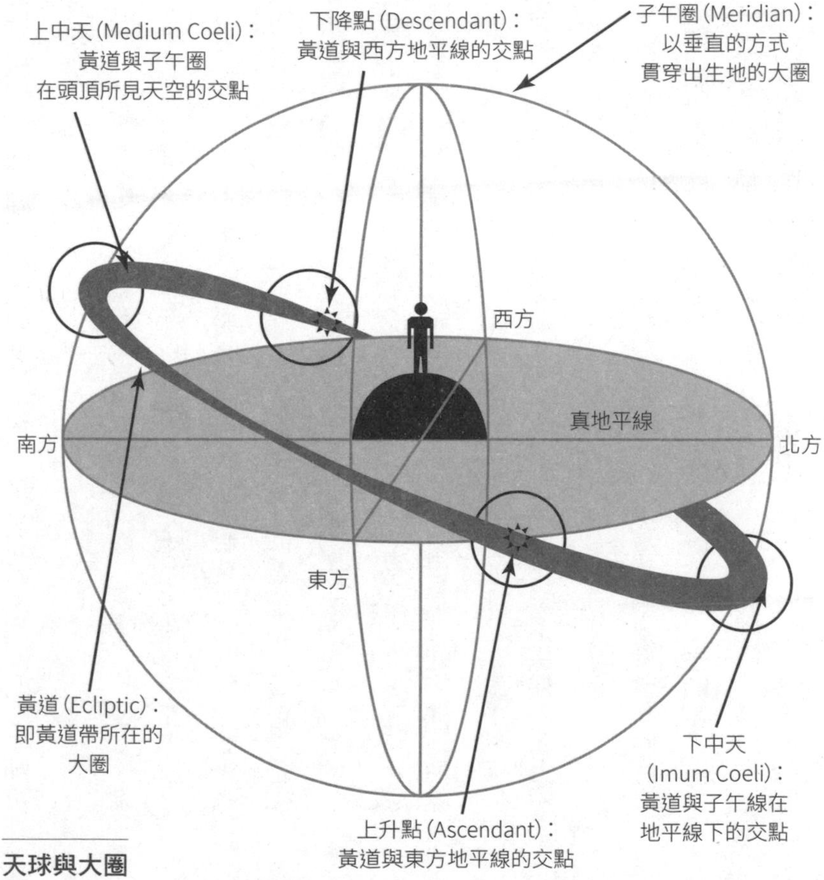


**天球與大圈**

其實不是簡單的一條線，而是把地球切分成不同的平面與空間，就像是正在表演幻術的魔術師將裝在魔術箱的得力助手切成兩半一樣。

簡單來說，我們先將重點放在三個與繪製出生星盤有著直接關聯的大圈：**黃道**（Zodiac）、**地平線**（Horizon）與**子午圈**（Meridian）。這些平面貫穿了地球的中心，並將天球以不同的角度切分。

黃道是指太陽運行的視軌道，背景為一年到頭閃閃發亮的天文星座（假裝明亮的陽光並未遮蔽星星的光芒）。而這十二個星座亦延著這個軌道環繞地球，即我們所認知的黃道帶。黃道帶是由十二星座所構成，依牡羊座到雙魚座的固定順序排列，而每個星座在這個大圈中的間隔是一致的。

地平線則將地球與天空分成南北兩個半球。**真地平線**（True Horizon）通過地球的中心，是我們計算星盤的要素之一。地平線以水平的方式將地球分成兩半，子午線則是以垂直的方式將地球分為東西兩個半球。兩個大圈的交點即為出生星盤中四個重要的點。黃道與地平線的交點決定了星盤的上升點（Ascedant）與下降點（Descendant），而黃道與子午圈的交點則決定了星盤上的**上中天**（Medium Coeli）與**下中天**（Imum Coeli）兩個點[3]。

雖然地球在轉動，但黃道星座看起來卻像是繞著我們轉動，一個接著一個東升後又西降。由於地球每天繞著地軸轉約二十四小時，因此十二星座每天也會上升和下降。在出生的當下，由出生地的東方地平線升起的星座被稱為**上升星座**（Rising Sign）或上升點，[4]與此同時，自西方地平線下降的星座則稱為下降星座。太陽、月亮及其他行星也以同樣的方式繞著我們旋轉，每天由東方地平線升起，再往西方地下線下降，星座亦是一個接著一個上升又下降。

## 二度空間的占星學

典型的星盤是由圓形所構成（圖2）

圖2：空白的星盤

3 **上中天**與**下中天**常被占星家稱為天頂（Midheaven）與天底（Nadir），然而這很容易與天文學的名詞混淆。因為天文學的天底是指位於觀察者正下方的某個點，而占星學的天底是指黃道與子午圈在地平線下的交點。同樣的，天頂（Midheaven）與頂點（Zenith）的名詞也常被拿來交換使用，但這並不正確。天文學的頂點是指位於觀察著正上方的某個點，而占星學的天頂則是指黃道與子午圈在地平線上的交點。

4 雖然上升星座與上升點這兩個名詞常被互換使用，但兩者是有差異的。上升星座是指出生的當下從出生地的地平線升起的星座，而上升點則是指上升星座與地平線的交點。

## 星座

黃道帶的外圈圍著十二個星座，上升星座則是指最左邊的星座（圖3）。

## 行星

行星有可能出在圓圈內的任何位置，並根據出生當下所在星座而定。行星環繞太陽旋轉的同時，看起來卻像是繞著地球而轉，其在運行軌道的位置也會落在某個星座的邊界內。舉例來說，在你出生之時，太陽也許出現在天空上我們稱為雙魚座的區域內。這意味著太陽所在的天球背景為黃道上配置給雙魚座的區域（圖4）。

## 宮位

由中心再將星盤像切蛋糕一樣分割成

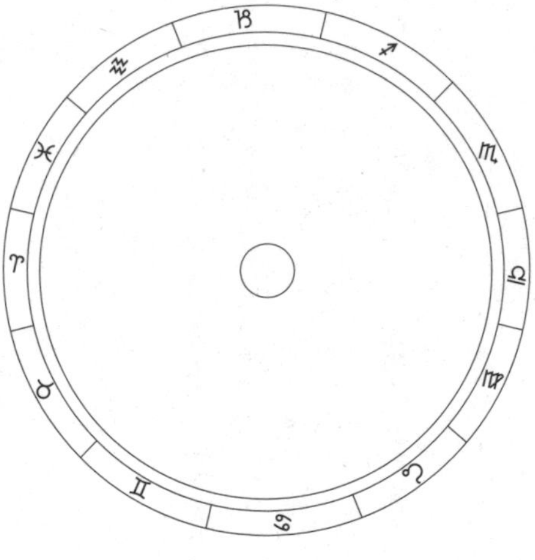

圖 3：黃道帶

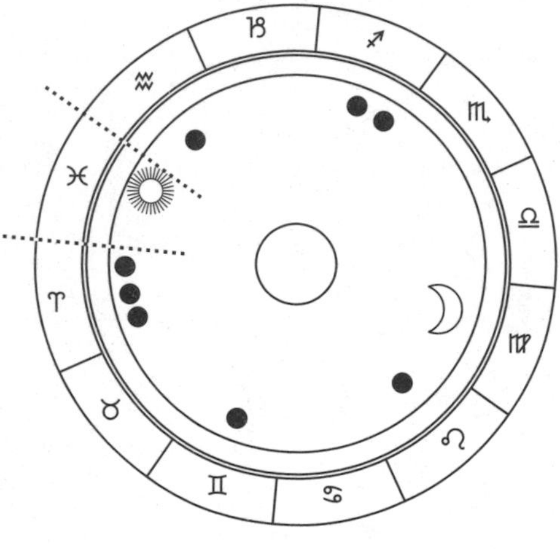

圖 4：太陽位於雙魚座的邊界內，其他環繞著圓圈的行星則由黑點標示

十二個宮位，並從第一宮到第十二宮依序標號（圖5）。最左邊的宮位為第一宮，接下來的宮位則以逆時針的順序編號，直到最後一個宮位第十二宮為止。宮位及星座的邊界稱為**宮始點或星座始點**（Cusps）。如你所見，圖4的行星位置並未改變，但其上卻出現宮位。宮位與星盤的圓圈是**重疊**的，其邊界構成了行星及星座的「房子」[5]。星座與宮位的邊界有時並不一致，必須分別看待。

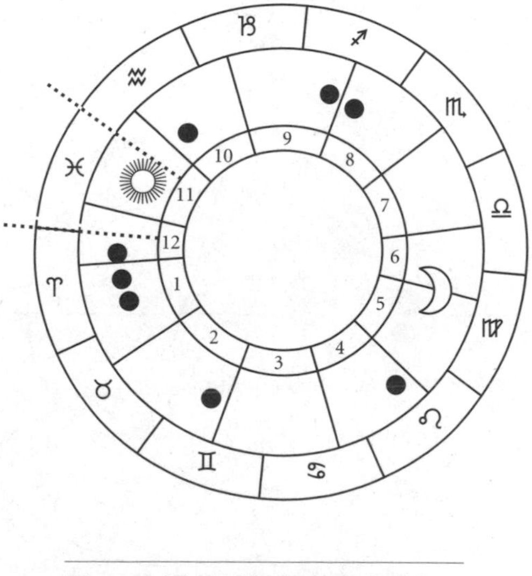


圖5：太陽位於雙魚座的邊界內，亦位於第十一宮的邊界內

5 要澄清且重要的一點是，大部分樣式的星盤在外圈並不會標示出星座的邊界。然而星座的邊界與宮位的邊界都是圍繞著星盤排列的。

## 四尖軸

宮位的區分來自前面所說的中天與地平線的兩個大圈，而這兩個大圈所交會的四個點稱為尖軸，分別為上升點或ＡＳＣ，即第一宮的始點；**下中天**或ＩＣ為第四宮的始點；下降點為ＤＳＣ為第七宮的始點；**上中天**或ＭＣ則為第十宮的始點。其他宮位則座落在這四個宮位之間。星盤上位於地平線上的行星為出生時在天空中看得到的行星，而地平線下的行星則為出生之時肉眼所看不到的。

與星座不同的是，每個宮位的大小並不完全相同；宮位的切分取決於出生時地球上的時間與出生地點，而非將天空作平均的劃分。星盤也常被比喻成一種「輪子」，因為他是圓形的，而其穿越中心點的宮位邊界

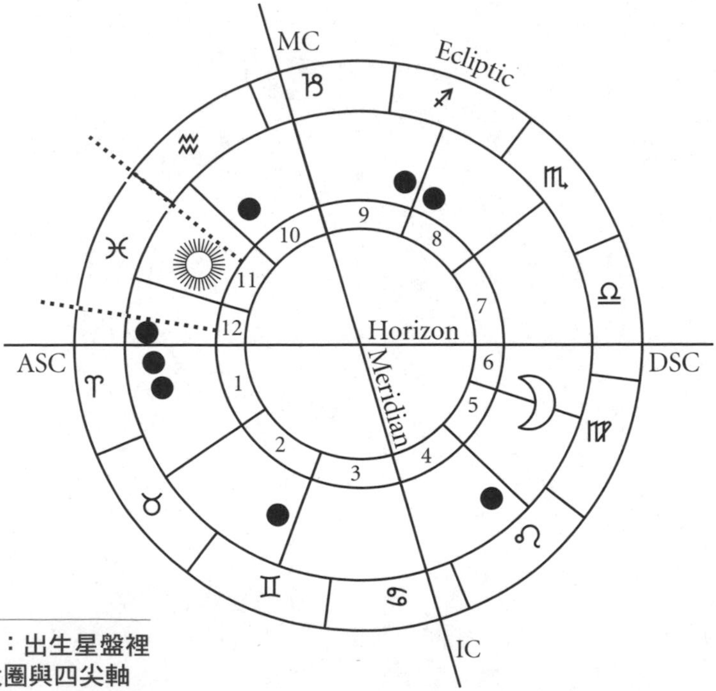


**圖 6：出生星盤裡的大圈與四尖軸**

看起來就像輪輻一樣。

宮位永遠依著數字的順序排列，但在不同地區出生的人的宮位大小及所在星座是不同的。若我們看到月亮在金牛座並在第四宮，這意味著這個人在出生的時候，就他出生的地點而言，金牛座位在地平線下，而月亮位在天空中屬於金牛座的區域——對出生時特定的地點而言，同樣也在地平線下。至於其他在同一時間但不同地點出生的人，金牛座和月亮有可能正高掛在天上，在**另一個人**的出生星盤中第十宮的位置。

## 占星符號

若將占星學比喻成語言，那麼占星符號就是文字的簡寫。每個行星及星座都有其代表符號（如同以上範例中的星座帶所示）。這些符號或字形，能更方便地將占星學各種組成要素以整齊的方式結合在星盤裡。習慣並最後熟記這些符號將能協助你一眼就看得懂星盤。每個行星、星座及相位都有其代表符號（至於宮位符號相信你已然熟悉，即數字1－12），稍後你還會學到相位的意涵。

### 行星

⊙ 太陽

☽ 月亮
☿ 水星
♀ 金星
♂ 火星
♃ 木星
♄ 土星
♅ 天王星
♆ 海王星
⯓ 冥王星（或♇）

**星座**

♈ 牡羊座
♉ 金牛座
♊ 雙子座
♋ 巨蟹座
♌ 獅子座
♍ 處女座
♎ 天秤座
♏ 天蠍座
♐ 射手座
♑ 摩羯座
♒ 水瓶座
♓ 雙魚座

**相位**

☌ 合相
⚹ 六分相
□ 四分相
△ 三分相
☍ 對分相

## 度數

為了精確標示出行星的位置，我們會用度數來表示。行星在我們的星盤地圖的位置，不僅顯示其所在的星座，同時也以出生當下行星所在的度數來標示。光是知道木星在出生時正經過天秤座是不夠的，我們還得知道木星進入天秤座多遠了，是剛進入？還是來到中間了？

由於天空是以圓圈來代表（出生星盤）而星座圍在這個圓圈之外，度數則來自行星在星座上的位置。一圈為360度，每個星座為30度（或一圈的十二分之一），而我們有十二個星座（12星座×30度＝360度）。行星及宮位的始點會依據它們在星座的位置來分配度數。

在圖7，我們看到太陽位於獅子座的20度，而數字20的後面有個度數的符號（°）。就如同一天可被切分成小時，小時可被切分成分鐘，度數亦可如此切分。1度有60分，如同1小時有60分鐘。太陽在獅子座20度之後還有第二個數字：56，意味者太陽位於獅子座的20度56分，即20度快要進入21度的末端了。分的後面有一個小小的撇號（'）來跟度數區分，同時也是用來協助標示行星在星座和宮位的準確位置。[6、7]

---

6 星盤中的分並非計算時間的單位，而是計算距離的單位。

7 分還能進一步細分為秒。如同1度有60分，1分也有60秒。通常行星的位置是不需要精確地標示出秒的，因此在星盤中除了度、分以外，很少將秒標示出來。

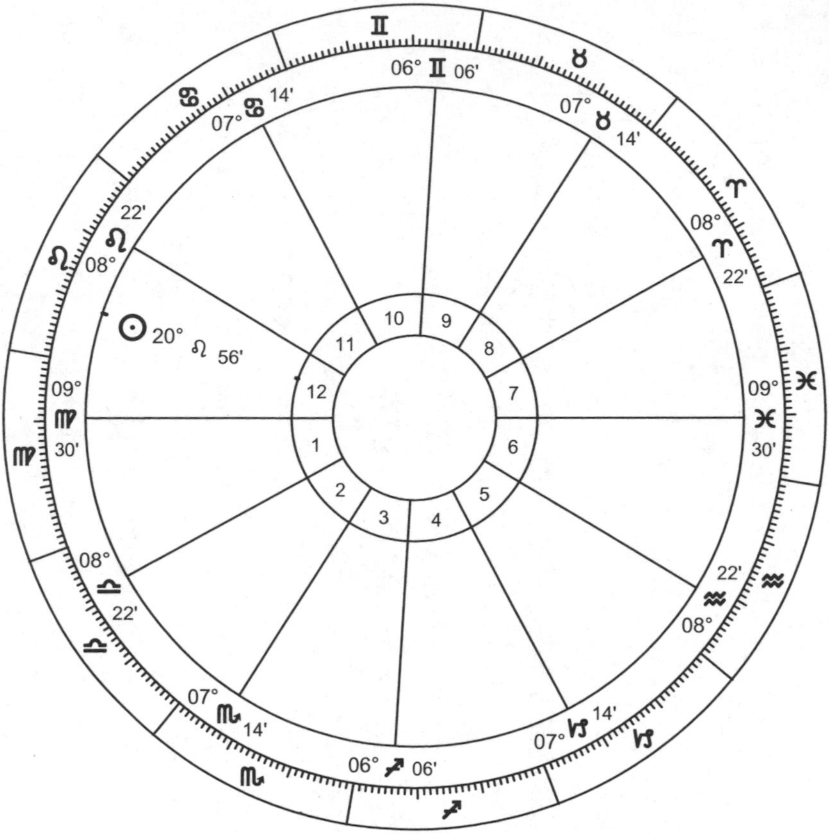


圖 7：出生星盤的太陽及其度、分與星座符號

# 第四章・解讀出生星盤地圖

現在你了解這個地圖是如何建構的，而這些組成的因子又分別代表什麼，可以開始透過「解讀」這張地圖引領你到各個地方了。接下來我們會分析每個行星所在位置的**意義**，但你手上必須要先有一張星盤才能開始展開探索。

你可以從星盤的任何一個點開始，不過我們在就先從太陽開始。

先找出圖7中代表太陽的符號（☉）。

接下來，你發現到太陽位於獅子座（♌），因為他就座落在星盤外圈上♌的星座區內，而代表獅子座的符號旁標示著太陽的度數。我們還可從星座的邊界確認太陽就在獅子座，並注意到太陽在星座上的度數為20度56分。

我們還發現到太陽第十二宮，因為太陽的符號在出生星盤中就落在標示數字12的區域內。

此時你就可以有組織地說出行星在出生星盤中的位置。將以上資訊以下列的方式列出：

太陽位於第十二宮獅子座的20度56分。

或更簡單的：⊙ 20° E 56', 12th

## 宮位與四尖軸

在出生星盤的地圖中，你不會只想要找出行星的位置而已。每個宮位的始點如同行星一樣，也會座落在星座的邊界內，你也必須學習如何找到它們的位置。先從第一宮的始點開始，即上升點，也就是自圖 7 最左邊開始的「第一片蛋糕」，簡單地標示著數字「1」的區域。第一宮上面的那條線為第一宮的**開始**，下面的線代表第一宮的**結束**，亦為第二宮的開始，即為第二宮的始點，以此類推。從星盤的中心找到第一宮的始點，並將其延伸到外圈的星座，就能發現它座落在哪個星座的邊界之間——這個例子中，第一宮始點是在處女座（♍），或更明確地說，位在處女座（9° ♍ 30'）9 度30分。之後再將焦點從第一宮移到第二宮並如法砲製。在這個例子中，第二宮的始點是落在天秤座（♎）；更明確地說，位在天秤座（8° ♎ 22'）8 度22秒。

## 占星學的文法

占星學就像一種語言，將各種定義好的文字結合起來成為句子，進而進行有意義的溝通。要深入了解每個字的意義需要一點時間，我們在稍後的章節中將會介紹；現在先讓我們來認識一下占星的「文法」。

行星代表不同的人性需求，也代表我們內在各種喧鬧著、希望求得關注的聲音。行星在星盤中就像是名詞，定義了各類的人事物。星座則代表行星表達需求時所採用的各種方式。

星盤中的星座就像是形容詞，告訴我們該如何滿足行星名詞的需求。宮位則代表人生中各類的活動與行為，以及生命中我們會在什麼樣的背景或情境，以最適合的方式（形容詞）充分地滿足行星需求（名詞）。因此宮位就是星盤的動詞。

要造一個占星的句子，應該先從行星開始，並將其**放入**星座和宮位中來考量——例如：「金星在第三宮雙魚座」。

相位則是下一個步驟，將句子結合成段落或章節，創造出我們錯綜複雜的內在故事。

第二部

# 星盤裡的意義

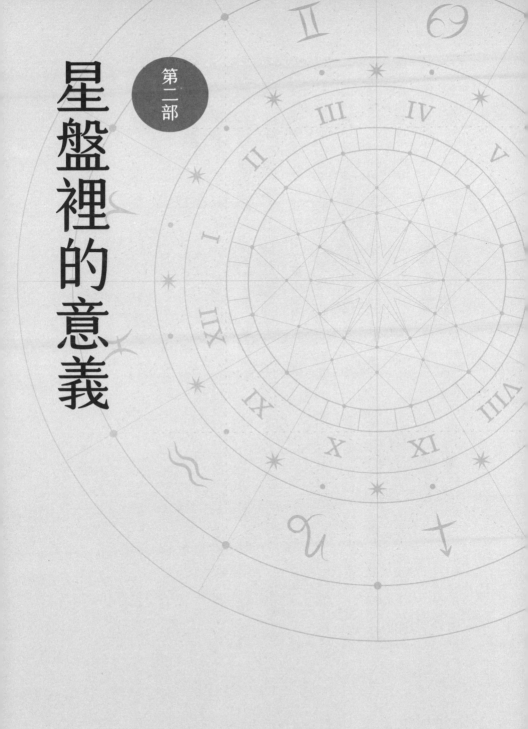

# 第五章 • 行星

## 行星的角色

行星代表著人類一些基本的、普遍性的經驗，常以特定或一連串的需求來顯現，我們則為了滿足這些需求而被驅動。每個人對於如何滿足需求，哪些需求又是最重要的有不同的做法與看法，然而每個人都有感覺，在感到脆弱的時候（由月亮所象徵）會想要自我保護。我們也都有學習和表達思想、意見和信仰（由水星所象徵）的需求。

行星雖然代表人類的欲望與需求，卻無法告訴我們該如何滿足需求。每個人的個性、特徵以及如何滿足或定義行星的需求大部分是透過星座演出的。若要滿足行星所代表的欲望，就必須採取某些行動。**如何**定義這些需求並採取行動則由行星所在的星座所主管，而表達需求的行為類型則由行星所在的宮位所主管。因此，可以說行星本身是中立且單純的，但要等到放入星座和宮位之後，我們才會知道行星的動機是什麼，以及如何滿足它們的訴求。

想像星盤是一場表演。行星好比演員，星座是戲服與道具，而宮位則是舞台和布景。緊身

褲、束腰衣以及翅膀讓我們聯想到精靈，但若沒有演員穿上戲服，舞台上就不會有演出。每個人的演出亦是如此。十二個星座與十二個宮位都已預先準備好等待這場演出。當行星演員進入表演，並根據想說的故事選擇最適合的戲服、道具及擺設。你的出生星盤將行星放置在特定的星座與宮位上，協助你訴說並經歷**自己的**故事。

## 行星的定義

太陽和月亮並非行星。太陽是個恆星而月亮則是圍繞著地球旋轉的衛星[8]。而月亮的北交點與南交點甚至不是實際的星體，而是天空中經過數學所計算出來的虛點。如你所見，雖然有許多天空中的虛點與星體出現在星盤中，但理論上來說它們並不全然是行星，但基於它們在星盤的功能並為了方便描述起見，在占星學中仍被列入行星的種類。就占星學的語言來說，「行星」一詞只是通稱，其中包括發光體、小行星，還有由數學公式所計算出來的虛點。

8 太陽和月亮有時也被稱為**發光體**。

## 太陽

太陽代表人們創造並維持一致的自我認知以及健康的自我形象的需求。當家庭、朋友、情人、文化及許多其他因素都能影響我們的自我認知時，太陽代表著我們核心的特質與需求，是我們之所以成為自己的內在基礎。

太陽就像驅動自我運作的引擎。當我們依太陽要求的方式表達自我，行事風格與太陽的需求(由星盤中太陽所在星座及宮位而定)一致時，同時也在持續地為內在核心添加燃料，為我們提供生存、成長的動力，使我們生氣蓬勃、永續發展。太陽在出生星盤的位置能告訴你什麼樣的作為最能讓你自我肯定。

我們表達核心特質與看待自我的方式，以及為了保持自我的一致而不斷創造的意義與方向，將會隨著成長而持續演進，並因獲得的知識與生活的經驗而有所改變。然而，我們都能感覺得到有一條無法踰越的線，若要跨越它則必須放棄真正的自我，或總有些不能做、不能說的事，因為那違反我們的本質——而這些感受皆源自出生星盤的太陽。

太陽是太陽系的中心，拉住了周遭圍繞其旋轉的行星。太陽在我們的出生星盤中也執行著類似的工作：它是我們的中心，是內在太陽系中最核心的部分，拉住並控制我們其他不同的部分。從本質上來說，它提供了我們內在結構的凝聚力；它是權力的主體，讓我們的內心遠離無政府狀態或無止盡的混亂。若對自我沒有堅定的認知，我們將會陷入瘋狂，內在的聲音也將相互叫囂、製造衝突，並趁機驅使我們的身體與靈魂根據他們的理念來行動。我們內在都有著矛盾的「聲音」，而太陽，自我中最主要的部分，聽到了這些聲音並賦予其意義，同時將他們完美地整合起來，主導著我們的核心需求。

心理學中有一種概念或多或少能表達出生星盤中太陽的工作，它就稱為「自我」（ego）。在心理學家西格蒙德・佛洛伊德（Sigmund Freud）的精神三大結構中，自我扮演協調的角色，能調和本我（id）（未受教化的內在小孩）、超我（superego）（本質上為我們的意識）及外在世界的現實需求：我們獲得的相對於我們想要的。如同自我企圖在現實的框架中滿足我們的需求，太陽也被賦予了維持基本人格運作，控制內在不同的聲音，以保持自我理智與完整自我的任務。太陽實質上就是那個有意識的、中心的、具主導力的自己。

## 未受滋養的太陽

我們必須不斷餵養太陽才能保持活力與自我肯定，當我們沒有照顧好太陽時，就無法產生足夠的能量保持清明與自我覺知。我們可能會因為內心的矛盾和長期自我懷疑而失去理智；的確，我們也經常有這樣的感受。有時當我們改變時，會發現自己陷入身分認同的危機，必須重新定義舊有的自我。然而若我們一直不清楚自己是誰，陷入自我懷疑時，這有可能是太陽未受到充分滋養的結果。

宇宙中黃色的太陽與行星地球之間有著平衡的距離。若地球再大一點或距離再近一點，我們就會被燃燒殆盡；若是小一點或距離遠一點，就會被凍成冰球。若太陽在出生星盤中是失衡的，我們可能有不同的反應模式，但基本上不脫離兩種可能：不是膨脹自己，就是貶低自己。

## 紅巨星與白矮星

出生星盤中健康的太陽能不斷地為我們的自信與自愛補充源源不絕的能量——不會太多，也不會太少。若不自愛，我們就會淪為自我責怪；若缺乏自信，我們就會長期感到沒有安全感。為了應付或對抗那份感受，我們會試圖誇大自己的重要性，讓自己或他人認為我們比真實的自己還要強大，並趁機奪取別人的能量來壯大自己，然而這樣的做法是難以持久的。這就像是紅巨星，會將身旁的一切燃燒殆盡，耗盡身邊的人的能量。我們將變得自大，為了彌補內心自信的不足而竊取他人的能量以維持我們的生存。

紅巨星的太陽會以多種行為來表現，例如吹噓、說謊或誇大自己的能力，過度渴望別人的讚美，為了顯示高人一等而貶低他人，認為具競爭力是指自己要比他人強而不是自己是否已經盡力了等等。

若我們無法自我欺騙，也不是那種會誇大自己重要性的人，那麼我們可能會因為長期缺乏安全感或價值感而自我貶低，在生活中儘量把自己縮小到只占有一丁點的空間。這就像是白矮星，我們的存在被壓縮在小小的空間，無法表達自己，亦無法因自己的能力而閃閃發光。我們可能會縮小自己的存在，長期受制於他人的能量或活力，讓他人占據我們的空間，最後讓我們變得微不足道。能量的剝奪與壓縮可能造成長期的自我委屈，變得了無生趣。

白矮星的太陽也會表現出來不同的行為，例如明顯缺乏自信，認為自己無法付出，不斷配合他人而嚴重犧牲自己的需求，儘量不受到注目或避免看起來與眾不同（不僅僅是因為內向）等等。但當我們採取支持太陽星座和宮位的行為模式時，我們能強化內在中心與自我認知，同時提升生命的活力。當太陽回到健康的狀態時，就能持續提供自信、能量與驕傲。

## 重新檢視關鍵詞

雖然十二星座廣受歡迎，卻也往往流於刻板印象的描述。行星及宮位有自己的關鍵詞，但那些也可能是誤導的、不完整的或沒有關聯的。雖然有些關鍵詞並非錯誤，但要深入應用時卻常被誤用或誤解。若能將部分描述或較不明確的關鍵詞回溯到行星、星座或宮位的**本質**，反而更能理解這些關鍵詞的含義，而不是將那些表淺的描述硬套在個人上。

舉例來說，太陽與關鍵詞「自我」有關，但你們已經知道這個字並非一般人認為的自我中心或自大，而是指心理學中有意識的自我以及個性的協調者。個體化也是另外一個不算錯誤的關鍵詞，但由於它也被用來形容天王星，我們必須仔細分辨其中的不同。個體化與天王星的連結特別是指某人將自我隔離，以辨識出內在原有的特質與外在現狀的不同；但個體化與太陽的連結則是指一種概括性的觀念，即我們對自我與身分的整體認知。

## 行動中的太陽

稍後你會學到更多有關星座與宮位的特徵，但接下來的範例能幫助你更加了解，即使太陽位於不同星座與宮位，它仍能發揮持續的影響力。假設太陽位於出生星盤的第八宮金牛座，這意味著當事人認為自己的個性是冷靜的、有常識以及務實的（金牛座）。他們會認為自己的核心個性是穩定的，不會隨著時間而改變，同時是可靠且忠誠的（金牛座）。至於太陽在八宮，金牛座對安靜的需求將強化八宮的隱密性，以及必須遠離人群以自我充電和重整的需求。

相對地，若太陽位於出生星盤的第三宮射手座，當事人會認為自己的個性是具彈性的、愛冒險且開放的（射手座），甚至會覺得自己必須透過多元的經驗才能找到真相。外國文化的經歷（射手座）讓他們充滿活力（太陽）。而溝通與意見的交流則是他們滋養核心、強化自我的方式（第三宮）。學習不僅僅是娛樂，而是一種生活方式，是他們賴以生存的精神食糧。

藉由採取太陽星座與宮位所建議的行動，我們得以維持內在力量與信心。當太陽金牛座的人過著規律的生活時，那種穩定與持續能讓他們更有自信、更像自己。但若他們的生活總是不斷奔走、雜亂無章、充滿壓力且變化多端，他們就會覺得被壓榨而失去自我。而太陽在射手座的人則會覺得，若心靈或身體能隨心所欲、說走就走，他們才會充滿活力。但若他們的生活是一成不變、一點驚喜也沒有，他們就會感到無聊而失去活力。

### 太陽的問題

問對行星的問題能幫助你從答案中揭開出生星盤內行星角色的真實意義。你可以詢問下列有關太陽的問題，並從其所在的星座和宮位獲得解答：

- ◆你要怎麼做才能維持自我的認知與整體感？
- ◆自我認知中有哪項特徵是你最認同的？
- ◆什麼是你個性中最核心的特質？
- ◆什麼樣的活動能幫助你加強自我的認同？
- ◆什麼樣的行為能協助你建立自信、自我肯定？

## 月亮

月亮代表我們希望受到保護、感到安全與被滋養的需要，是我們最脆弱、最保護的那一面。簡單來說，月亮代表我們的心。從月亮在出生星盤所在的星座與宮位可以得知我們是透過什麼樣的方式尋求情感上的安全感與快樂。它代表了我們人生中會主觀看待的領域以及當情感受到傷害時發洩情緒的方式。

我們每個人都需要安全感，而每個人也有專屬的欲望與情感的企盼。出生星盤的月亮能告訴我們這些專屬的需求是什麼。占星師諾爾・泰爾（Noel Tyl）曾說，月亮代表我們「最重要的情感需求」，是那些能使我們內心深處感到快樂、安全及舒適的首要事物。除了食物和住所這類基本需求之外，還有什麼能讓你感到安心？你感到最快樂的時候是身處在快節奏的環境中，還是平靜的環境中？你的內心驅使你追求的是世俗上的成就還是靈性上的成長？沒有社交生活的日子是否會讓你感到難過孤單，還是長期遠離人群反而會讓你如釋重負？月亮在星盤的位置能為這些基本的問題提供解答。

月亮象徵我們生活經驗裡主觀以及情緒上的反應。即使月亮位在理性取向的風象星座或邏輯導向的土象星座，她仍會受到**情感需求**的驅使（儘管它並不那麼想）。位於處女座的月亮**需要覺得**一切都在控制內，而射手座的月亮則**需要覺得**自由。這些內在的需求是我們決定有些事該不該做，有些話該不該說的潛在原因。

我們常講「這沒有道理」或「那不合邏輯」這樣的話來否認或忽視我們的情緒反應，雖然這樣的自我詢問的確是澄清事實的好方法，但那同時也是荒謬的，因為理性與感性本來就在不同的軌道上運行。這就像科學與宗教所能解決的問題雖然不同，但兩者並非競爭的關係。我們的確常在生活中體驗到在我們企圖作決定或下結論時，頭腦與內心的「戰爭」所造成的壓力；然而這比較像是委員會的兩個會員在權衡同一個議題時，根據他們不同的理念和經驗而有不同的理由，並為了捍衛他們的理由而爭吵。

月亮也象徵著我們的直覺，但其他行星也有相同的徵象。火星主管著「戰爭或逃跑」的直覺反應，而月亮則是指在面對不同環境時情緒上的直覺反應。月亮與思考無關，單純只是感覺與反應。當我們思考、表達或根據感覺而行動時，我們是使用水星（思想或語言）或火星（行動）的功能，但自發性的情緒反應則單純是月亮的徵象。這也就是為什麼月亮以及冥王星可代表我們的潛意識——無法透過意識而感知但仍能影響我們的行為。

月亮也顯示我們想要照顧他人及受到照顧的方式。就像我們總有脆弱的一面需要保護，我們也會想要保護其他人脆弱的一面，尤其是那些無法自我保護的人，而其中最重要的就是我們所愛的人。月亮在星盤中活躍的宮位代表我們會直覺地提供照顧的領域，但月亮所在的星座更能說明我們是用什麼樣的行為或語言對他人表達愛與關心。我們能使他們發笑嗎？要帶碗雞湯給他們嗎？要給他們嚴厲的愛嗎？同樣地，這些方法之中的哪一種能讓你感到最舒服？什麼最能「溫暖你的心」？月亮的位置能告訴你。

當我們感到安全與受到關心時自然而然就能產生信任，因此身處在有正向影響力的環境中，我們也會產生信賴感。更直接的是，信任感也能延伸到讓我們感到安全的人身上。當我們信任對方，我們會放下一切防備，無論是透過有意識的選擇或是直覺。面對信任的人，我們通常都不會有所保留或產生防禦性的行為。

信任是月亮所主管的最基本的情緒之一，僅次於愛。某個程度上，金星也可能引發對他人的信任，因為當我們喜歡某人而被他吸引時，也會或多或少放下防備之心。不過真正的信任不僅僅是相信對方不會傷害我們或遵守承諾，而是當我們赤裸裸地面對他人時所產生的原始聯結。這樣的信任不僅出於自願，而是在潛意識的層面上也放下心防。

月亮的位置不只顯示我們最需要的，也顯示出當我們的需求未被滿足時，又會帶來什麼情緒上的傷痛。當我們沒有安全感時，我們會變得焦慮。當我們的信任遭到背叛，我們會感到受傷與憤怒。當我們找不到滿足需求的方法時，我們會感到失望。

## 當月亮被誤用時

當我們對情緒的需求給予過多或過少的關注時，我們可能會經歷月亮黑暗的一面。雖然能過著安全與受到照顧的生活是重要的，但**只**求安逸的生活卻也防礙了我們的成長，畢竟成長常會伴隨風險與不安全感。踏出情緒的舒適圈有時反而是發現完整自我的最佳方式。

由於月亮也代表我們的內在小孩，因此月亮的黑暗面也顯示出我們最幼稚、最不成熟的行為模式。當我們對生活的態度純粹出自情緒反應，且情緒無法立即全面地受到滿足時，我們就很容易發脾氣。每個人都應該適度地發洩怒氣，但若老是用未經思考且情緒化的觀點過生活將阻止我們成長。學習如何滿足需求的同時也學習自我調適，是邁向成熟之路的關鍵。

當我們情緒受到忽視，例如在一段關係中未受重視或長期輕忽情感的需求時，也會處於月亮的黑暗面。

## 重新檢視關鍵詞

母親是月亮的關鍵詞中最常見的詞之一。月亮在**你**星盤裡的位置也常能形容母親個人以及**她**對你人生的影響。然而這種直接的應用常會誤導他人，因為這聽起來好像月亮能描述母親的個性，甚至是母親養育你的方式。然而你的母親也有**自己**的出生星盤！相反地，你必須了解月亮其實是指你施與受的能力，亦即「母親」所代表的意象：滋養、愛與信任。而且沒有小孩的母親又該怎麼說？「內在小孩」也是月亮的關鍵詞之一，但這並不全然正確或容易被誤解。實際上這個字已經變成流行用語，而失去提醒的功能了。內在小孩可以被解釋為特定的心理學概念：天真、信任而脆弱，因此實際上已脫離了小孩的概念；這才是月亮真正的意義。

談到月亮時，家庭或家庭環境常被提及，這可能是因為就象徵的意義而言，家庭環境是我們感到最放鬆、受到保護並覺得滋養的地方，就像還在「子宮」的感覺。如同家是世界上最私密的地方，我們的內心也是最神聖、最受保護的空間。月亮與家庭生活的連結有時會讓人以為，月亮的位置能精確顯示目前家庭生活的模式，甚至還可看出早期的家庭生活應該是什麼樣子。然而我們也必須考量星盤中其他的部分，例如第四宮或四宮內的行星，才能真正描述家庭生活的各個層面。此外，不同占星徵象的結合也會產生多元的方式來體現其精髓，而在家的這個例子上，除非你是自己長大的，否則你的生長環境也可能由好幾個月亮所塑造！

## 行動中的月亮

若月亮在天秤座第四宮，當事人會覺得不受外界侵擾是覺得最安全最受滋養的時候，無論這是指真正地躲在家裡或待在臥室，或象徵上地不願透露心裡的感受。此時他們的情緒是平衡舒適的，而衝突甚至太過激烈的討論都有可能讓他們的情緒感到壓力。當他們受到不公平的對待，或看到他人受到不公平或不尊重的對待時也會深深地刺傷他們。他們只有身處在平靜與美麗的環境才會感到被滋養，而他們深愛的人也必須鼓勵並體諒他們的立場才能贏得他們的信任。危險的是，他們常因為害怕傷害他人或讓氣氛緊張而將應該表達的感受隱藏在心裡。

若月亮在牡羊座第三宮，當事人會感到能暢所欲言是最舒服的，他們能毫不猶豫自在地表達意見，不在意他人的想法。他們對於直話直說的人感到信任。對於激烈的討論也不會感到害怕，實際上，他們喜歡參與熱烈的討論，即使愈聊愈激烈也無所謂。

當有人聆聽他們的表達時是他們感到最開心的時候。危險的是，他們常認為別人感受與觀點都是一樣的——跟他們的一樣。

### 月亮的問題

你可以詢問下列月亮的問題，而月亮所在的星座和宮位將顯示問題的答案：

- 什麼方式才能讓你感到受到照顧及保護？
- 什麼行為能穩固你的舒適圈？
- 什麼事能讓你感到快樂？悲傷？被愛？脆弱？
- 什麼事能引發或破壞你的信任？
- 什麼事或人是你直覺上想要照顧與保護的？

## 水星

水星代表我們交換資訊的需求，不管是聆聽、收集、搜尋、學習，還是說話、寫作、歌唱等等——任何表達我們所知或傳達的方式。水星是想知道、訴說與了解的需求；廣義來說，是我們的心智與聲音。

水星是我們內建的資料處理器：先收集資訊，處理，然後分享。水星的星座與宮位顯示我們如何收集與整理資訊，我們喜歡學習的主題以及學習的方法。星盤中水星的位置能告訴我們許多自己在學習上的風格。我們是透過視覺或聽覺來學習較有助益？是傾向循序漸進的學習還是東學一點西學一點，隨意補充自己還不知道的內容？這些問題都是可以透過水星的位置而獲得答案。

我們經常透過文字或語言來獲取新資訊。每當我們學到新的事物，無論透過正式的教學或非正式的日常對話，我們處理的方式是先將所學到的分門別類，並與已經知道的知識連結，來延伸或完全改變我們原來對於該項主題的認知。

聆聽或閱讀並非我們吸收資訊的唯一方式，僅僅透過觀察周遭事物的變化也能吸收新的資訊。水星也能藉由觀察或感知來運作。我們也能透過觀察非語言的溝通或僅僅看著事件的發展來學習。我們所吸收到的資訊能立即派上用場，或稍後再做整合。無論是哪種方式，水星都在運作。

我們從羅馬神話中也能看到水星的徵象。水星之神穿著有翅膀的鞋，如此身為「神的信差」的他才能快速地傳遞訊息。任何快速往返的交流都是水星所主管，包括商業交易、快節奏的以物易物以及市場上的討價還價。

在接收資訊的同時，我們內在中貯藏事實或意見的圖書館也會透過溝通來分享相關資訊。水星在出生星盤的位置能指出你說話的風格以及喜歡談論的話題。它可以顯示你在分享知識或意見時的動機與喜歡採用的方式。你是健談的，還是在非必要時不會輕易分享？當問題發生時，你傾向討論它還是埋在心裡？你喜歡說故事還是只願意講有事實根據的事？你會自動自發地分享知識，還是只把事情放在心裡反覆思考？水星在星盤裡的位置能回答這些以及其他更多問題。

## 當水星被誤用時

一般說來，水星最容易出錯的情況包括未經深思熟慮的判斷、過度封閉或開放的態度以及資訊過量，進而導致能量耗盡，或心智的混亂。

我們所吸收的資訊及資訊的來源形成了我們的觀點。當吸收的管道愈少，我們就愈容易主觀臆測。當我們學習某樣知識時，除了概念本身，它的來源也會賦予其意義或重要性。水星的位置能讓我們看清這些「盲點」的特質。

## 重新檢視關鍵詞

因為水星主管心智，任何與心智相關的概念，從學習到意識本身，都可以成為水星的關鍵詞。一個常用但可能被誤用的關鍵詞是智力。水星與這個概念確實有所連結，但往往也引導我們認為水星可以代表智力的**程度**，但事實並非如此。智力這個概念若要透過水星在星盤的位置來理解，是指當事人天生對哪一**種類**的知識較為擅長，部分的原因是因為水星能顯示當事人感興趣的主題而更傾向學習。衡量並定義智力有許多方式——某些人的智力以某種方式衡量時是高的，但以另一種方式衡量時又變成是低的。因此，水星的確能顯示智力的傾向，例如對學習特定主題的能力、學習風格的偏好以及學習時可能遇到的挑戰，而非衡量智力本身。

推理的能力也是水星的功能之一，但這不表示每個人處理資訊的方式都像斯波克（Spoke）一樣。【譯註3】沒有人能夠全然客觀，畢竟過去的經驗、先入為主的概念與資訊理解的偏差（只看到我們想看到或希望是真實的）。水星所在的星座和宮位將顯示這些偏差與觀點的特質為何。

## 行動中的水星

假設水星位於第六宮摩羯座，當事人可能會以實事求是的方式自我表達，對閒聊沒有興趣，只想直接討論重點或溝通眼前的事實。他們平常可能會喜歡從事需要計劃、精算或具實用性的工作，例如技術性的寫作或專案管理，這兩種都能使他們運用心智與溝通能力來產出具體實用的結果。他們會採取直接、具體及正式的方式溝通。危險的是，他們可能會因為太著重事實與實際的資訊，卻忽略或小看更深層的意義。

若我們將水星移到第十二宮和巨蟹座，當事人就會對務實或世俗的想法較不關心，反而較關注夢想的世界，有著無邊無際的想像力。他們在寫作、表達或尋找資訊上可能會傾向採取象徵的、深富情感的形式，例如詩、音樂或充滿隱喻或夢想世界及人物的小說。無論他們有沒有實際創作，他們通常也是大夢想家。他們可能無法輕鬆自在地說出真實的想法或意見，因為他們的思想總與主觀的印象與情緒糾結在一起。除非確認身邊的人是他們所信任的，他們才有可能展露出最脆弱的一面。若他們被情緒所淹沒，在他們冷靜之前，他們寧願躲起來並保持沉默。

### 水星的問題

你可以問以下水星的問題，而出生星盤中水星所在的星座與宮位將自動告訴你答案：

- 什麼樣的主題容易吸引你的注意力？
- 什麼樣的學習風格最適合你？
- 與人溝通時，你是如何表達想法的？
- 什麼樣的方式會讓你容易溝通不良？
- 你心智中的「盲點」、容易主觀臆測或當機的特徵是什麼？

## 金星

金星最原始的需求為與其他人事物連結。金星被稱為關係的行星，不過這特別是指連結背後的動機：與別人一起而非單打獨鬥。支持與被支持的感受都能引動我們星盤裡的金星，無論這來自經驗的分享或被他人**理解**的肯定。

---

【譯註3】斯波克是《星艦迷航記》影集的主角之一，在影片中扮演企業號星艦科學官及大副的角色。

金星主管各類的**關係**，但最主要的是人際關係。沒有一段關係是永遠和諧的，但金星是內心中對於和諧關係的期盼。金星代表與他人連結的欲望與需求，而它所在的星座和宮位顯示了我們與人事物連結的方式。連結的欲望能引發各種行為，而這都由金星管轄，例如我們如何吸引他人，又或者當我們企圖開始或更新一段關係時會採取什麼樣的方式或做出什麼樣的努力。金星在星盤裡的位置透露了你對關係的付出，當對方接受並感謝你的付出時，連結自然就會產生。

其他金星主管的事物也有著與連結或關係相同的特質。就金星而言，所謂的關係並不局限於兩人之間，也有可能發生在你與**任何事物**之間，例如藝術及其所帶來的感動。當我們在欣賞一件藝術作品，喜不喜歡完全是出自主觀的感受——與個人的品味有關。當一件藝術作品、任何種類的藝術觸動我們，我們會產生一種親切感與連結感。我們甚至會說，好像內心某個部分被引動、反映並被理解。任誰都有被某段歌詞或詩文感動的時刻，感覺好像再也沒有其他方式能如此精確地表達我們的內心了。藝術反映內在的能力讓我們得以與自我連結，並感受到自己好像被看見了。

第三個與金星相關的概念為價值或價值觀。價值可以說是愛與美主題的延伸，我們喜歡的或感覺美麗的事物，多半也會覺得是有價值的，而我們所喜愛的人或吸引的事物也會變得更有價值且重要。價值、美麗和喜歡都是主觀的——都需要觀察者的存在。金星的星座、宮位與相位的確扮演重要的角色，顯示了什麼樣的事物對你而言是美麗或容易受其吸引的，不管是衣服、藝術、音樂等等。俗話中的「情人眼裡出西施」正反映了關係中彼此所產生的動力。

## 當金星被誤用時

當我們誤用金星的能量時，我們會以錯誤的方式與他人連結，例如長期的親密關係或一般性的社交習慣。當我們過於強迫他人喜歡或相信我們只會讓關係更加失控，也違背了我們真實連結的欲望，因為關係應該是真誠且勉強不來的。我們採用的連結方法將因星座和宮位而各自不同。

## 重新檢視關鍵詞

有一個非常重要的，應該要由金星所涵蓋的觀念的就是愛。雖然這並非不正確，但不是只有金星承擔著這個觀念的重量。愛的概念非常廣泛，有許多行星參與其中，例如情感的信任是由月亮代表，愛的激情由火星所代表，甚至承諾以及自內心油然而生的義務感則由土星所主管，更不用說宮位在愛的實現也扮演著重要的角色。金星特別是指在愛中我們如何表現對別人的親密感，以及我們想與他人在一起的欲望。

伴隨著金星的另一個概念是相容性，雖然這也是正確的，但相容性不全然由金星所主管。相容性亦是另一個非常廣泛的概念，其定義有著多種面相。若談到我們是如何與他人相處的，金星的位置可以顯示許多你最喜歡的，以及在關係中最想連結的人格特質——基本上就是你會喜歡什麼樣的人。然而幾乎在所有的關係中，和諧相處並非唯一要件，我們同樣還須觀察火星、月亮、土星等等來了解關係中的其他需求。要知道我們是否與某個人合得來，這些需求都非常重要。

金星一直以來也與女性相連結，以至於只要談到兩性，其定義就會變得兩極。在古典占星學中，女性特質就是分配給金星，金星也被視為一顆女性的行星。在女性的星盤中，金星也被認為能看出當事人的女性特質以及她是如何吸引男性的；在男性的星盤中，金星則顯示什麼樣的女性特質是他看重的。但這在現代不但是刻板印象，更糟的是這已無法反映現代的語言與生活方式；這些觀念已經過時了。事實上，我們星盤都有一顆金星，無論性別或我們如何展現對性的表達。將行星捨棄或投射至特定性別是對個人整體化的一種貶低，更將人性局限在性或性別的框架裡。另一個比女性化更適合的詞彙是包容。要能允許與他人連結的感受進入生活中，我們就必須抱持開放的態度包容對方的一切。

## 行動中的金星

若金星位於出生星盤的第十宮，這可能代表當事人的人生道途或職業取向與金星支持他人的特質有關，例如諮商師、激勵課程講師，甚至是與大眾或金星的與美有關的零售業。他們在工作中可能喜歡與他人建立關係，並從同儕關係找到價值感。他們也可能容易與在職場中受到尊敬的人建立親密關係。

若金星位於第八宮水瓶座，當事人可能會被個性強烈有深度（第八宮）、心智上具啟發力的（水瓶座）的人所吸引。他們可能會希望建立深層的連結（第八宮），同時又能保有個人的自由（水瓶座），因此不斷地在親密感與個體化之間求取微妙的平衡。

## 金星的問題

你可以問下列金星的問題，而金星在你星盤裡的星座和宮位能顯示問題的答案：

- 什麼樣的人最吸引你，讓你想跟他們成為朋友甚至是情人？
- 你是如何開始一段關係的？
- 別人什麼樣的行為會讓你退避三舍？
- 你認為什麼才是美麗的，你又是如何表達你的風格與美感？

## 火星

幾乎所有火星所象徵的事物都可追溯至**意志**這個概念。意志這個字出現在許多單字與詞彙中，例如意志力（willpower）、任意（willfulness）或俗話中的「精誠所至，金石為開」（where there's a will, there's a way.）。意志是指我們選擇的能力或選擇後所採取行動——並非只是心智的活動。雖然在選擇的潛在過程中我們的心智可能會不斷爭辯、衡量得失，然而一旦決定後我們就會付諸行動。當我們說「我將」（I will），我們就是在做選擇，表達我們的意念並付出我們的精力。

意志力這個詞常使用在我們拒絕或強迫自己做某件事的情境上，但兩種都在表現欲望，而人類更是經常出現欲望的衝突。

火星常被稱為「行動工廠」。行動經常由欲望開始，也就一種**想要**的感受。這樣的欲望在我們內在累積成一種張力，**驅動**我們追求我們想要的，進而採取**行動**往我們的目標前進。當我們**開始**一件事時，就是在運用我們的火星。雖然我們也常爭辯，象徵著情緒與內心的月亮才代表我們想要的，欲望才是由火星所代表，它只不過是我們內心的僕人，聽從指示去取得我們想要的，而欲望這個字所蘊藏的飢渴、控制與能量，與火星的精神才較匹配。

火星也與衝突有關，無論它是從內在阻礙我們的意志，或是來自他人由外而來的阻撓。與人衝突並不一定是藉由爭論這樣正式的型式表現；衝突實際上始於矛盾。與人衝突是一種意志的沖撞。當一個人想要的東西與另一個人不同時，衝突於是產生。**如何**面對衝突可由出生星盤中火星所在的星座和宮位顯示。你是否不惜吵架也要提出你的需求？你是否迴避衝突並希望它們會自行解決？火星的位置將顯示各種可能性。憤怒是衝突發生的明顯徵象，亦由火星主管。由於它也常被視為一種保護機制，因此火星也主管自我防衛。

火星在出生星盤裡的位置也可以顯示我們的熱情所在，它不一定是指一般的興趣，而是我們願意追求的事物，因為我們的內在產生動機想要去捕捉它、解決它甚至是與它戰鬥。一般而言，凡是能夠讓你熱血沸騰的事物都可回溯至火星，不管是因為憤怒、興奮還是欲望。其中最原始的欲望是性；而打開（或關掉）我們的開關，以及我們如何追求想要擁有的事物都可追溯至火星在出生星盤裡的位置。

占星學常被運用在愛與性的議題上，但通常以金星（愛）和火星（性）來做簡單的結論。火星的確與性的本質有極大的關聯，除了代表性這樣的身體活動，火星的位置也顯示我們的身體架構以及我們如何消耗與補充體力；此外，火星也主管著我們表達熱情與動力的方式。實際上，我們追求基本需求，例如食物、住所和性的原始動力通常也可追溯至火星，因為火星代表我們動物性的層面——它了解我們必須活下來的需要。

火星還象徵我們個人力量的運用，因為力量被認為是意志的延伸。使用意志即是運用個人的力量，而意志與自信與力量的強弱息息相關。當某人執意做某事，也就是當他**充滿意志**的時候是不受控的，因為力量自然會油然而生、難以熄滅。

## 當火星被誤用時

被誤用的火星常會透過長期地過多或過少使用意志及其所衍生的力量來表現。過多是指我們太具侵略性並試圖以力量壓制他人，過少則是指我們可能太容易推翻自己的意志而讓他人的意志加諸在我們身上。無論哪一種，是掠食者或獵物，都是由意志所主導。

## 重新檢視關鍵詞

火星常被稱為戰爭的行星，給我們一種火星既具侵略性又喜歡製造衝突的印象。但火星並非生來就是要侵略他人的，那只是它表達的**風格**之一，而且會因為所在星座的不同而有迥異的表現。當潛在的衝突升起，火星就會被啟動，所以火星才被視為戰爭的行星，但那並非因為火星天生就想要發動或喜歡戰爭。火星具有防禦和攻擊的能力，但引發衝突的原因取決於星座和宮位的不同。當我們的欲求與他人產生衝突，火星可以解決爭端，至於是用協商、侵略攻擊或屈服的方式則取決於星座的表達。就算不作為也是一種行動——也是由意志所產生的行動。

正如金星被定型為女性的行星一樣，火星通常與男性相關。在過去這常被解讀為某種界線，金星與女性是同義詞，而火星是男性的同義詞，將兩個行星整齊地劃分在兩個虛假的空間。較早的占星文獻經常反映出當時的文化，宣揚「男性星盤裡的金星將顯示他會受什麼樣的女性吸引」，反之亦然，本質上就是鼓勵某一種性別將其對立的特質切割或投射到異性身上。男性與女性這一對單字可被用來理解火星—金星相對的特質，但我們必須理解這只是象徵性的，但不能以絕對的、字面上的意義來詮釋。男性的能量由火星代表，是指我們內在追求或外向的陽性能量，與女性的放下與包容陰性能量是相對的。

## 行動中的火星

若出生星盤的火星在天蠍座，代表當事人容易受到熱情的驅使，希望在每件事上發揮甚至超越自己最深的潛力。若要他們保持實力或謹慎行事，他們將永遠無法感到滿足；只有勇敢的、具破壞性、突破自我限制的行動才能使他們活力十足。當他們生氣時，他們的反應是強烈而有力的，強烈到把自我也吞噬掉。有時他們因為情感太深而反應太大而採取極端的行動。

若火星同時在第七宮，這種強度會被導入人際關係，他們會需要與生命中一兩位重要的人有著更緊密深入的連結，並能建立對他們的信任而非表面或偶然的關係。危險的是，他們情感的強度與占有欲可能會讓重要的另一半難以呼吸，尤其若他們的伴侶又比火星在天蠍的人們更需要「呼吸的空間」時。他們會給予也會要求所愛的人絕對忠誠並凡事透明，如此他們才能真正的信任(第七宮)。

相對地，若火星在第二宮天蠍座，這種強度或孤注一擲的態度將會引導他們累積資源與成就。建立強大的「履歷」，無論就字面的或隱藏的意義而言，都能讓當事人覺得自己是有力量或有能力的重要感受。危險的是，為了向他人或自我證明，他們可能太勉強自己或將局勢推到太極端，為的是對抗不夠自信或沒有價值的不安全感。

## 火星的問題

你可以問下列火星的問題，而出生星盤中火星所在的星座和宮位將顯示問題的答案：

- 讓你採取行動的動機是什麼？
- 你會用什麼方式爭取你想要的？
- 你是如何表達熱情？什麼能啟動你的開端？
- 當你受傷、害怕或生氣時，你會如何自我防衛？
- 什麼事情會讓你生氣，你又會如何展現憤怒？
- 你如何處理爭執與衝突？
- 你如何釋放被壓抑的能量？

## 木星

木星的主要需求不是發揮潛力，而是**朝著**我們的潛力發展，超越原來的自我或已然存在的，同時也超越可能或已知的範圍。木星代表我們的能力以及對希望的需求，並藉由信仰的力量嘗試新事物，完成不可能的事。是希望鼓勵我們嘗試所有事物，尤其是第一次的嘗試，我們需要它來對新事物說「是」。木星的正面（有時是負面的）意義代表變得更大、更好、更多的渴望。至於能賦予希望和激發熱情的事物的特質則取決於出生星盤中木星所處的星座。

由於木星的本質就是要打破自己的天花板，因此當我們擁抱出生星盤的木星時，自然就得承擔某種風險。有時是得到某件事情必須放手另一件事的風險——我們必須放下原來擁有的，才能有足夠的自由和能力在其他事物上來到更高的位置。在放下的那一刻，我們什麼都沒有；卡在擁有和未擁有之間。有時我們會冒著賭上未來的風險，無論是為了追求更好的東西，還是單純相信一切都會成功（信念），相信我們做得到（信心），相信另一個世界（擴展）還有更多。木星的突破就是超越自己的極限。

木星能讓我們暫時停止懷疑或消極的想法而協助完成自我的超越。它鼓勵我們成為樂觀主義者，而非現實主義者。若我們**確定**結果是壞的，我們就不會冒險嘗試新的體驗，但就是因為不確定，我們才有希望成功的自由。賭博是行動中的木星一個很好的例子，它結合了承擔風險的刺激和一夕致富的可能，以及對**更多**的無限渴望。賭博並非是個不好的單詞；當我們「賭上」未來時就是一種賭博，這就是木星的意涵：一種現在冒險但以後就會得到回報的承諾。但顯然事實並非總是如此。有些賭博沒有達到我們的希望，有些更導致徹底的失敗。木星不一定能保證成功，但它知道若不參賽就沒有贏的可能。

擴展是描述木星經常使用的詞。木星的能量能讓我們在許多方面感到自己很強大。我們可能會對他人心懷善意和慷慨，對自己極具信心與信念，或對某個令人興奮的可能性充滿熱情。木星鼓勵我們以跳躍的方式發展。木星的成長本來就是輕鬆簡單的，但這並不意味著永遠那麼簡單。我們只要願意嘗試，擺脫舊有的方式，但有時這反而是最困難的。對自己有信心，或至少「先假裝直到真的成功」是木星最喜歡的方式之一。

木星是我們的一部分，它知道今日得以實現的事物在過去曾是遙遠的幻想，因此決定相信並嘗試新事物。今日認為平常、想當然爾的每一項發明，都是發明者最偉大的夢（或驚喜），都是某人願意冒險追求偉大的事物而創造出來的。木星是我們的一部分，它知道某個程度上我們的能力跟自己**相信**的一樣強大。

## 當木星被誤用時

當我們過度擴張自己時，木星被被用的能量就會顯露出來，變成俗話的「貪多嚼不爛」。無論是過度支出、暴飲暴食、致力於過多的項目與活動，或過度樂觀到天真的地步，木星**從不**說不、只會說「好」的習慣將會成為問題。只有信念和希望，卻無現實與常識來平衡時，過度擴展的結果將會造成戲劇性的崩潰，從後面追上來毀滅我們。我們過度擴展的風格和方式可從木星在出生星盤所在的星座和宮位展現出來。

## 重新檢視關鍵詞

木星被稱為幸運之星，這意味著木星在出生星盤中的位置，是當事人比其他人幸運的生活領域。這種幸運通常不會以顯而易見或直接的方式表現出來，相對地，木星所代表的幸運是指當我們利用機會或允許自己接受任何的可能性來推動事情發展時，「幸運女神」就會從天而降。

由於木星可以帶來幸運，而幸運可以帶來各種美好的事物，因此木星通常與豐富、財富、繁榮和成功有關。但若我們老是拒絕機會，木星就無法保證帶來這些好事。木星也代表無限的可能，若我們願意追求，就有機會實現。但它只是承諾財富的出現，不一定能保證**擁有**，即使我們確實擁有某些東西，它們也不一定會完全符合我們的預期。由於木星還代表過度，因此我們花費財富的速度可能會跟得到一樣快，在許多情況下，花費速度甚至比獲得更快。儘管如此，木星的經歷仍會帶來正面的影響，即便它帶來的好事過猶不及。

## 行動中的木星

若木星位於第二宮雙魚座，代表當事人的資產來將自信念的發展、學習承擔冒險，並「賭上」所擁有的以換取所需要的。他們可能認為金錢的資源是流動的，總是來來去去，並相信宇宙會在他們需要的時候提供資金，因此會大方地使用這些資源。危險的是，他們可能對金錢或預算有著天真和不切實際的想法，長期高估自己的財富或花錢時粗心大意。

若木星仍在雙魚座但位於第五宮，當事人的精神成長的重點在於允許自己暫時迷失但讓創造力和想像力充分發揮、不受限制。當他們順其自然時可能會產生強烈的直覺。

若木星在第五宮但在雙子座，此時第五宮的創造力、娛樂性、活在當下的特質將具有雙子座敏捷和聰明的味道和風格，他們會像小孩般有著靈敏的鼻子，因為順從自己的好奇心而感到快樂。

## 木星的問題

你可以詢問下列木星的問題，而木星在出生星盤中所在的星座和宮位將揭示答案：

- 什麼樣的體驗能讓你感到自己不受局限且自由？
- 你認為什麼樣的經驗能強化自己的喜悅與積極度？
- 你覺得在什麼樣的領域中比較能樂觀行事、充滿希望，無須小心翼翼？
- 生活中有哪些領域讓你容易過度？你又是怎麼樣過度行事的？

◆在什麼樣的領域中會讓你過度自信或樂觀？

## 土星

土星代表所有典型的「建立人格」的過程和特徵：責任、努力、自律和承諾。土星代表成熟和變得成熟的過程。成熟的過程本質上建立在種種限制上，並從中學習如何克服限制，與它們共處或有時繞道而行。若無法克服障礙，就無法建立內在的力量和紀律。限制似乎令人沮喪，但它提供了某種我們可以對抗的環境，迫使我們發展。若一切都輕鬆如意，我們是無法成長的。當我們在健身房舉重以增強肌肉時，正是重量的阻力才得以鍛煉出肌肉。土星是關於我們如何認知什麼是（健康的）限制並與其協作。

我們不一定要「往好處想」才能理解限制的好處。土星所代表的不僅是健康的限制，而且是對我們有益且令人安慰的限制。我們總是把焦點放在限制會造成**阻礙**，因此很容易將限制視為消極的單詞，並認為它與缺乏同義。但是限制也可以被視為某種計量器，幫助我們設立目標和事情的優先順序。限制可以幫助我們理解是與不是，並提供安全感與工作的架構。當我們能夠看到自己做不到的事情時，通常也可以幫助我們開始進行**做得到**的事情。

當我們承擔責任也就是土星運作的時候，例如小時候家中的瑣事或家庭作業或成年時的工作和承諾等等。肩負著穩定（但不過重）的重量將使我們的雙腳更落實於地面，並學習在現實世界中實現任何事。若將土星的責任進一步延伸，它也代表對事情問責，亦即我們不僅要履行義務還要真正地對所處的環境、目標或結果扮演主導的角色。當我們從事土星在出生星盤所管轄的活動領域時，我們會感到有一種責任感，但我們可以選擇忽略它、心不甘情不願地承擔它或接受它並讓它成為自己的一部分。當我們選擇後者時，我們就在控制之中——我們接受了想要承擔的義務。在這個過程中，區分社會或文化所加諸的負罪感和義務，及我們真實內在的責任感這兩者，變得十分重要。否則，回報我們的將是怨恨而非成就感。

土星的工作絕非易事。它並不是靠木星那種天生的才能或樂觀冒險的精神來獲得獎賞，而是透過努力不懈的工作才能達成。這跟超越界限截然不同，而是要在界限內努力並從中獲得力量和利益。土星的工作極具有挑戰性，一方面是因為工作上所遇到挫折或限制會使我們覺得特別具挑戰性，另一方面則是因為要熟悉一項技能之前需要長期的實踐。土星在出生星盤的位置表示你可以在哪裡完成工作，以及完成工作後會獲得什麼樣性質的收益。

土星並非沒有回報。實際上，它帶來的回報是其他行星無法比擬的。凡是需要時間、奉獻、勤奮以及其他許多犧牲才能獲得的成就，都是備受讚揚的，因為它們是如此稀有和珍貴。三十年的幸福婚姻、博士學位、引以為豪的成年子女、還清抵押貸款、磨練至完美的才能——這些並非僅憑希望就能發生。必須要靠對目標的**承諾**以及為實現目標**持續不懈**的付出，才能帶來人生巨大的獎勵。土星的驕傲與成就要靠努力才能贏得，並非簡單就能得到。

土星在出生星盤的位置代表你可能會感到受阻或受限的地方，需要穩步向前才能獲得成就。有時候限制會讓我們感到無法實現目標，但往往就是這種局限才能使我們重新回到自己身上，迫使我們喚起成功所需的自律和耐心。

自我約束、自我控制、自我滿足、自持自重——許多描述土星的詞彙都以「自我」一詞開頭，因為土星代表那些必須獨自完成，沒人會為我們做或能為我們做到的事。因此我們可能會在土星主管的生活領域中**感到**孤單。自律必須靠自己來養成；我們必須自我管理，學會為自己做事；這是成長的一部分，這就是為什麼土星被稱為成熟的行星。

當我們還是孩子時，父母會制定必須遵守的規則。我們被強迫遵守這些規則，但最終我們也會隨著自己的成熟而設定自己的規則。成熟會帶來自我管理的能力並真正地變為成年人，在這個過程中你自然會理解，沒有人在外面為你設定不工作的後果，但也沒人會為你工作，因此若你想完成一件事，只能自己動手。

當土星成為我們無法承受之重時，在其主管的生活領域中我們會變得沮喪和退縮。為了解決難題，我們只能想辦法喚起紀律並耐心地工作，但有時還是得尋求幫助才能站起來。土星的存在不是**為了它自己**而要你自我懲罰或自我否定，而是透過現實和可持續的方法賦予自己權力。

外在權威在我們的生活中比比皆是。當我們還是孩子的時候，它就是我們的父母、老師和保姆，成年後就是老闆、法官和警察。這些角色都跟設置和執行規則與限制有關。隨著我們的成長，這些規則塑造了我們的行為，並為我們提供了某種架構，使我們在成年後可以更輕鬆地融入社會。最好的一面是，土星成為指引我們方向的導師。當我們進入成年期並持續成長時，我們的任務便是將這些權威的智慧內化，並用行為和智慧的內部準則來管理自己，而不再靠外在的規則限制我們的行為。然後我們也成為了導師並傳遞這些得來不易的智慧。

當然，並非所有的權威都會仁慈地指引我們，他們也不一定知道什麼是適合我們的。土星也代表辨別規則或法律的智慧，有時擁抱並遵循繼承的規則和傳統，有時則根據自身積累的智慧解構舊的秩序並製定新的準則。這些通常都要透過一生中內化的規則和習慣來完成，然而曾經為我們服務的規則和習慣，有時卻也成了另一種限制甚至損害，阻止我們進一步發展。土星在出生星盤的位置也可說明我們會在何處遇到妨礙自身發展的障礙，因為我們必須對過時的或崩潰的規則與信念進行更新。

## 當土星被誤用時

土星能量的誤用通常集中在生活中陷入困境的事情或是自我上，這一方面是因為我們允許自己固守某種特定的方式，另一方面是因為我們逃避土星的工作，卻導致難以克服的後果。土星主管著需要花費時間才能建造，並隨著時間推移而仍持續的事物，例如建築物、組織、習慣（健康或其他），甚至是我們自己的骨骼，即支撐我們身體的架構。土星的架構可以支撐並承受很大的重量，但是若不保留少量的靈活性且得不到足夠的關注，它們可能會變得過於僵硬，從而束縛了本來應該保護或支撐的東西。足夠靈活的骨架能適應成長和壓力，而高的建築物除了要夠堅固才能站立，也須具有足夠的靈活度才能在強風中微微搖擺，進而增強其承受力。

土星在出生星盤的位置能顯示結構——象徵上或字面上的，內部或外部——你必須持續建構並獲得成功的結構，即便你必須比他人付出更多的努力。若不努力，該生活領域的事物將無法成長，甚至讓原來可以避免的、你不願意看到的後果發生。這些後果並不意味著懲罰，而僅僅是自然法則的結果。例如，長時間不保持健康飲食自然就會導致疾病和肥胖。定期經營關係有助於關係的維持；但若不這樣做關係自然會消亡。

## 重新檢視關鍵詞

就像月亮象徵著母親，土星也被稱為父親，[9] 而土星在出生星盤的位置對父親以及你與父親的關係是具有影響力的。傳統的刻板印象將父親塑造成像教師或教練的角色，母親則相對被定型為養育的角色。土星代表著**權威**的概念及其在生活中所扮演的角色，因此，傳統對父親的觀念在

9 除了土星，太陽也常被視為父親的代表，這反映了許多文化中反覆出現的父—母，男—女，太陽—月亮的二元象徵主義。

象徵意義上的確適合土星。但是，土星仍不足以代表父親的性格或他在你生活中所扮演角色。就像你的母親有自己的出生星盤一樣，你的父親也是，與土星相比，他的出生星盤將顯示更多有關他的訊息。

土星也被稱為業力行星，儘管從某些角度來看，整個出生星盤都可視為業力。土星被視為業力的代表是因為它是自然法則和後果的行星。要怎麼收穫就要怎麼栽。然而業力不僅是任意的犯罪和懲罰，它的本質是習慣，是不斷重複並持續存在的東西。無論作為或不作為都會對我們的生活產生影響並造成連鎖反應。

## 行動中的土星

若將土星放在第十一宮的獅子座，當事人在眾人面前可能會難以自信地表達信念，這成為他們必須克服的挑戰。當他們想要融入社交場合與同儕團體時，他們可能會感到尷尬且侷促不安，看上去比在其他場合還要害羞。參加或建立一個可以放心做自己的同儕團體需要時間和毅力，為了做到這點，他們必須培養和練習特定技能才能協助他們從同儕的支持中獲得回報。但這個過程往往是困難、尷尬的，但若能持之以恆，他們最終會建立起一種自然的權威感、魅力和自信。這就像克服公開演講的恐懼並從中成長的人，在長時間練習後就能在鎂光燈下自然地表達。但即便如此，他們仍須持續努力才能保持這種信心。

若土星仍在獅子座但在第三宮，活動的重心會從為了能在同儕中獲得自信並自由表達的練習，轉移到如何克服難以自在表達思想和觀點（第三宮）的困難，或如何突破受限（土星）的思維和溝通（第三宮），進而發展心智和溝通的能力，以獲取他們渴望的自信。

土星的問題

你可以提出下列土星的問題，而土星在出生星盤的狀況將提供解答：

◆在缺乏技能、耐性、承諾或優勢的情況下，你會面臨什麼樣的挑戰？
◆你在他人身上看到什麼樣的權威角色是你最終想要成為的？
◆在什麼領域或方式，你的堅持最終會為你帶來回報？
◆什麼樣的行為或態度在你身上已經是根深蒂固的？

## 世代行星

古典占星學只包括從太陽到土星的七個可見的行星。土星代表極限、傳統、法律、死亡及終結，也是古典占星學的最後一顆行星，代表了終點。天王星和其他外行星的發現使我們超越了這個僵硬的界限。天王星打破了規則、超越法律和慣例的界限，海王星超越了物質領域，超越了我們對「真實」的執著，而冥王星則透過象徵性的重生超越了死亡自身。

其餘三個行星常被稱為「外行星」，該術語常與世代的觀念結合，意味著它們並不屬於個人的生活經驗。雖然外行星在每個星座所停留的時間非常長（天王星平均為7年，海王星平均為14年，冥王星平均為20年[10]），但它們所通過的星座和宮位所造成的影響不僅在個人的層次，**也是**集體的層次。就像我們所有人都會受到時代精神的影響一樣，當時的火花也會停留在心裡，經過內化成為自己的一部分後，又參與我們所處的時代文化並做出貢獻。時代的氛圍不僅影響我們，同時也**透過**我們而活著。

雖然外行星在出生星盤裡的星座能讓你體驗該行星的能量，然而它們所在宮位較能揭示它們各自在我們個人生活中的表達。

## 天王星

天王星代表個體化的需要：尋找並表達真我，跳脫種族、文化、性取向、性別、家庭、國家或任何其他社會規則所加諸於你的定義。

生活在一個組織完備的社會所帶來的好處實在難以計量。科學發現、技術發明和醫學進步所帶來的利益更是不斷超前。安全感在很大程度上建立在數據以及對社會契約和法律（說出與未說出的）的遵守。然而無論我們處於什麼樣的文化，它都會對個人的生活方式產生集體看法，並巧妙地或有時不那麼巧妙地向那些脫穎而出的人施加壓力。其明顯的程度雖然不像惡霸欺負弱者，或受歡迎的孩子排擠不尋常的孩子那樣，但有時壓力卻來自那些好意的人，他們希望我們是安全的並留在體制內以享受現有的利益。此外，有些用好意來掩飾真正意圖的人，為了控制某些人或讓他們「想清楚」而向他們施加壓力，以減輕他們面對人類與生活中的不確定性所產生的不安全感。

當面對集體壓力時，我們很容易屈服和順從，無論是假裝適應現狀但在內心暗自反叛，還是真的對別人告訴我們的故事深信不疑。例如當我們還是孩子的時候，由於對自己和生活沒有足夠的信心或經驗，因此無法反抗因不服從權威而受到懲罰的威脅，也無法離開世界孤獨一人，畢竟我們在長大成人之前是無法照顧自己的。

我們對生活中權威人物的信任可以是健康、自然和有益的，但某些時候，我們必須重新審視所學的東西，與我們內心所接受的信號相比較，並在必要時進行修正。我們透過天王星的獨樹一格完成這一點，不僅在身體和習慣上，對於所思所想、所見所學也都要與眾不同。我們必須站在規範外客觀地看待它們，如此才能開始看到另一種方式、另一種定義、另一個故事。當我們這

10 注意到這裡是指**平均**的時間。尤其冥王星的軌道較為橢圓，它從天蠍座到射手座這段距離是用滑動的方式，行進的時間相對較快，但從金牛座到雙子座這段距離是用拖行的方式，時間則較慢，因此其在星座中停留時間從10－12年到30年不等。

樣做時，就可以發現有些規範其實不是法律，只是**共識**：每個人都同意的似乎就是好的、正確的或正常的。但就個體化而言，多數人所同意的並不一定適用每個人。

天王星經常為我們指出一條走向個體化的道路，一旦被鼓勵進入我們根本不認同的「規範」時，我們就會感到不適。年輕的時候，我們可能對自己或社會規範了解不深，無法識別這種不舒服的根源並將其表達出來，有時我們就直接忽略這些令人困惑的感覺。青春期的時候，我們可能會以誠實但笨拙的方式努力突破邊界，但有時卻被誤導而急著想藉由獲得自由來表達個體性。

隨著年齡的增長，我們更能理解和表達這種不適感（即使只是對自己表達）。我們可能會意識到自己並不同意家庭或社會所遵循的主流宗教或政治原則，或者我們的確有著與他人明顯的不同處，例如你的外表（無論是否出於自己的選擇）與他人不同。但就是這種對比最能告訴我們什麼是與眾不同，無論這樣的不同是正面的或負面的。有時這種對外表的評斷或嘲笑是很傷人的，不但無法讓我們發現差異所帶來的意義，只會使我們成為殘酷、無知和恐懼的受害者。但這些經驗仍能教導一些關於自我的寶貴課程，當我們以社會認可的方式行事，內心卻感到不適或產生陌生的感覺時，抑或當我們看到他人樂於參與某些事件或經歷，但我們卻有相反的感受時，這些感受才能真正為個體化的道途指明方向。

發現與踏上個體化的道途之間可能會有一段距離。若個體化的道途背離了習以為常的規範，我們就必須擺脫困境，走出自己的道路。出生星盤中天王星的位置將驅使你上路——不僅一次，而是不斷重複地驅動，無論是透過選擇一次又一次地捍衛自己，或是道途上有一連串的選擇帶著你從原點越離越遠。

在天王星的影響下，我們如俗話的「按照不同鼓手的節奏前進」，不論幸或不幸，有時只有我們能聽到這個節奏。天王星可以代表自我的發展並提供給世界的獨特禮物；歷史上有許多傑出的人們，因為他們的作為而產生了巨大的變化，即使那不是他們打算要做的。發明家、革命家和天才都體現了天王星的意義。唯有在公認的體制外思考與行動，我們才能成為改變體制的一部分。同樣道理，無論是自己還是他人使我們被孤立或被誤解時，天王星也是我們容易感到自己是局外人的地方。除了自己以外，沒有人能聽到我們天王星的節奏，所以當我們隨之舞動時，在其他人眼裡可能很奇怪。我們也許不用膚淺地希望自己大受歡迎，然而被接受和被包容是我們原始的需求，而天王星在出生星盤的位置告訴我們，何處是你與在世界之間的邊界。

即使我們擺脫那些讓真我妥協而無法走自己的路的事物，我們仍可能會覺得自己是局外人。保持真我並不容易，即使有人接受甚至讚賞真正的你，你仍然會被大多數人誤解。當我們走自己的路時，我們不僅行走，還要**造**路。這就是為什麼天王星在出生星盤的位置是我們有機會成為或加入「怪咖群」的原因——在同一條船上的盟友，只有他們才能理解我們的戰爭以及為什麼要戰爭的原因。我們也會期待那些走出自己的路的人成為我們的精神導師。然而，要成為真正的天王星人，有時我們還是得脫離他們為自己站出來。我們並不孤單，但我們必須獨自奮戰。

要注意的是，雖然天王星經常發起革命性的言論，但並不是每個人都會演出天王星異常和反政府狀態。我們並不全是瘋狂怪異或揮舞武器的叛軍；實際上，大多數的人並非如此。但是天王星對個體化的呼喊仍然存在於我們所有人中，無論像耳語般還是大喊大叫，無論需要經歷或大或小的犧牲。相較歷史裡的革命，我們個人經驗可能非常微小，但是我們所經歷的內在鬥爭和獲得的回報卻是真實的。儘管我們沒有要衝進白宮或站在警戒線上，但我們所有人都帶有一點革命精神。當我們感到自己或他人的權利被踐踏時，天王星在出生星盤中的位置是我們最有可能反抗的地方。

為什麼我們要忍受這些壓力？有些人確實沒有充分理由。有些人則認為離開舒適圈的代價太大了，而且待在舒適圈確實也沒有什麼可恥的。我們害怕失去支持、機會與被接納的感覺已經到達備受威脅及恐懼的程度。許多在社會的集體意識中體現天王星的人，為了忠於自我而不惜一切代價，卻失去了工作、家庭、甚至生命。但是對某些人來說，壓抑自己的聲音、過著虛假生活的壓力已經到了臨界點，他們再也無法承擔因此而失去的，因為壓抑與背叛自我的代價太大了。

天王星代表我們的「內在叛逆」，但叛逆不是天王星的目的。當我們表達個性的願望被自己或他人壓制時，它就是一種改變的機制。每當一個國家爆發內戰或大規模抗議活動時，我們見識了天王星的巨大叛逆性，但我們每天也能意識到天王星，例如當他人的期望與真實自我發生衝突，我們為了反抗而採取的行動時。當婦女自願選擇不結婚或生孩子時；當一個人放棄六位數的薪資離開美國公司而在海灘上賣優格時；當一個人在有宗教信仰的文化中承認自己是無神論者時——這些都是日常生活中人們脫離常軌的例子。那都是天王星在起作用。

當我們認同某人反叛文化和社會規範時，就更容易看到和理解天王星的行為，但若只將天王星定義為我們的內在的叛亂是具有誤導性的。天王星只要求我們忠於自己，在這個過程中，我們須常常審視我們眼前看到的例子，以及它們是如何與內在的欲望形成對立的，然而有時他們並非全然對立。若我們有勇氣參與這個過程並選擇真我的道途，**即使集體的共識也支持著我們時**，我們擁抱的才是健康的天王星。

正如孩子可能會為了反抗母親的意願，故意違反母親所設立的規定來顯示自己的獨立，天王星也會表現出我們常說的「為了反對而反對」，那不是出於任何真實的目的，僅僅是為了證明和主張個人的權利。它本身不分好與壞，但卻會掩蓋真正的問題，某些情況下甚至會阻止當事人按照自己的真實意願行事。若我們想要的碰巧符合社會的需求，但又不想覺得社會決定我們可以成為什麼樣的人，我們可能會陷入為了在反對社會而反對自己的危險。這就是天王星的變得危險的原因。天王星不是叛逆，而是獨立。叛逆可能是必要的，也可能不是必需的。沒有一個人天生叛逆，但每個人天生都想要做自己。

天王星經常讓我們把叛逆當作一種有用的工具，然而個體化的目的不僅僅為了與周圍的人不同。天王星的方法是讓你擺脫周遭環境裡難以言喻的壓力，獲得必要的呼吸空間傾聽自己的聲音。此外，天王星想啟發的並非一時的叛逆——無論天王星如何影響你的出生星盤，你必須不斷地評估自己的生活、行為和需求。個體化的展現是一個終生的過程，天王星雖然不是唯一參與這個過程的行星，但它通常位於最前線，在我們即將沉睡時喚醒我們，在我們內在已經改變，但外在仍未趕上前逼迫我們先改變生活。

有時我們為了適應環境和配合周遭的計劃，可能會出於恐懼而抑制自己想要跟著感覺走，做出不一樣的事之欲望。當失去的風險太高時就可能成為特別誘人的策略，例如為了避免傷害親人或避免失去工作，或甚至極端情況下失去我們的生命。然而在這些情況下，我們的壓抑往往會適得其反。我們可能會將被壓抑的感覺驅趕至「更安全」的生活領域，例如過分強烈地反抗工作中的穿衣規範，實際上這可能源自生活中其他無法自由和真實表達的領域。違反瑣碎或無關緊要的規則，例如一些次要的社交協議或工作中的穿衣規範，來宣稱我們自由表達的權利，通常不會帶來我們真正想要的。在這樣的情況下，適應環境（或看起來適應）的好處可能不會超過隱藏真我所付出的代價，並且可能在其他地方徒生波瀾，結果就是把我們的熱情給澆熄了（以及後續可能帶來的後果）。大致說來，天王星能量的誤用通常以沒有理由的叛逆或誇大的矛盾來顯現。

## 重新檢視關鍵詞

天王星的關鍵詞之一是反叛或無政府主義者，這樣的說法雖然可行，但與天王星的目的卻是失之毫釐，差之千里。天王星的目的不是叛亂，而是自由。叛亂有時是實現目標的必要方法。天才也是與天王星相關的關鍵詞，因為天才不僅是智力的展現，也包括對某些事物有著不同的思考能力，因此他們可以理解其他人還未理解的事物。天才、科學家和發明家都是天王星的化身，因為他們都在嘗試尋找新的發現並有著與他人不同的思考方式而得出新結論。他們肯定是脫離框架的思想家。流浪者是天王星的另一個化身，這並不一定是字面上所指被家庭或社會所驅逐，也可以是指內心缺乏歸屬感。這是天王星的普遍現象，因為歸屬感通常來自與他人相同或適應環境的能力，天王星就是我們常說的格格不入。

這些關鍵詞和化身可以追溯至天王星的核心思想：個體化之路。若單純以天王星在出生星盤的位置，來解釋當事人會在什麼樣的領域利用科技或容易做出什麼樣的發明，這樣的想法或從字面上解讀天王星通常會得出錯誤的結果。我們應該將這些概念作為某種比喻來理解，個人天王星的位置是如何促使他們「發明」自己的規則，如此才能正確理解星盤裡天王星的核心意涵。

## 行動中的天王星

若將天王星放在第九宮的天秤座，當事人的哲學或世界觀可能不同於成長環境或周遭文化中的多數人，例如有著與家人或鄰居截然不同的宗教信仰或政治觀點。當談到合夥關係或教育問題時，他們的觀念可能會與周遭的人有很大的差異，尤其當他們長大成人後有更多的自由探索自己的真實信念時，這些信念可能會與小時候學習到的或被迫接受的有所不同。若他們認為人權被某種不公平對待所侵犯，他們甚至會成為制定或修改既定法律的提倡者。

若天王星在第一宮的天秤座中，當事人可能會以更明顯的方式表達天王星的能量，例如以獨特的舉止或外表在人群中「脫穎而出」。在天秤座中，他們可能會透過與他人互動所產生的對比來了解自己的個體性，藉由看到與他人的不同處而更了解並定義自己的重要特質。

### 天王星的問題

要了解天王星在你的出生星盤是如何體現的，可以詢問下列有關它所在宮位和星座的問題。

- 你對生活的看法或經驗有哪些與社會「規範」的有所不同？
- 生活中有哪些領域讓你最感到疏離？
- 生活中有哪些領域是你最不願意妥協的？
- 當你感到被限制時，你是如何反抗的？

## 海王星

海王星代表我們對神祕的、空靈的和精神性體驗的需求。海王星所主管的一切代表一種超越的方法。在海王星的直覺力，想像力和靈感力的範圍中，我們尋找如何超越已知，並進入感知到的所有可能性。海王星為與本源、與神、與上帝或與我們所謂的宏觀世界的聯繫，透過它我們試圖將物質提昇到形而上和精神的領域中。當我們因為同情心或同理心而想要減輕他人的痛苦時，我們便超越了自我的界限。甚至夢境也屬於海王星的領域，因為它超越了意識的界限。

海王星象徵著我們內心之中因為認知自己是整體的一部分，因此渴望與該整體合而為一，無論我們稱其為集體無意識、人類、宇宙、本源還是上帝。這是我們對於無限的、神聖的和完美的想望。海王星在出生星盤的星座和宮位能引導我們對無限的渴望，其所代表的領域可能是我們超越日常生活、尋求夢幻般體驗的地方和方式。

海王星的能量有時與稱為「細微身」（subtle body）的觀念結合。許多定義這個觀念的詞彙存在於各種信仰和文學作品中，並隨著時間的流逝而增加或更改其定義，例如星光體、能量體、輕盈體，或者只是一個人的精神或靈魂。細微身被認為與一個人的光環有關：圍繞著身體的能量場，其顏色可以指出一個人的整體情感或身體健康與個性。海王星的位置可以代表我們如何調和或察覺我們的細微身，因為我們感知的能力其實是存在意識之外的。

儘管海王星的經歷使我們體驗到魔力，但是一般人卻常以一種緩慢且奇怪的方式感受。無論是胃部的翻攪或鬧鐘的響聲，還是突如其來的恐慌，或是從美夢中忽然驚醒（有時就是像字面上的意思般）。對於某些人而言，他們可能感受到更直接的崩潰並試圖避免所有超越的體驗，抑或做出相反的事——永遠都不要回到現實世界。海王星在出生星盤中的位置可能是我們容易採取某些逃避行為的地方。儘管某些藥物據說可以增強意識，但其中有許多，包括酒精，通常被用來逃避日常生活的壓力或悲傷，這就是為什麼出生星盤中海王星能量顯著的人也經常與毒品或酒精成癮搏鬥。當然，有些人不用毒品或酒精來逃避現實。想像力也可以是另一種麻醉劑而成為逃避的出口。飲食過量、看電視或任何其他形式的娛樂活動也能提供逃避現實的藏身之地，當這些成為長期的習慣時就會變成壞事。

情感上的超越或是同理心比起超越精神的渴望，更是進一步地跳躍。金星尋求的是個人的愛（厄洛斯［Eros］）【譯註4】，而海王星則類似於神聖的愛（agápe）。【譯註5】透過這樣的愛，一種連結感與對人性的愛油然而生，亦讓團結人類的所有要素得以運作。同情心能自然促成任何形式的愛，但透過海王星的形式看來卻最純粹，而海王星在出生星盤的位置可以說明我們在哪些地方能更容易對他人產生同情心或「一體性」。

我們越能與他人合而為一，我們就越傾向無私，因此海王星在出生星盤的位置也會顯示你最容易犧牲的地方，甚至允許自己成為某人或某物的受害者（無論對方有意還是無意）。當我們同情他人的渴望或能力超越對自身利益的需求時，我們將全心全意、充滿慈愛地服務與奉獻。然而，無私奉獻與失去自我之間的區別在於我們是否允許自己被消耗殆盡。因同情而慷慨的給予或像烈士般自我犧牲，兩者所帶來的是完全不同的效果。前者可能讓你感到疲累但同時也會讓你感到滿足，而後者可能會讓你感到空虛且充滿怨恨。海王星在出生星盤的位置就是你學習如何判斷這個細微差異的地方。

了解海王星就像試圖了解意識本身，因為這也是海王星象徵意義的核心。當我們做白日夢或冥想時，我們實際上是在嘗試從身體獨立出來體驗意識。就像《駭客任務》（Matrix）中的尼歐（Neo）一樣努力地解放我們的心智。

超越的渴望使我們面臨艱鉅的挑戰：在現實生活中的我們要如何體驗虛幻。每當我們放任意識在白日夢中裡嬉戲，或者透過書籍或電影沉浸在一個完全不同的世界中時，我們都在擁抱海王星。光是想像是不夠的，還要真正的**沉浸**其中，而且要來到其最深處而被其淹沒，即使只是片刻，那就是海王星的喜悅。在海王星的經歷中，在屈服於永恆的當下，時間彷彿暫時停止。

海王星在我們出生星盤的位置代表我們同理心和直覺的最大潛力，所以兩者的結合可以產生一種內在的覺察——關於自己、他人或世界。我們可以透過海王星在出生星盤所在的星座和宮位來增強精神的敏感度或直覺力。然而，重要的是要記住，海王星並不處理事實或絕對的真理；它提供的是通往最高自我的渠道，透過它汲取的知識是停留在印象中的，是主觀的，並會隨著片

---

【譯註4】祂是希臘神話中的愛與情慾之神。他在羅馬化身為較多人熟悉的愛神邱比特。

【譯註5】希臘文 agape（愛）所指的是包括了精神上的愛、兄弟似的愛或是憐憫與慈善；也指一種「無私的愛」，是人類之愛中的最高的一種形式。

刻的發展而不斷變化，就像在不斷流動的河流中飲水一樣。跟隨海王星的直覺有點像在黑暗中跟隨著一把火焰——它沒有完整的形象，我們只能跟隨它來到指引我們的地方。我們很容易將自己的欲望和假設投射到某種像過濾器的東西上，試圖給予它原來沒有的定義。海王星所教導的課題通常集中在不可能與可能、理想與現實、想像與實際的衝突。

由於海王星超越了現實的邊界，因此不受我們自然和社會世界定律的限制。我們的想像力是一塊空白的畫布，天空是極限。我們不僅是靈性的生物，還擁有肉體和需求，所以我們可以在自然世界和精神世界來回跨越。當我們試圖將事物從海王星世界帶入物理世界時，挑戰就來了。當我們從夢中醒來並試圖解釋夢的意義時，往往會感到茫然。當我們想要按字面上的意義應用時，充滿含義的符號就會變得扁平。

我們希望並想像能夠成真的事物仍必須屈服於現實法則，甚至在法則下徹底瓦解。我們可能會想像出一個想法或信念，然後對其進行投資，然而當遇到現實的考驗時，除非我們知道如何將想法轉換成現實，否則想法仍會變成碎片。無論我們想像的是完美的情人、最高的建築物還是理想的政府，這些完美的想法都會因為與相關人的複雜性和能力相抵觸，或是與世界的自然法則相遇而有所妥協。

## 重新檢視關鍵詞

海王星經常被歸類為精神性的行星，與神和宗教信仰的內涵有關，但海王星對靈性有更廣泛的定義，其中包括每種宗教甚至不包括任何宗教。從根本上來說，精神性這個詞可以簡單地表示「有關精神的」，而非世俗或物理性的。我們會好奇，也會想像，甚至有「預感」的能力。儘管科學與宗教常互有磨擦，這令人遺憾，但科學和宗教都試圖探究這些奧祕，並將想像力作為研究人類各種奇妙現象的墊腳石。

宗教是海王星超越經驗的一種常見的方法，對於某些人來說，有時候它的確能產生神奇的體驗。它提供了通往神祕感、超越感與共融感的門戶。不過宗教本身，諸如「待人如待己」的道理，還是一套完整的哲學、規則和禮節傳統，都只是協助我們超越的工具。能將世俗的經歷變成了精神上的超越仰賴我們在意識上的嚮往和開放，這才是最符合海王星的方法。

## 行動中的海王星

若海王星在第十一宮，靈感和同理心將來自對公眾事務的參與。社區和團結感將來自他們感到同情的群體，可能是他們想要捍衛需要特別幫助或保護的人，例如動物、薪水低廉的老師、單親父母或其他族群。他們可能會被幫助不幸者的正當理由或能與他人融合的行為所吸引。若海王星所在的宮位在射手座，當事人可能會以射手座的風格表現出對冒險、新事物或國外事物的熱愛，例如結合這些動力，在全球性而非本地型的和平組織裡工作，例如和平工作團或無國界醫生組織（若出生星盤中沒有其他顯示當事人是偏家庭型或內向型的徵象）。但另一方面，海王星的同理心可能導致當事人容易受到他人觀點的影響，或容易被他人的情緒訴求所操縱。

若將海王星放在上升的第一宮，當事人可能會充滿同情心並抱持開放的生活態度，對眼前各種事物充滿好奇心和開放性。由於第一宮是代表自我的宮位，而海王星往往會模糊邊界，這對當事人而言好壞參半，因為他們會容易反映別人的投射或接收他人個性或特徵的訊息（這對演員來說是非常有利的位置！）這可以使他們能靈活反映周遭人的需求和情緒，但也容易使他們迷失自己。

### 海王星的問題

你可以根據出生星盤中海王星的狀況詢問下列問題，答案自然會浮現出來：

- 你覺得哪些生活方式、哲學、人物或經歷特別令人鼓舞？
- 什麼樣的經歷或活動能讓你有觸碰到「神聖」的感覺，無論它對你是什麼樣的代表？
- 你最常做白日夢或幻想的事物是什麼？
- 你會在什麼樣的領域或用什麼方式放手讓直覺指引你？

## 冥王星

有時我們在生活中會以一種被限制、穩定、有條理的方式成長，例如當我們發展新技能並予以實踐時，那就是土星的風格。當我們願意跳入新的領域並帶來成長時，那是木星所鼓勵的。然而我們還有冥王星，讓成長的過程變得混亂。當我們因為成長而換上新鞋時，可能會將舊鞋丟棄或回收，但這是向前走的過渡。我們會丟棄一些東西後，讓自己往感覺更好的新事物前進。冥王星的成長方法通常始於拆解。若毛毛蟲不讓自己屈服於幾近死亡的狀態，就無法變成蝴蝶。死亡而後重生就是冥王星之道。

人們常以抽象的、與轉化有關的沉重論述以及一切都是為了更大利益的說法來描述冥王星。事實是，儘管冥王星所主管的領域有許多美好的事物，但沒有一件事情是容易或快速的。無論是面對自己內在的美女或野獸還是生活本身，所有冥王星的事物都需要勇氣來面對。雖然冥王星顯示我們內在深處的生存能力，但我們通常只會在有迫切需要或恐懼時才會使用，因此，好事總隱藏在壞事裡。諸如「黎明的黑暗」或「只有堅強才是唯一的選擇，否則你不知道自己有多堅強」之類的說法就印證了這種概念。

若未經測試，我們不會知道自己的實力有多深。若未親身經歷內心的黑暗世界，我們就無法獲得生存在地獄裡的經驗與知識，包括我們是有多脆弱，而原始的力量又有多大，這是這段旅程的潛在回報。

冥王星，就像土星一樣，占星家常一開始就帶著恐懼來面對它。我們無法避免去談論它最困難、令人恐懼的地方。儘管冥王星幾乎可以代表我們內心最重要的部分，而且經常是通往個人黑暗世界的一扇門，但冥王星並不一定以地獄的面貌呈現。的確，兔子和小狗等溫和的事物不會由它來代表，然而我們卻往往透過冥王星找到生活的意義。冥王星會滲透到事物的核心，你騙不了它——你所能做的就是儘量避免顯現它的威力，最好一輩子都不用經歷。

冥王星指出生命最深沉的意義。冥王星在出生星盤的位置將顯示出對你有深遠影響的問題，是你最排斥的，同時也是最吸引你的。若冥王星在出生星盤中落在顯著的位置，例如靠近太陽、月亮、上升或中天的人，通常具有強烈的目的感，堅定地認為他們是成大事的人。但這不能與世俗的價值或名聲相混淆；那是一種充滿激情和意義的堅定信念。他們對細節也許不會比他人清楚，但在執行的過程中，他們總會被逼到極端的局面。他們可能會陷入十分激烈的處境，例如涉及生死的選擇，或面臨嚴峻、令人恐懼的困境而需要支持或營救。

並不是每個站在生活最前端的人都擁有強大的冥王星，但是冥王星在出生星盤裡的位置可以顯示你會在哪個領域透過勇氣來獲得最大的成長力。這樣的勇氣將賦予我們權力。當我們活出健康的冥王星時，我們會開始感到自己獲得了權力。冥王星的力量帶著我們超越能力的極限，但那股力量並非來自於雄心壯志，而是謙卑與忍耐。

天王星要超越的是權威和體制的界限，而冥王星欲超越的是生活本身的界限，並跨超任何可能是善意的但卻使我們脫離個人真理的界限。

心理學家榮格創造了「陰影」一詞，它象徵我們無法覺察到的但圍繞著自己的黑暗。努力做到最好是一件好事，但若在努力的過程中否認自己某一部分時，我們會變得支離破碎，迷失自己。榮格說，他「寧可是個整體，也不願是個好人」，也許這是因為**只想**成為好人反而是在拒絕成長。我們對自己、他人或世界其他事物的擔心或鄙視，常為成長和自我賦權提供最大的線索，揭示了我們不想承認的事物。

冥王星在出生星盤的位置顯示了我們最需要，但也最容易對自己撒謊的地方，即使我們對自己、生活或其他人有不了解的地方，他們也不會消失，而是隱藏起來，並以我們不喜歡、不受約束、看不見和不受控制的方式影響我們。

我們都知道自己會死，但儘管這個念頭可能會不時地滲透到意識中，我們並不會老是想著這件事或被它所困擾。冥王星向我們顯示的就是這些關於自己和生活的真相，我們所有人都會死的事實就是其中之一。儘管這樣的意識是一把雙刃劍，我們可能會被恐懼或沮喪所淹沒，但是對死亡的意識迫使人們投入生活，使我們產生努力生活的欲望，因為正如你知道的，「一輩子只有一次」。「這是**真的**」，冥王星可能會再補一句。

我們愈是感到自己的脆弱和生活可能隨時結束，就愈覺得不知所措，但這卻是一種能夠消除日常生活的噪音並專注於真正重要事物的方法。沒有人能完美無缺，但是這種意識可以幫助我們充分投入生活。冥王星在出生星盤的位置將顯示各種可能會讓你震撼、記憶猶新的經驗，但我們是否喜歡那通叫醒我們的電話，那就是另外一回事了！

## 冥王星與恐懼

冥王星顯現出來的陰暗面的核心就是恐懼。我們都有某個關鍵點或敏感點，一按就會觸動最深切的恐懼。冥王星的恐懼不僅僅是害怕或焦慮，而是心靈上最深最原始的傷痛，它們終其一生都是脆弱的。冥王星在出生星盤中的位置將顯示恐懼的本質及它是如何在你的生活中顯現的。

冥王星在出生星盤的位置代表你在克服恐懼後被召喚至極限的生活方式和領域。然而這不是靠自己的努力，或僅僅告訴自己要堅強起來就能通過冥王星的試煉的。冥王星會作用在我們未知的地方，將我們一層層剝開，直到來到像孩子般最脆弱的核心，這樣才算是真正地賦予我們權力，而不僅是用鼓勵的方式。

從根本上說，冥王星的恐懼並不複雜，亦非獨一無二。少數的恐懼足以嚴重傷害人類：死亡、損失、遺棄和滅絕是名單中的幾個主題。有太多故事和事件能製造恐懼的傷痛，但它們的本質都可歸納為令我們感到無助或害怕的事物。

冥王星的恐懼是如此強烈、令人難以喘息而且是複雜的，以至於很難直接指出核心所在。但有時我們可藉由觀察人們一生中的證據而發現它。冥王星的恐懼可以透過各種行為展現在生活中，但通常會看到如下述一個或多個線索，尤其是在某種行為模式反覆出現的情況下。

## 防衛機制

冥王星很難被發現的原因是因為自我常致力於保持理智和堅強，直接面對恐懼常讓我們感到軟弱和瘋狂。通常我們只能透過尋找證據來發現它的存在。自動發起的防衛機制常是尋找的最佳起點。心理防衛機制是一種思維和行為策略，可用來應對導致焦慮或痛苦的事物。不自覺吸引錯誤的伴侶可能是為了避免失去愛人的焦慮。當快要成功時，自我破壞是為了避免想要的東西可能失敗的焦慮。

我們不必每一刻都緊盯著深淵；我們都有瘋狂的一面。有很多的理由可以說明防衛機制是有幫助、有價值的。它可以使我們繼續在早晨醒來或度過痛苦的童年時期。重點在於這些防衛機制將維持多久。若要將冥王星的痛苦轉化為力量，通常需要拆除不再適合我們的防衛機制。

我們因特定問題而在無意識創建的防衛機制經常在生活的情境中重複出現。此外，特定情況也會一再出現，即使我們**好像**與它們的出現無關。有時，代表冥王星的人可能會反覆進入我們的生活，例如總是遇到會侮辱人的老闆或難搞的夥伴。榮格說：「若內在處境未被意識到，就會以命運的形式顯現於外。」有時我們看不到或無法理解自己的真相，但我們可能不斷會在相遇的人的臉上看到它的影子或映像。

沒有一個行星，包括冥王星能單一主管防衛機制。但是防衛機制往往源自我們最害怕的事物。

## 傷痛

防衛機制通常是因為傷害我們的創傷或事件而被建立起來的。雖然我們在成年後也會受傷，但源於脆弱童年的防衛機制也常被我們帶入成年期。童年時期所遭遇的悲劇，有些可能難以想像並產生持久的影響。有些人終其一生都在創傷中度過，而這些創傷是在太年輕太脆弱而不知如何處理時發生的。

有時我們會有一個故事來解釋我們的傷口，但並非所有、甚至是大部分的傷口都找得出源由。我們並不一定能由冥王星追溯到童年時期經歷過的悲劇。並不是所有人都經歷過房屋被燒毀或遭受虐待，謝天謝地！因此，冥王星的傷口並不一定源自巨大的創傷，而有可能只是當事人一生中**容易受傷**的地方。即使我們確實有一個故事來解釋創傷的原因，但故事的結尾通常看來很平常，只不過是因為它在第一次觸發我們的敏感點時讓我們不知所措，之後那個感覺就停留在記憶中。甚至事件本身並不會帶來創傷。一位害怕被遺棄的女人描述了引發創傷的故事，小時候的她玩耍時，正要出門的父親竟然從她身上踩過去。這一刻似乎並不重要，甚至可能發生不止一次，卻成為她傷口的**符號**。行為本身並不重要，而是行為引發脆弱感的方式在意識裡萌芽開花。

在某些情況下，並不是**真的**發生了什麼而讓我們受傷，而是它當時在身上所留下的烙印，以及我們根據它在記憶裡的樣子所訴說的故事（而且是反覆訴說）。有些事不一定會對所有人造成傷害。不同的事物將以不同的方式影響人們，這不一定取決於事件的強度或性質，而是取決當事人接受事情的方式與人格特質。

生活中還有一種方式顯示了冥王星創傷的存在，即我們透過相反的方式極力避免同樣事件或處境重複發生，然而當我們急切地尋求解決方案，卻沒有意識到這樣的需求無法滿足的，至少我們所採取的方式根本無法滿足需求。當冥王星的創傷源自早期的匱乏或不足的經驗時，我們就會去追求握有滿足需求關鍵的人或事，希望停止不斷渴求的痛苦。這樣的欲望並不單純也並不是對真愛或事業的渴望；它的背後是一種絕望，而這種絕望因為對匱乏的恐懼和痛苦而更加深切。

並非兒童期或之後經歷的匱乏或傷害都與冥王星有關。那些一直困擾著我們，影響我們後續的行為，甚至不斷重複的主題或事件才可能與冥王星有關。

## 不健康的依戀

冥王星也可以透過對人事物的依戀來展現。健康的依戀，例如嬰兒與母親的緊密相連，或成年時期親密關係的愛戀並不在此範圍。不健康的依戀會伴隨著過度的張力或恐懼，讓這樣的情感變成一種沉迷、瘋狂和絕望。我們依戀的不僅是熱愛或享受的人事物，而是瘋狂執著的，甚至也是我們最害怕的。我們依附的人事物可能成為我們與赤裸裸的恐懼之間的緩衝。並不一定是一個人，也可以是一個地方，一個物體或一個想法。但是在這樣的情況下，我們依戀的對象也經常是恐懼的來源，恐懼的化身。

例如，若我們深怕被拋棄，可能會發現自己在情愛關係中過於嫉妒，或者願意被虐待或被視為理所當然，抑或**不惜代價**採取任何能留住伴侶的方法。問題的核心才是真正需要解決的：不是與伴侶之間的問題，而是助長這種不健康的伴侶關係（可能還有以前的關係）的行為模式。迷戀的根源可以被其他的形式所掩蓋，若一種形式消失了，就會被另一種形式所取代，成為我們掩蓋恐懼的防衛機制。

## 無力中的權力

依戀本身似乎並不那麼危險。若讓我們感覺好些，會有什麼危害？除了把內心的平靜都託付在某件事情上可能會產生巨大的風險外，我們還賦予了它權力。不管這些人事物願不願意，他們都擁有了我們賦予的權力，更糟的是，當我們極力地避免擔心的事發生的同時，我們可能已創造了它。擔心死亡或生病的人可能會一直「擔心自己生病」。害怕孤單的人可能會因為在感情上太令人窒息了而把伴侶逼走。

為什麼我們會不知不覺地放棄權力，然後又哀求著希望將它收回？這是否因為我們不想承擔權力所帶來的責任？我們將恐懼投射到某人或某物上而獲得安全感，但這種安全感也常隱藏在永恆的被害者的心態上：不如意的時候永遠都有一個人或一件事可以責怪而感到滿足，若該發生的還是發生了，或我們受傷了，我們還有一個可以解釋的理由。雖然責怪神、配偶、老闆或銀行對身心有幫助，但是若我們從未發現真正的問題，就無法轉化與問題之間的關係，就會不斷地遇到與我們作對的神，配偶或銀行。

## 活出健康的冥王星

辨別恐懼是與冥王星健康互動的關鍵。如前所述，冥王星的恐懼通常很難從源頭識別出來，這是因為這樣做太不舒服了，我們不但不想，有時甚至不能。很多時候，即使能大聲說出恐懼聽起來也很荒謬，好像把所有麻煩歸咎到一個理由，未免太過簡單。會有這種情況是因為我們在情感上不想承認它而試圖將它合理化(另一種防衛機制)。即使我們確實能辨別恐懼，我們所能形容的也可能過於簡單，無法真實表達它背後所帶來的恐怖與緊張感。若能將恐懼帶到陽光下，我們就能對它進行評估，為它制定策略，並發現我們若能意識到它，它對我們的力量就會減少。

我們要面對恐懼，或更準確來說，面對會引發憂慮的情況。當你願意進入那個情況並知道自己夠安全時，就足以讓你擺脫焦慮，提供增強自身能力的機會。當下你可能仍會感到無能為力，但你可以提醒自己，你願意面對這件事，此時你的心態就會改變，幫助你鼓起勇氣。

焦慮和恐懼是兩回事。恐懼是面對實際危險時的經驗。焦慮則是你**想像可能的**危險所經歷的。焦慮是指**預期**某一種危險的狀態。轉化冥王星的焦慮並非要經歷我們所擔心的悲劇和破壞力，而是在遇到這樣的經歷時，與伴隨而來的焦慮感鬥爭，不讓它控制你的生活。一個害怕櫃子裡有怪物的孩子，唯有打開門才能消除他的焦慮。避開櫃子、開燈或在另一個房間裡睡覺（防衛機制）是設法避免恐懼的方法，但實際上卻在餵養恐懼，覺得自己再也無法應付門後的東西。當然，也許我們每天晚上都得一次又一次地鼓起勇氣把門打開，但是面對恐懼並不斷地**穿越**它，反而能讓我們沒那麼無能為力。孩子不一定要被怪物吃掉才叫恐懼。恐懼**本身**就是怪物。

## 冥王星的療癒

療癒是一個有力且肯定的詞。康復意味著我們感覺更好，擺脫某些事物後再次回到完整。但是冥王星問題並不會像我們想到的那樣，傷口結痂後再次長出新的皮膚就沒事。我們所害怕的或以極端方式傷害我們的事情總會一再被觸發。我們恐懼的根源並未消失，當生活引發冥王星的恐懼時，我們會再次感到害怕。即使我們暫時成功地擺脫了恐懼，但冥王星仍是一個無底洞。若我們只專注於使痛苦消失或平息渴望，我們即使獲得再多的愛、安全感、滿足感，也不足以使絕望的內心聲音安靜下來。

冥王星的療癒並非透過消除恐懼及其根源而發生，而是透過學習理解恐懼，辨別觸發的因子，並在恐懼發生時有意識地採取行動來處理它們，利用冥王星強大的能量並**轉化我們對恐懼的回應**。這樣一來我們就可以停止不斷傷害我們的破壞性模式和不適當的防衛機制，釋放隱藏在我們恐懼中的能量。我們不僅要讓自己足夠強大來面對我們的恐懼，恐懼也阻礙了我們進入最真實的自我以及對我們最有意義的事物途徑。正如約瑟夫・坎伯（Joseph Campbell）所說：「你所害怕進入的洞穴藏著你正在尋找的寶藏」。【譯註6】

面對恐懼、參與正式和非正式治療、面對過去對未來的控制，所有這些都可以帶來冥王星的轉化，在我們了解真相的同時釋放舊有的傷痛。我們不能永遠阻止恐懼的發生，但是我們可以學習如何在恐懼發生時處理它。

## 重新檢視關鍵詞

每當談到冥王星，轉化是常被使用的關鍵詞，但是轉化意味著什麼呢？轉化不是改頭換面，也不是裝飾事物的外表或打磨拋光，而是從內部進行完全的改變，這意味著必須先進行拆

【譯註6】約瑟夫・坎伯是美國的神話學家、作家和教授，其巨著《千面英雄》討論了全世界神話故事的英雄旅程與其轉化過程，並且從中揭露同一原型的英雄。此書出版之後，坎伯的理論已廣泛受到許多現代作家和藝術家有意識地運用。

解。若我們願意拆解自己並去除假裝的安全感和未被滿足的渴望，冥王星在出生星盤的位置就代表我們最有能力進行根本性轉化的地方。我們還會發現自己對失去的深層恐懼以及位在恐懼的另一邊正在等待我們的事。轉化的動力既可由外在的環境觸發，也可由內在已經準備好的意識所引發。當面對恐懼和變化的不確定性時，我們甚至可能需要內在和外在的轉變來推動我們轉化。

轉化恐懼不是要學會如何躲避它，或者建立更強大的圍牆將它隔離，而是面對它並任自己被它改變，這就像接受服用「毒藥」後整個煉金術的過程，最後轉變為有益的、截然不同的物質。當事物死亡後，就會為新生命的誕生提供了空間，而死亡時能量的釋放實際上將促進新生命的誕生。無論需要準備數月、數年還是數十年，當我們最終接受並進入這種象徵性的死亡時，轉化將得以完成，而那有時只是一瞬間的事。

## 行動中的冥王星

冥王星在出生星盤的第七宮代表了關於伴侶關係的深刻課題。伴侶關係可以教導任何人重要的課程，但是當冥王星在第七宮時，課程會特別激烈。第七宮冥王星的問題可能會圍繞在信任和對另一個人的承諾上，例如害怕信任他人，無法讓他人親密地參與自己的生活，或者害怕與他人互相依賴，抑或我們常見到、非常老套的，對承諾有所恐懼（儘管這源自多個潛在來源）。

若冥王星在第七宮，對承諾的恐懼或創傷可能以多種形式出現。即使對親密感有所渴望又害怕孤獨，當事人仍會長期避免進入任何的親密關係。他可能表現出與無法做出承諾的伴侶或不合適的伴侶結婚又離婚，因為深怕自己在真正適合和忠誠的伴侶面前太過脆弱。因為若真正向他人打開心防，太過信任他人並無可救藥地與他人糾纏的話，很有可能會失去他們，受到背叛、感情變淡甚至遭遇死亡，若真是如此，自我將徹底消失。對失去的預期心理與強大的恐懼使我們產生防衛機制，把我們想要的放在遙不可及的地方，為我們提供不適合的替代品。

若冥王星在第七宮及獅子座，當事人的恐懼和問題可能與深刻且永不滿足的、需要被欣賞、被看到和被崇拜的需求有關，若非如此，他便無法信任伴侶的愛而與對方進入關係。

若是在處女座，當事人可能會表現出自己不值得或批評他人的態度，使他人無法深入關係。若冥王星在處女座但在第十一宮，那麼愛批評或自覺不值得的傷口可能會轉化為對同儕或一般人的不安全感，感到孤獨或格格不入。他們可能對於大多數人都會經歷的社會挑戰難以適應，或因此而受到更深的傷害。

### 冥王星的問題

你可以詢問下列冥王星的問題，而冥王星在出生星盤的狀況將為你展示它複雜的徵象：

- ◆你早期受過的創傷具有什樣的特質？
- ◆為了避免重蹈覆轍或出自恐懼，你會特別容易依附哪些經驗或信念？

◆哪些經歷可能會使你感到恐懼，讓你產生防衛機制來避免它們？

◆你生活中最具破壞性模式的本質是什麼？

◆為了重新獲得內在真正的權力和勇氣，你需要臣服於外在哪些讓你無能為力的地方？

# 第六章　月亮交點

## 月亮交點的天文學

回想一下，太陽繞著地球的可見的軌道稱為黃道，而黃道帶則位於該軌道上。這個軌道並非像赤道般圍繞在地球的中間，而是以一定的角度環繞地球。月亮環繞地球的可見的軌道也有一個角度，但與黃道的角度不同。太陽軌道與月亮軌道的角度相差約 5 度，而不是完全對齊的。月亮每個月會穿越黃道兩次，一次是沿著黃道以北的軌道運動，一次是沿著黃道以南的軌道運動。當月亮圍繞地球的軌道上與黃道相交時，該交會處稱為月亮**交點**，或更確切的說法為**南交點**或**北交點**，這取決於它越過黃道時前進的方向。本質上來說，交點就是太陽軌道和月亮軌道的交會。

每個行星都有交點，因為每個行星都經過黃道。但在常見的占星學文獻中，對於月亮交點討論是最為廣泛的，這可能是因為月亮是地球唯一的衛星，極具有重要意義（對地球生命的影響上僅次於太陽）。[11]

## 南交點

南交點代表我們的舒適區，是我們最習慣的思維方式和舉止。之所以稱為舒適區，是因為當我們知道對生活、他人或對自己的期望時，並以習慣的方式思考和行動時會感到很安心。當我們知道自己在做什麼時，我們會感到很自在。

南交點可以看作是我們了解並做得很好的一套處世方法和行為，可與天賦的概念相提並論。實際上，在職業上利用南交點的天賦是很常見的，因為這很容易實現，例如南交點在雙子座的人可能是作家或教師，或者南交點在天秤座的人從事婚姻諮詢的工作。

除了習慣性的生活觀點外，還可以透過幾種特定方式觀察南交點。南交點有時可以說明童年時期的環境或態度，這種環境上的銘記效應無論來自短暫或長期的經驗，對童年時期都有某種衝擊力。例如，若某個人的海王星與南交點會合，當事人可能是在父母缺席或在酗酒父母的陪伴下長大的，或者南交點在水瓶座，當事人在生理、文化或環境上可能有所差異，而使他們從一開始就與眾不同，例如天生身體殘障，或生長在宗教信仰與周遭人迥異的家庭裡，而且還是獨生子。當然情況**不盡相同**；但這些都是很常見的。在這些情況下，童年的基礎雖不能等同於南交點代表內在習慣和觀點的這個概念，但童年環境在形成南交點的習慣與反應上或多或少扮演著某種角色。

月亮的南交點也代表了過去的基礎和強迫性行為。根據不同的信仰，過去可以簡單地定義為童年，也可廣泛地定義為前世。我們的過去能告訴我們現在以及未來的行事作風，無論我們一再重複同樣的做法還是已經從中汲取教訓。我們過去的經驗塑造了目前的觀點。

當以這種方式觀察南交點時，我們會發現到一生的習慣或某種基本的取向產生了一種力量，而我們藉由該力量作為基礎構建未來。月亮代表我們部分的感受體和潛意識。因此月亮交點也在我們直覺的層面上發揮作用。南交點的情感「記憶」與童年或前世的顯性記憶無關，而是關乎過去的情緒、直覺和隱藏的記憶。

儘管南交點及其代表的對我們來說既舒適又有價值，但它也代表太過容易的行為和態度，反而阻礙了成長，這就如同我們習慣出於安全感而非出於企圖心行事時，反而會讓生活停滯。若我們不斷重複南交點的生活時，我們深層的靈魂可能會躁動不安。南交點的處世態度也可能是一個盲點，若我們太擅長從南交點的視角看待自己、他人和生活，這可能會阻礙我們接受新的觀點。身為人類的我們，總是選擇看見我們想看見的，並想著迅速適應現有的模式，而不願暫時陷入混亂中，亦不願讓我們所見到的事物威脅或重新定義舊模式。

11　若行星交點這個主題感你感到有趣，可參考占星家馬克・瓊斯（Mark Jones）的作品，書名可在本書最後的學習資源中找到。太陽、月亮和地球之間的角度也可以用於理解蝕相的原理上。

## 北交點

若南交點代表熟悉且容易的，那麼北交點則是充滿陌生和挑戰。出生星盤中北交點所在的星座和宮位能顯示它會在什麼樣的環境或透過什麼樣的行為（宮位）幫助當事人擴展他的世界，又會發展出什麼樣的特徵（星座）來抵消或平衡某些南交點所代表的過度或陷阱。

當我們在生活中遇到北交點所代表的事物時，可能會感到陌生，不但無法立即辨識出它們，甚至不歡迎它們。一些占星家認為北交點對於業力有著極端的重要性，它彷彿是我們靈魂的目的，但實際上，整張星盤都代表我們前進的方向。我們可以簡單地將北交點視為一種能量，幫助實現個人的平衡與成長。當我們純然接受北交點的態度和經驗時，我們就能遇到**新的**體驗，若選擇去經驗它，就能促使我們朝著成長的方向發展，或至少可以讓我們瞥見與我們所習慣的生活方式截然不同的面相。

由於北交點和南交點位於軸線的兩端，因此你可將它們視為光譜的兩個極端。若往南交點走太遠，我們就陷入困境。若往北交點走太遠，我們會不知所措。

## 行動中的月亮交點

當南交點在天蠍座的，北交點自然會在金牛座，因為金牛座和天蠍座是相反的星座。月亮交點在這兩個星座的人可能容易受到強烈的情感所吸引，無論是在環境上還是個性上。他們天生就能嗅探到任何情況所隱藏的事物，無論是什麼樣的人或處境，他們只要看過一眼就會知道。由於他們渴望深入研究事物，因此對於解決謎團或研究的工作特別感興趣。由於天蠍座能看穿事物的表面，所以南交點在天蠍座的人總是要挖掘更深的祕密才會感到滿足，並且對生活抱持懷疑的態度，就像他們老是等待故事的最高潮，或俗話說的在等「另一隻鞋」掉下來的聲音。【譯註7】

南交點不僅可以說明我們表現出來的特徵和習慣，還可以說明我們出生和成長時的「複雜過程」，因此在某些情況下，南交點在天蠍座的人可能反映出一個充滿著情緒的孩子，也許他有著太過情緒化的父母，或家庭、環境有過痛苦困難的經驗等類似原因。

因此擁抱在金牛座的北交點就意味著學會將生活和自己穩定下來，在需要的時候學習將和平與平衡帶入自己的生活。北交點所在的宮位將進一步說明採取的方法，無論是透過瑜伽或園藝之類的物理方法，還是精神性的靜心冥想，抑或介於兩者之間無數可能的方法等等，都可以達到最佳的效果。對生活單純的欣賞和信任可以幫助他們了解，並非所有事物都需要如此複雜或戲劇化。儘管南交點在天蠍座的人習慣於戲劇化的、突然的變化（無論是否出自選擇），但北交點在金牛座卻鼓勵人們允許自己的能力隨著時間的推移一點一滴地成長和變化。

儘管南交點在天蠍座的人不一定有著傷人的過去，但他們的靈魂在生命的早期或前世可能有過創傷的經驗，端看你怎麼定義。在受到傷害的情況下，他們可能會感到脫離現實，產生退縮或與傷害他們的環境失聯的感受。此時北交點在金牛座可以幫助他們建立對身體的信任，學會擁抱自己的身體並在自己的身體內感到舒適。

相反地，若出生星盤中**北交點**在天蠍座而**南交點**在金牛座，我們可以從金牛座的潛在陷阱和過度中尋找成長的途徑。天蠍座無論是在環境上還是在情感上經常處於動盪的狀態，與之相對的金牛座雖然常處於平衡的狀態，但最後可能會陷入一種停滯。南交點在金牛座的人可能不願改變現狀，甚至不惜一切代價避免改變，一直處在同一種工作、處境和人際關係，或者沿著阻力最小的道路前進卻失去動力。他們可能會否認或壓制自己強烈的情緒，或者避免出現動盪的情況，然而生活中的巨大改變、戲劇性和複雜性是有其**必要的**，讓他們從昏昏欲睡的狀態中驚醒過來甚至控制他們，但也讓生活變得更有**活力**，即使這些是如此地難以預測。這並不意味著他們得將自己變成戲劇女王或國王，而是要學會駕馭並有時擁抱生活中的戲劇性，並從中進行更深的學習，而不是極力避免。

這些範例只是可能性而不是一定，亦非天生不道德的或是有害的。它們僅用來顯示能量是如何以健康方式表達，但也可能容易往不健康的目的發展。[12]

12　一般有兩種方法計算月亮的交點：真實交點和平均交點。前者考量了地球繞著地軸旋轉時所產生的輕微擺動，而平均交點則將地球的擺動進行平均的計算。儘管我們可以從名字推論出兩者的不同，但不管占星家傾向使用哪種計算方法，它們之間並沒有好或壞的分別，而且兩者的距離通常不超過一度。我們最終只要記住真實交點和平均交點並非兩個不同的事物；它們只是計算同一事物的兩種不同方式。本書所有的星盤均使用真實交點。

【譯註7】　這句話是美國的諺語。旅館客人迷迷糊糊睡著前，被頭頂上「砰」一聲響驚醒。原來是樓上的旅客上床脫鞋，一隻皮鞋掉到地板上的聲音，於是就一直等另一隻鞋掉下來，才能安心入睡。”Wait for the other shoe to drop”可以引申為「提心吊膽地等待最後結果」。

# 第七章 • 星座

## 星座的角色

行星代表人類的基本需求，但行星在出生星盤中座落的星座則揭示如何充分滿足這些需求以及需求是如何表達的細節。星座是形容詞，能生動地描述行星是以什麼樣的味道、**風格**和特徵將其訴求帶進生活。身為人類我們都有基本的交流和學習的需求（水星），但是你最想了解哪些主題？你在學習新知識時最容易採用的方法是什麼？你喜歡談論什麼，而分享想法的方式是什麼？星座能回答這些問題並與我們個性的塑造有關——不再只是茫茫人海中的一個人，而是具有特殊偏好和特徵的獨特個體。

星座是占星學中最受歡迎也最為人所知的部分，所以最容易受到淺層的理解和刻板定義的影響，這有時會稀釋掉星座的特色，限制了我們對星座強大原型的理解。當你在最受歡迎的占星書籍、報紙或雜誌上讀到有關自己的星座描述時，你所讀到的，只是作者針對你的星座可能出現的行為與個性特徵所做出的詮釋（或複述）。

例如，我們可能常看到處女座的人表現出挑剔的行為，或者牡羊座的人表現出衝動的行為，因此自然而然地假設所有處女座的人**都是**挑剔的，牡羊座的人**都是**衝動的。這些行為於是被視為每個星座的定律。但是這些行為和觀察僅是星座的一些**表現**，而不是核心的真理。每個星座都包含許多行為和人格特質，與人們所展示的樣貌一樣多元而複雜。

每個星座的表現方式可能會有所不同，具體取決於個人狀況以及出生星盤的其他部分，但是若我們因此歸因於某個星座的行為是其**核心意涵**，這就是一種常見的錯誤。每個星座最重要且最中心的概念就像所有事情的核心一樣不會有太大的改變，只是在於每個人的方式不同。中心概念是相同的，表達卻是多元的。星座的核心意涵，或者說**根本**的意涵並不多，但可由多變的行為來展現或像**樹枝般**四處伸展。

占星學的學生一開始常被教導要記住星座的表現形式或關鍵詞，這些通常是一個列表且內容非常冗長，然而學生最後卻往往無法深入理解星座的核心意涵。這使得學習占星學的學生因為無法對星盤做出生動的描述而感到沮喪，但錯誤的是方法，而不是學生。若我們了解星座的核心意涵，那麼記住關鍵詞就變得不那麼重要了。

## 星座的原型

原型是每個文化、每個時期都普遍存在的概念，幾乎是最原始且是源自集體意識的思想或符號。原型可以是歷史中我們重複聽到的一個想法，一個人，一個故事或一個神話。例如，最常見的原型之一是母親。我們都有母親，她賜給我們生命，而每個母親都是不同的個體，表達著不同的個性特徵。但是母親的**原型**並沒有表現出母親的個性特徵，而是母親的普遍觀念：生育、養育、保護我們的人。儘管我們每個人不一定都能成為真正的母親，但無論是男是女，年幼還是年長，無論生下的是真正的或是象徵上的孩子，我們的內在都有母親的原型。每當我們創建或培育某種東西時，我們都在汲取內在母親的原型，我們都成為最原始的、文字還沒發明之前就已知道的**母親**。

我們可以這樣來理解星座，它們是各種原型的集合，包含了各種特徵和經驗。正如某人可能會以不同的方式表現母親的原型一樣，我們也可以想像星座有多樣的表現方式，並以此來理解該星座的核心原則。每個星座可能包含多個原型，例如牡羊座可能包括冒險王的原型，也可能有領導人的原型。天蠍座可能代表偵探或巫師。我們不必知道天蠍座是「強烈的、戲劇性、有祕密和忠誠的人」，也不用記住這些形容詞（甚至更多）來理解天蠍座。偵探和薩滿巫師儘管是截然不同的原型，但都代表了蠍子們深入挖掘的欲望，無論是往謎底探求真相還是突破生命的表層進入黑暗世界。這些原型有助於我們連結並了解每個星座或占星符號的核心，並從而理解天蠍座可能會有的行為舉止，他們會尋求的經驗以及可能會經歷的試煉。舉例來說，若我們了解到天蠍座的核心之一是需要以最深刻的方式體驗生活，那麼我們也可以了解到天蠍座可能走到極端的傾向。天蠍座有許多關鍵詞和行為都體現了這一個核心事實，若能理解這一點，我們就可輕鬆地由星座的根本汲取知識，隨時創建自己的關鍵詞列表，不用去背誦一群扁平化且看似沒有連結的形容詞了。

研究占星學之所以如此有趣的原因是，我們幾乎可以立即看到自己和所認識的人反映在研究的內容上，尤其從星座，因為大多數人第一次接觸占星學就是先從星座開始。嘗試將學習的知識與認識的人聯繫起來不僅有趣，而且對占星學的生活化非常有幫助。在描述星座的行為和需求時，我們會本能地將星座個體化。但是請務必記住，**你**不是「某某星座」。「你的太陽星座是牡羊座」並不等同於「你**是**牡羊座」。你是一個複雜的整體，而行星在你出生星盤所在的星座顯示了內在運作的原型，它們透過你而表達的同時也混合了其他會影響個性的因素，從而創建一個獨一無二的個體，占星學中沒有任何一個因子能單獨總結你是誰。你的存在大於所有部分的總和。

以下所討論十二星座的含義不僅包含其正面的表達，還包含其潛在的困難。占星學的星座沒有全然的好與壞。若你可以記住，任何星座所表達的光譜兩端之間都潛藏著與需求的關聯，你就能對它們產生更深刻的同理心，並進一步了解出生星盤。

在許多情況下，由於誤用或誤解需要滿足的需求及其性質，可能會出現星座特徵的負面表達。例如，處女座渴望透過不斷的改進和自我控制來追求完美，但是若不保持某個觀點，他們很可能會被某個方法牽著走，對所有人事物施加控制權，也會因為未知或無法控制的事物感到混亂。

在其他情況下，星座負面的表達可能是因為過分擅長或擁有太多特定的能力，例如天秤座天生善於看到問題的兩面，讓他們在必要的時候很難選擇某一面。同樣地，正面的特質也並不總是能浮出水面被輕易表達，而是需要培養和引導才能把最好的一面表現出來。

## ◆牡羊座

作為第一個星座，牡羊座體現了生命的原始本質，即宇宙靈魂的永恆誕生。為了開始並繼續生存，生命必須具有侵略性、主導性和熱情。他們也必須有能力並願意捍衛自己，而且總本能地、立即地採取行動。象徵上來說，牡羊座以公羊為代表，並以公羊總是率先領跑以確立優勢來展示力量。就像公羊一樣，牡羊座必須勇往直前，不能被不情願、懷疑或恐懼所影響。

牡羊座最主要的需求就是生存。生活中有太多的事情使他們難以生存或威脅他們的存在，因此他們必須不斷努力克服與對抗以繼續生存並繁榮發展。牡羊座無論在身體上直接受到疾病或具體的攻擊，還是在身分上受到複雜的社會結構挑戰，紛紛勸誡他們「輪到你再說」或「要當乖寶寶」來挫敗他們的精神，他們也不願被束縛、邊緣化或被擊敗。它不希望只是靠與生俱來的生存機制默默呼吸直到生命結束。牡羊座有許多行為只是為了要表達「我在這裡」。

物競天擇是查爾斯・達爾文（Charles Darwin）提出的一種理論，旨在描述生命進化的機制。「適者生存」一詞也常歸因於達爾文，但它其實由一名叫赫伯特・斯賓塞（Herbert Spencer）的人在將物競天擇的理論與他自己有關社會生存和發展的觀察相提並論時創造的。就一般的用法來說，該詞彙已表明一種信念或哲學，即最能適應的人最有可能生存和發展，這一點可以透過是否擁有應付生活挑戰的特質來衡量。

這個想法的本質就是競爭。在資源豐富同時也有限的世界中，誰最能適應常取決於誰擁有最多的資源。牡羊座有一種天生的衝動，能按照這種本能去追求自己想要的東西，他們並非出於自私的欲望奪取他人的東西，而是為了確保自己的生存。在現代的世界中，人們已從爭奪食物以及像野蠻人爭戰的日常現實中解脫出來，因此牡羊座的這種特質似乎太過誇張。然而，這種本能仍然在牡羊座原型的心臟中跳動著。牡羊座傾向競爭，它們天生就懂得征服並生存，因此他們會在必要時競爭，逼著自己與他人甚至與自己對抗。當牡羊座有著必須打倒的人或事時，他們會變得興奮且更有動力，並將其視為測試和證明自己的機會。

與其他任何事物一樣，牡羊座的競爭精神當然可能會過而不當。牡羊座容易在不需要的地方看見或引發衝突，或當有其他重要的目標擺在眼前時，他們還是認為勝利是更重要的。即使在過程中會偶然衝撞到一些人，牡羊座仍會朝著自己的期望奔跑前進。有時牡羊座可能會因此感到高興，因為那意味著他們已經贏過某人獲得勝利了，他們甚至不知道發生了什麼，因為他們的焦點只專注在終點線上。但是有時仍需要提醒牡羊座，當**每件事**都變成比賽時，就只能有贏家和輸家的存在，然而有些時候是需要採取更具包容性的解決方案的。

儘管所有人類的底層都存在著原始的生存本能，但在某些方面，牡羊座可以說是生存本能的化身。生活並不會問所有在場人的意見，它想怎樣就怎樣。正如我們所看到的，牡羊座有時候會為了生存而競爭，但在大多數情況下，牡羊座只想自由地做自己的事情，當人們或環境阻礙其意志時，他就會變得不耐煩。這其中包括必須在社交場合中克制內斂、和藹可親、保持微笑，為了避免傷害他人的感受寧願變得虛假或撒謊。牡羊座的方法就是直接。與牡羊座在一起，你看到的就是你得到的。牡羊座的人喜歡以一種樸實且不拘禮數的方式行事，看到什麼說什麼，絕對不會拐彎抹角。他們會欽佩並喜歡熱情和大膽的表達方式，而不喜歡保留和克制。

談到發明我們通常不會先想到牡羊座（通常會先想到跳脫框架的水瓶座或好奇聰明的的雙子座），但牡羊座發現（並征服！）新領域的欲望往往使牡羊座也相當有創意。創新家勒內・笛卡爾（René Descartes）和李奧納多・達文西（Leonardo da Vinci）出生於牡羊座。創新的渴望往往能帶出企業家精神——產生將想法付諸實踐的動力，例如著名的金融家J. P. 摩根（J. P. Morgan）和谷歌（Google）聯合創始人賴瑞・佩吉（Larry Page）都是牡羊座。十四歲就成為環遊世界最年輕的人蘿拉・德克（Laura Dekker）也是牡羊座。她告訴記者，她並不在乎是否在歷史留名，雖然創世界紀錄是種「衝動」，但她將範圍縮小到最重要的一點：「我問自己『你能做到嗎？』然後我回答，『我要來試試。』所以我對自己是否能做到感到好奇，只有做了才會知道；我終於跨越邊界。那才是我的目標。」

當然，戰略和努力與創新必須相互合作，才能成就真正的企業家，而不只是一個空有好主意的人，而且單純牡羊座的原型不一定包含這些特徵，它們只是反映出達到目標而非創新的渴望。牡羊座喜歡新的開始，並認為那是在表達創造的衝動：生命本身就是如此。然而牡羊座的人可能無法遵循最初的想法或計劃之後的事。一旦建立某種架構，牡羊座就會再去征服新領域和發現新世界，因為他們的核心就在於推動新事物並克服過程中的障礙，而不是坐下來數錢就好。

具有主動性和承受風險能力的人是天生的創新者；他們必須勇敢，為未知領域創造一條道路，讓其他人跟隨。任何體現牡羊座能量的人都必須從內在發現這種勇氣才能對應創造的需求。牡羊座不僅象徵著探險家，還象徵著勇於面對恐懼和危險的勇士。儘管其他人可能會欽佩他們的勇敢和採取行動的意願，但牡羊座的能力並不是為了給人留下深刻印象，而是出自本能的迅速行動和反應能力。例如像消防員這樣的現代戰士並不是為了想要變成英雄，所以才在**重要的時刻做那些事**；而是因為當下必須立即採取行動，而且他們沒有忽略**做就對了**的本能反應。這就是為什麼有人說，勇敢與愚蠢之間只有一線之隔——勇氣無法事先計劃，也不是因為沒有恐懼。勇敢只是行動，有時是衝動和魯莽的，而愚蠢或勇敢通常取決於行動的成敗。

然而牡羊座的冒險不僅來自未經思考的衝動。牡羊座冒險家的經典形象源於對求生的渴望，對於牡羊座來說，必須要在死亡邊緣努力求生並經歷那些最危險的事件才叫生存。出生星盤中牡羊座能量顯著的人，無論是在行動、穿著、說話還是追求興趣上，常常都會在極端中找尋出口。

不是所有的牡羊座都是勇士或只靠蠻力的人，但他們的確無法輕易或坦率地擁抱其溫柔的一面。他們可以激烈地愛著並捍衛所愛的人，但除卻牡羊座的直接和冒險的一面，他們卻無法輕鬆地表達柔和的感情。即使有充分的理由，他們也很難表現出軟弱或溫柔，因為這會使他們覺得孤立無助和脆弱，讓他們感到曝露在虛弱而不是堅強（至少沒那麼堅強）的危險中。他們可能透過忠誠或戲謔的方式表達自己的感情，但他們可能也會下意識地告訴自己，「真正的戰士」不會哭泣，也不會放鬆警惕或一事無成。

## 重新檢視關鍵詞

流行占星學有時會使牡羊座聽起來好像總是在吵架，但實際上這與他們選擇如何發洩能量有關。牡羊座天生就是要行動、推進和探索的。若牡羊座的能量無法集中或被束縛太久，然後又無法獲得充分的休息，能量的積累會導致衝突，這就暴風雨前後一樣，是一種有益的釋放。牡羊座若受到約束時會很容易感到沮喪，無論約束是來自外在環境還是自我強加上去的，因為自由是維持他們的健康和理智的關鍵。然而並非每個牡羊座都是逞兇鬥狠的。他們被認為善於戰鬥，但這是因為他們不像其他星座那樣迴避衝突或拒絕回應。另外，牡羊座在無聊或不安時不一定只會製造衝突，他們還有其他釋放能量的方法，例如鍛煉或運動等等來釋放身體的能量。

牡羊座有時被稱為最自私的星座，但自我為導向可能是更準確的描述。牡羊座常被稱為自我的星座，也許這是因為生活中的一切都是從「我」開始、發展再回歸。我們是生活的中心，按照自己的意願行事，並努力滿足自己的需求，而牡羊座在本能上是最了解這一點的人。

牡羊座有時**也會**自私，在決策中不會與他人分享或考量其他人，但每個人都有可能如此。只是牡羊座不會感到抱歉，而且也會明顯地表現出來。由於牡羊座常受到熱情和欲望的推動，所以牡羊座看起來比其他一些星座更自私，但是在一個經常教導要犧牲個人需求看起來才有禮貌的社會中，犧牲卻常出自錯誤的理由，而牡羊座遵從本能並照顧自己的特質反而能讓事情更加平衡。

## 主管行星為火星

每個星座都對應一個特定的行星，這個概念被稱為**主管行星**。[13]火星理所當然地主管著牡羊座，因為它們的本質都與我們的意志有關：牡羊座的直接與自我強化的能力可以透過火星的欲望本質表達得更加順暢。

## 行動中的牡羊座

在牡羊座的水星具有最佳的溝通能力，並在直接表達的同時做出最真誠的交流。水星在牡

13 更多關主管行星的細節請見第二部。

羊座的人想要單刀直入迅速進入重點，因此語速通常比較快。他們的學習速度也可能比較快，但他們可能會直接跳到重點或從做中學，而不會閱讀所有說明或進行乏味的研究。他們可能會喜歡真正的辯論，因為那不僅是智力活動，而且還是一種比賽。他們可能不容易收回一個想法，並且在捍衛其想法時變得好鬥，甚至在無意間讓討論變成了辯論。他們在溝通時很容易會「見到黑影就開槍」，沒有經過充分的思考就發言，尤其當他們對某個話題非常興奮時。他們可能是激烈的、單方面觀點的愛好者，但這些觀點不一定是經過深思熟慮的論斷，而是出於某種衝動的傾向。

牡羊座的水星若在第十宮，當事人可能以這種交流方式而聞名。他們可能會發現自己處於領導（正式或非正式）的位置，而這些職位常來自他們積極地追求、收集訊息或以熱情直率的方式呈現訊息的能力。他們可能非常適合具某種訴求而需要強烈發聲的環境。

若木星在牡羊座，當事人在毫不猶豫冒險的同時會自然而然地感受到某種「幸運」，進而增強對生活和自己的信心。儘管有些人會因為衝動而導致失誤，但木星在牡羊座的人可能會遇到相反的情況。當他們衝動地想要嘗試而採取行動時，實際上反而會更讓他們學習相信自己的直覺，增加成功的機會，並強化他們在必要的情況下召喚內在勇氣的能力。當他們在解決未知的問題，或在沒有透過精心計劃下卻勇於嘗試時，他們的信心就會增強。若木星在第十宮，他們可能以勇氣和自發的行為激發他人的能力而聞名。他們可能會發現自己處於領導的地位，而工作的重點在於鼓勵他人發現自己的優勢或釋放恐懼。他們可能善於激勵他人盡其所能，尤其是在從事教練這類的工作時。

## ◆金牛座

牡羊座的原型透過勇氣、熱情和力量吼出了宇宙的精神。在牡羊座發出了「我是」（AM）的宣言之後，隨之而來的是金牛座的「我存在」（BE）。金牛座以公牛為象徵，讓人聯想到一隻野獸衝著一個拿著紅布的小矮人奔跑過來的卡通形象，但在大多數時候，這隻憤怒的公牛其實是一頭母牛，滿足於她所待的地方。

金牛座並不想華麗出場，只想單純表達他們的存在；一種和平的、從容的、對自己和世界都感到輕鬆的存在。對某些人來說，這看起來像是某種自信，但也可能只是懶惰，對有些人來說甚至卻是堅毅，但無論怎麼看，金牛座的自然狀態和核心需求都是透過穩定與平靜來達到本我的境界。

在新的時代，諸如平靜與本我之類的詞彙使我們聯想到在山頂靜心的大師。平靜不一定是虔誠於某種規範或精神上的超越；對於金牛座來說，平靜通常是某種沉溺而不是超越。能使人感到落實的活動是金牛座偏好的路途，無論是透過讓人精神振奮的新體驗，還是透過熟悉的日常活動，這些都能默默地向他們的靈魂保證生命仍將繼續。

金牛座原型象徵著對持續的需求，先奠定好基礎再往下紮根。對於金牛座來說，相信自己可以依靠環境和周遭的人，讓自己的生活保持一致是一件很好的事。因此，金牛座喜歡對環境有一種控制感，這不一定是指能指揮或掌管環境，而是對知道接下來會發生什麼並知道如何處理充滿信心。金牛座往往具有耐心、堅毅和專心的特質，可以繼續沿著自己選擇的道路前進。他們並不急於走到路的盡頭，而是喜歡看到路在他們面前延伸開來，並對其可預測性感到滿意。金牛座可能會在同一個工作、同一個伴侶關係或同一個家待上幾十年，因為穩定的環境使他們的內在更容易反映出一致的穩定性。

經由這扇堅定和可靠的門也可以進入另一面：僵化和頑固。金牛座的堅韌不拔可以讓他們實現其他人無法堅持的長期目標，這不一定是因為出自於有意的堅持，但他們也不會一建立起基礎就失去動力。例如，若他們發現自己處在某種已經過了賞味期限的情況或關係中，他們對於堅持既有的希望可能會使情況長期持續甚至惡化，雖然帶來穩定感但也不再平靜。位於金牛座的行星所在的宮位將為他們最容易固執的情況或信念提供進一步的洞見。

對穩定的渴望自然而然地使金牛座整體而言傾向規避風險，當變化威脅到井然有序的生活時，他們會本能地抗拒改變。他們不願偏離久經考驗且已經習慣的方法和計劃。可以說每個人在對的環境下都會抗拒改變，關鍵在於他們是否選擇改變。但是金牛座需要腳踩著地並感覺到地面下的穩定，因此改變必須是以自然的節奏進行，讓他們慢慢地適應，而不是一下子就立即進入一個完全未知的場景，即便他們的確想要改變。金牛座可能需要先適應一下這個想法，然後才能動起來；催促金牛座只會在產生同等力量的抵抗。若他們一開始就全然屈服於抵抗，結果只會停滯不前，而不是滿足。

金牛座天生就了解放慢腳步並花點時問好好享受的好處。他們傾向避免事情複雜化，因此與生俱來就有一種直指核心並減少思考、任務或問題的能力，直到產生簡單明確、只陳述事實的解決方案。他們只看事物的實際面並以務實的方式來理解。

金牛座會散發出一種寧靜的氛圍，使周圍的人感到輕鬆自在，並讓人感覺真誠踏實。他們對虛偽或戲劇化沒有耐心；健康的金牛座對自己的外在感到自在，不知不覺也會讓他人打從心裡感到放鬆。金牛座經常被認為是隨和的，但這源於他們希望讓事情簡單化並儘量避免過度複雜，而不是想盡辦法滿足另一個人的需求，這對他們來說太複雜、太費力了。他們通常不容易動搖，儘管超出他們的極限，但他們會劃定一條永遠不會越過的界限。當他們「看到紅色」時，母牛就變成了公牛，開始噴氣跺腳！

舒適可以帶來滿足感，因此金牛座以享受「生物性的舒適」而聞名。金牛座之所以被稱為「感官的星座」，是因為他們善於尋找從芳香療法到美食等令感官愉悅的事物。這樣的方式使他們成為最動物性的星座，不是因為他們是暴力或原始的，而是因為他們傾向順從感官的需求。豪華而舒適的環境可以使他們的心情愉悅而感到幸福。

許多金牛座是熱愛自然的人，喜歡通過園藝與大自然直接連結，或者享受寧靜的觀鳥活動。然而，儘管登山者的經典形象是金牛座的徵象之一，但這並不意味著他們在外出散步時鳥兒在會停在他們的肩上，或他們喜歡每個週末都去露營（當然，睡在石頭上肯定不舒服！）但是，金牛座對舒適的概念可以被象徵性地應用，不僅是在身體上，而是親近大自然能吸引某些金牛座「回歸基本」的族群，因此通常可以發現金牛座與大自然的關聯，對金牛座產生某種形式的深遠影響。

## 重新檢視關鍵詞

金牛座最常見的關鍵詞是固執，原因我們已經大概描述，但是第二個常見的是金牛座是唯物主義者。這可能源於金牛座對美好事物的熱愛，或更具體地說，是**使他們感到愉悅的事物**。追求舒適感對金牛座非常有激勵作用，由於他們天生是透過五感來探索世界的，他們可能會經常從奢侈品中尋求舒適感。但是舒適感也可以來自無形的資產，對於那些擁有強大金牛座能量的人來說也許是一個更令人滿意的選擇，至於要從何處或如何追求則取決於出生星盤中其他的配置。垃圾食物和柔軟的毯子可能會滿足這種需求，而露營也可以為心靈帶來安慰，或者按摩可以使心靈平靜。不是所有的金牛座都會藉由購物來療傷（不過有時他們的確是個中佼佼者！）

金牛座肯定能夠意識到，太多的東西會帶來一定程度的負擔和複雜性，這與他們追求的舒適、和平與簡單是相反的。能滿足金牛座的並不是對財富的淺薄追求，而是對持續性的信心。若金牛座的唯物主義到達了不健康的程度，這可能源於他們想要抵禦生活本來就會有的變化和不確定性。金牛座可能會不自覺地感覺到，若他們有足夠的積蓄或在儲藏室中有足夠的食物（或任何他們認為是有保障的），他們可以避免任何災難。但是辨別何時足夠才是關鍵。當感覺生存受到了威脅時，希望以某種方式或在某種程度上避免變化是人類的天性，但是由於穩定性是金牛座的優先事項，因此這在金牛座身上更為常見。

## 主管行星為金星

金牛座與天秤座有著共同的主管行星金星。金星透過金牛座對簡單享樂和舒服事物的渴望而得以自在地行動，而金牛座對肉體的熱愛也自然成為金星渴望體驗美麗事物的出口。

## 行動中的金牛座

金牛座在月亮的人會因為持續的感覺而感到被滋養，尤其能繁忙的日常生活中偷閒一下，例如早上在唯一的、最喜歡的咖啡店喝杯咖啡。由於月亮與家庭需求有關，因此，讓他們感到被滋養的房子首先必須是舒適和放鬆的，在這個地方，他們可以毫不費力地重新站起來。他們的情緒通常穩定的，但若開始感到一天是以混亂啟動或遭遇情緒衝突，他們的情緒就會盪到谷底，需要一段時間才能扭轉。金牛座的月亮肯定是充滿情感的，甚至會受到情感的深遠影響，但是由於強烈的情感是不穩定的，當他們受到某種事物的強烈影響時，它們可能不願向別人甚至是向自己承認自己的情緒狀態。

若月亮在第六宮，金牛座的日常活動，無論是工作或生活的瑣事對於月亮在金牛座的人來說更為重要。他們喜歡節奏穩定、薪水穩定的工作，並對他們的任務有明確的期望。高壓力的工作和高離職率的環境會很快耗損他們的精力。他們可能還喜歡與材料相關的工作，因為在使用原始的材料或用雙手進行工作時，他們可以直觀地看到並感覺到自己所生產的產品。

## ◆雙子座

從金牛座堅定與落實於地面的雙腳，我們來到雙子座不斷運動的思維，雙子座從沉睡中喚醒宇宙靈魂，向其提出問題和答案。雙胞胎象徵雙子座有兩個原因（適當的原因）。首先，由於雙子座渴望快速的學習和多元的經歷，使得雙子座似乎擁有兩個生命而不是只有一個；其次，雙胞胎反映雙子座能夠看到多重的觀點，似乎有兩種（或更多）的心智能力。牡羊座和金牛座的單一經驗和目的，如今在雙子座的二元性中得到了擴展。

雙子座需要**知道**，因此該星座的許多技能和愛好都是為了完成該任務的工具。雙子座人喜歡學習，希望能理解所學的內容，並且喜歡以某種形式進行交流，但是雙子座不一定會把字典全背起來或針對想得到的主題獲得博士學位。對雙子座而言，思考一個好問題，然後「忽然知道」

答案的甜美過程，會讓他們像吸毒一樣的執著。若你曾經問過這樣的問題：「在電影中扮演那個小鎮上有頭髮的傢伙的女演員叫什麼名字？」當你以某種方式找到答案（感謝網路），你所得到的就是雙子座的喜悅。

雙子座通常不會執著於答案是**什麼**或答案是否正確；他們總是保持開放的心態，因此發現的過程對他們而言本身就很有意義。「我思故我在」很可能是雙子座會說的話。思考（幾乎）就足以讓他們繼續生活，但到底是什麼或是誰在思考？這就是笛卡爾（Descartes）[14]認為他最後終將證明（或至少不能**反駁**）他存在的方式——必須有一個「我」來進行思考。但是思想本身可以在問題和結論之間不停地流動，而雙子座的原型不僅會尋找答案，還會學習如何睜大眼睛，盡可能不懷偏見地大量觀察和見證。

有人說觀點就是一切，沒有人比雙子座更了解這一點。雙子座知道真相就像水晶球一樣有很多面相，以至於他們不禁覺得真相是相對的，不同的觀察者會產生不同的觀點或想法。儘管這能站在多種觀點思考，進一步提高他們的教育水平並在每個轉折點學習更多，但這也是他們如此

14 法國哲學家笛卡爾（太陽在牡羊座，火星在雙子座）就是因其名言「我思（雙子座）故我在（牡羊座）」而聞名，這句話旨在證明自己的存在。

擅長「轉換」的原因：根據他們決定如何結合和陳述事實以及哪些是要視情況忽略的，而從一個觀點搖擺至另一個觀點（他們或他人的）。

儘管雙子座擅長轉換立場，但這並非出自惡意或有什麼意圖，而僅僅是他們有能力根據不同觀點得出不同結論的結果。他們是偉大的辯論者，但是當這個雙胞胎的心智產生內在的辯論時，他們會把自己隱藏在角落，問自己很多問題，並為同一問題想出很多不同的答案，但最後所得出的結論比開始時要少，困惑也變得更多。他們也可能太會將事情合理化，只用少量數據支持他們想做或相信的事情，以證明結論的正確性。

雙子座的心總是好奇的，他們的反應靈敏且興趣廣泛，能一下子從一個主題跳到另一個主題。他們很快就會給出答案或者至少給予意見或提出後續的問題。當他們注意力集中時，這樣的好奇心和多元性能為他們帶來很多益處，但他們的心智耐力是例外，一旦他們的注意力無法集中，好奇心反而會縮短注意力，造成思維分散和精神倦怠。尤其在身心疲憊時，他們的注意力很容易轉移和分散，很難集中在一個方向上。

雙子座的頭腦和身體都能展現多功能性。雙子座可能會表現出快速的反射能力和良好的靈活性，或者不斷地開始新的旅程。他們非常躁動不安，總是在尋找刺激，但若身體已發出警告卻不放慢腳步時，他們的體力或精力可能會消耗殆盡。他們會被來自四面八方的興趣或社交活動所吸引以致於日常的活動太多，造成他們的過度消耗。他們非常懂得如何在同一時間處理許多事情，因為他們善於迅速集中精神並立即做出回應。他們不是想著空中的「球」，而是想著球即將掉到自己的膝蓋上，在合適的時機接住球，然後在看到下一個球之前迅速將球打出去。

最重要的是，雙子座以熱愛溝通而聞名，這個關鍵詞也通常是雙子座數一數二的特質。溝通就像是兩線道的高速公路，一個方向是透過閱讀、聆聽和觀察的形式輸入，另一個方向則是以講話、唱歌、書寫、手勢或其他任何雙子座認為可以表達他們的故事或分享他們所知道的方式輸出。這些刺激的溝通所積累的能量非但不會耗盡雙子座的精力，反而讓他們更有活力。

## 重新檢視關鍵詞

雙子座樂於分享訊息，但這並不意味著他們總是把訊息掛在嘴邊。太過健談常常被列在雙子座的問題清單，但這並非他們分享訊息的主要方法，畢竟他們還有其他方法可以分享訊息，整體來說雙子座在意的是，究竟是分享訊息還是收集訊息更重要，什麼訊息是他們想分享的，又要分享多少。另外還有一種情況，當你問雙子座一個問題，幾分鐘之後，他並沒有給你問題的答案，但卻給了你一堆你沒有問的問題答案！

雙子座常用的關鍵詞列表中，第二名可能是善變。若是描述雙子座的判斷能力，這個關鍵詞不能說不正確：雙子座常被好奇心所驅使而一直在尋找刺激。對雙子座來說，任何形式的停滯都是令人厭惡的。雙子座是生命的小科學家，他們總是以玩樂的態度不停提問並按下按鈕（有時是只是惡作劇）進行實驗，因此他們的行動並不一定是因為想要對某件事付出努力，而僅僅只是好奇，無論那件事是想法、人還是環境。若雙子座的任何經驗是都出自好奇心且好奇心是唯一的動機，那麼這個目標一旦實現，雙子座就會往下一個經驗前進。

## 主管行星為水星

水星是主管雙子座和處女座的行星，因為水星的自然功能能透過他們更輕易地表達。水星熱愛訊息的交換，符合雙子座靈活、善於溝通的特質。

## 行動中的雙子座

土星在雙子座的人可能會追求有明確的定義與界限、提供事實和實用知識的資訊。儘管雙子座有知道的需求，但土星只想著切入重點，因此往往會限制他們追求的程度以及尋求答案的方式。若能夠承受土星壓力並運用其自我約束的能力，他們可能會成為某個主題或研究領域的人而受益，並為他們帶來極大的驕傲和自信。嚴格或科學的研究領域對他們而言可能會更感到自在，因為在這些領域中，問題往往具有可靠且經過證實的答案，而不是出自片面的推測。

若雙子座的土星位於第九宮，他們可能更喜歡正規的學習途徑，例如追求某一種學位，如此他們的步伐才能一致，並感到自己受到那個專業中受到肯定的權威人士所認可。根據出生星盤的其他配置，他們可能必須透過某種努力才能保持思想和觀點的靈活性；他們有時太過固執於方法而忘了真正目的。他們也很容易執著於證明自己的才智或透過已知道的方法來主張自己的權威。

## ◆巨蟹座

在前三個星座的能量中存在著一種「當下」的特質；牡羊座的衝動，金牛座「瞬間」的存在以及雙子座在得到答案時的愉悅。當我們到來到巨蟹座，宇宙靈魂潛入了滲透到整個存在的覺之海。

背著家的螃蟹從內心的避風港出來探索這個世界。切勿直接接近螃蟹，而是要從側面接近，因為螃蟹的警覺性是很高的；堅硬外殼下的他們其實十分脆弱。

儘管螃蟹的象徵可能使巨蟹座看起來既封閉又堅硬，但事實並非如此。巨蟹座的人常有深層的感受，只要能夠表現出其感受的深度，尤其是對所信任和關心的人，他們就會健康地成長。對巨蟹座而言，最重要的是能夠安全地做到這一點；畢竟裸露著心臟四處走動是很危險的。若這個世界是神話中的伊甸園，那他們就不需要背著重重的殼了。長年的傷害和被忽略會讓他們的外殼變硬，但若要從內心表達，心必須保持柔軟。就像螃蟹一樣，巨蟹座必須定期地軟化外殼並從其脫離，這對情感的發展而言是困難的但卻是必要的過程。

在巨蟹座的外殼內，一切都會被放大，情感的浪潮在他們的內心可能會產生強烈的波動。

他們很難控制自己的感情有多深，但這是巨蟹座重要的特質：被某些星座所忽略、抑制或拒絕的情感卻是巨蟹座探索並深入了解內心的方法。了解如何駕馭海浪而不被水流所淹沒是巨蟹座的挑戰。接受和尊重自己的感覺很重要；若與之抗爭則會削弱自己的本性，但若允許自己的情感不受限制地自由發展，就會失去看待事情的觀點。

這種情感的放大會誇大內在的脆弱感；他們能隨時感知內在的情緒狀態，以至於他們以為其他人也都能感受到自己的情緒、看到自己最柔軟的地方。儘管巨蟹座常有意地隱藏傷害或不滿（出於保護隱私或避免被情緒給淹沒），但他們也可能沒有真正意識到，那些造成自己強烈感受的方式和原因對他人而言可能並不明顯。一旦受到傷害，他們就會感到脆弱，若再向他人表示自己受到傷害了，只會使他們感到更脆弱。

巨蟹座習慣把每件事都放在心上，無論好與壞。他們對膚淺的功名或地位沒有興趣，只優先考慮內心的事情。當獲得巨蟹座的信任和愛戴時，他們的愛是沒有止境的。他們不會輕易放棄所愛的人並且非常忠誠且樂於付出，簡直就像把人藏在羽翼之下。當他們受到傷害時，他們容易退縮、生悶氣或「冷處理」，直到他們再次打開心防。這種行為有時可能是對傷害他們的人的一種懲罰，但很多時候，這也可能是一種出自本能的方法，使情緒的水域平靜下來，讓他們得以充分消化情緒後再來討論。他們可能會比某些星座更會記恨，這是因為他們太過脆弱以致於傷口被切得特別深，即使別人是無意的或根本不知道自己傷害了他們。就算是再耐心體貼的人也須花一點時間才能哄巨蟹座出殼。他們的敏感和複雜有時會帶給他們某種微妙的氣質，對於較冷靜或穩定的星座而言，他們也未免太容易被冒犯了。

巨蟹座同天蠍座和雙魚座為三個水象的星座[15]。雙魚座是大海，天蠍座是深井，而巨蟹座則是安全的港口。這些水象星座所承載的不僅是現在的情感，也包括過去的情感。有些星座總是期待著未來，有些則活在於每一個當下，然而以心為生活中心並且熱愛安全感的巨蟹座常與過去有著強烈的情感聯繫，不願意讓任何東西從他們的螯中溜走而被遺忘。儘管這樣的特質可能使巨蟹座難以擺脫過去的希望、傷害或後悔，但也讓他們保有懷舊的心，對家庭傳統等類似事物產生熱愛。此外，傳統的持續性不僅讓渴望安全感的巨蟹座感到溫暖，也讓他們感到放心。

也許正是因為他們感知自己是脆弱的，他們也特別容易感受到別人的脆弱，尤其是那些明顯脆弱的族群，例如兒童、動物或在痛苦中需要照顧和庇護的人。這也是巨蟹座有時專注於他人而非自己的原因之一；照顧別人的脆弱總比信任自己的脆弱容易得多。

巨蟹座與生俱來有著治癒和滋養的內在渴望，不論是對植物、動物、人還是其他事物。他們會出自本能保護所關心的事物，甚至是能力所及的所有事物！走進被強力巨蟹座影響的家，

15 我們會在第三部學習星座的元素。

他們無疑會提供食物和飲料給你，即使不是真的食物或飲料，也是其他能滋養你的東西。健康的巨蟹座似乎憑直覺就能知道怎麼樣能造成傷害以及如何讓傷口好轉。

巨蟹座傾向以微妙或間接的方式表達自己。就像螃蟹側著身走路一樣，巨蟹座也傾向以謹慎、迂迴的方式來面對任何情況。他們有強烈的同理心，像雙魚座一樣能貼近事情的表面，因此他們必須小心翼翼地處理生活中的緊張局勢。認識巨蟹座並不難，但要深入了解他們需要花上一段時間。巨蟹座的外殼有時太過保護他們，使其他人很難知道他們的需求或真正的心事。當他們感到最脆弱的時候，實際上可能會戴上最堅硬的面具。大致說來，巨蟹座會覺得付出比接受來得容易，但也正是這一特質導致生活失衡：被忽略。

這種單方面的動力可能會助長他人不健康的依賴，期望巨蟹座能永無止盡地給予滋養。若巨蟹座沒有打開心防，他就無法接受別人的給予，反而會產生依賴的循環；當別人得到越多，巨蟹座就越枯竭；當巨蟹座越枯竭，就越難在事情失控前鼓起勇氣提出他們想要的東西。若要讓自己被愛並滿足需求，他們必須放開自己以傳達需求，並允許自己接受別人的付出。無論是不願打開心防而受到傷害，害怕內心被別人看見而被拒絕，抑或困在「媽媽」的角色中，即使被很多「依賴者」包圍，他們仍會感到孤立、不被看到、不被關心而陷入沮喪和孤獨中。

失衡的依賴可能往兩個方向發展。儘管巨蟹座傾向照顧和滋養他人，但他們同時也可能過於希望從他人身上獲得什麼。這並不是說他們所提供的愛和關懷不應獲得回報，而是他們未說出口的期望和渴望會吞噬他們。我們有時也會渴望自己的期待和需求獲得滿足，就像「媽媽」滿足我們一樣，巨蟹座也是如此。但是為了表現對他人的關心和感激，他們會不成比例地付出大量的心血與努力，甚至到犧牲自己的需求（到某種不健康的程度）。在極端或長期的情況下，巨蟹座在生活和人際關係中可能會為了需求未得到滿足而產生怨恨，這可能是因為他們不把需求說出口，或是因為他們一直期望或以為別人會找到對的方式滿足他們的需求。雖然有時他們是無意的，但可能會引起情感上的權力遊戲而讓他人感到為難。

巨蟹座與金牛座一樣需要安全。知道可以依靠某物或某人讓他們放得更開且更輕鬆並放下警戒心。儘管他們一直在尋找情感安全，但情感的安全有很多是以物質的形態來顯現，尤其是財務安全和有個令人安心的避風港。無論這個避風港是指家還是舒適的床鋪，安全感都能幫巨蟹座重新恢復活力。巨蟹座變成宅男宅女或個性較為內向的情形並不罕見——但這樣的徵象明不明顯仍極大地取決於出生星盤的其他部分。就情感的層面來說，巨蟹座極需家人和朋友的肯定和支持。由於巨蟹星以安全感為生活的重心，因此他們可能對改變具高度的敏感性，在安全感受到威脅時經常會變得煩躁或焦慮。

## 重新檢視關鍵詞

占星學有許多文獻都集中在巨蟹座對養育的渴望上，但這往往出自非常狹隘的背景，讓巨蟹座看起來只對嬰兒有興趣。並不是所有的巨蟹都渴望成為父母，就算沒有生兒育女，他們也不會覺得有什麼不對勁。正如上述所提，巨蟹座有一部分的確有滋養、療癒、養育或保護他人的需要，但這並不等同於嬰兒、家庭和成家。

## 主管行星為月亮

月亮為巨蟹座的自然主管行星。就像巨蟹座養育和關懷的風格，月亮是內在最溫柔的部分，他希望藉由付出與接受來引發安全感與信任他人的能力，並讓自己能開放情感，展現脆弱的一面。

## 行動中的巨蟹座

金星在巨蟹座的人喜歡與善良、溫柔、敏感但又能保護他人且忠誠的人建立關係。傲慢或意志堅強的人可能看起來既粗魯或不夠細心，即使他們喜歡這個人，仍會觸動金星巨蟹人的警戒。他們會非常細心地表達自己的關心，從而顯現出對他人的情感，當朋友或伴侶貼心地照顧巨蟹座的需求和意願時，他們也會報以友善的回應。金星在巨蟹座的人可能不會輕易透露自己的感受，因此伴侶若想讓巨蟹座敞開心胸，愛心與耐心是最佳的方式，硬是強迫他們打開心防只會造成反效果。若他們對自己或伴侶沒有安全感，可能會產生嫉妒心或占有欲。

若巨蟹座的金星在第十一宮，以上的描述仍然適用，但除此之外，他們的愛心和照顧他人的傾向會延伸到全世界。他們可能會從事某種慈善工作，但他們也會透過其他渠道表現出對同胞的支持和愛心。無論他們選擇哪種表達方式，例如從事社工、家庭旅館、志工的工作或扮演社區「媽媽」的角色，還是其他上千種方式中的一種，他們都會散發出想要保護和支持他人的愛的光芒。

## ◆獅子座

從情感安全的保護繭中，宇宙靈魂突圍而出，並藉由表達對他們而言是真實和寶貴的事物來展現自己。獅子座是從巨蟹座的子宮中孵化而成的自我。感覺或思考已經不足以表達他們的存在；只有公開不受限制的表達才能真正展現生命。

許多神話將獅子描述為雄偉的生物，例如「叢林之王」。無論是咆哮的聲量還是雄偉的鬃毛，獅子都擁有強大的存在感，就像獅子座一樣不容忽視。然而，若獅子少了華麗的外表會是什麼——**驕傲**？沒有舞台的獅子座還剩什麼——觀眾？無論如何，獅子的吼聲就是要被聽見。

為了被聽到、看到和被欣賞，獅子座必須**投入**生活，走在陽光下，以某種方式將自己延展到全世界。儘管許多獅子座在某種程度上是外向的，但獅子座的能量並不是外向那麼簡單（大部分是在社交上有著對頻繁刺激的強烈需求），而是關乎與**自我**相遇以及體驗**生活**，然後激發創造以及表達、玩耍和娛樂的能力。獅子座的座右銘之一可能是「吃飯、喝酒、享樂」，但並非出自無知、疏忽或粗心大意，而是生命應該浪費在美好的事物上。

讓獅子座持續燃燒的關鍵在於強烈的自傲。但獅子座的表現有可能傾向玩樂，也可能傾向嚴肅莊重，端看本命星盤其他部分是如何配置的，但即使他們看上去像個愚人，也不會成為被開玩笑的對象。獅子座不僅想登上舞台，還希望在聚光燈下保持最佳狀態。就像貓一樣，他們總希望能先以雙腳著地。獅子座並不屬於小丑的階層，而是有著像皇室成員般沉熟穩重的姿態與氣質。

獅子座也是少數幾個具有領導才能的星座之一。儘管高貴的獅子座有時並不避諱對他的臣民下達指揮，但真正讓獅子座具有領導實權的是因為他自然而然就會吸引其他人來跟隨，而不是制造規章制度來強迫他人遵守。他的領導並非透過精心的計劃，而是輕鬆地藉由熱情和遠見激發人心。

獅子座喜歡奢侈和富裕。獅子座可能會縱情享樂，但不是出於貪吃或貪婪，而是對於充實生活的渴望；自我克制會降低獅子座的能量。他們可能會過度沉迷於特定的惡習，但不一定是因為上癮或無力；他們實在太自傲了，以致於事情已經過度了還認為自己仍能控制得住。獅子座通常也很慷慨大方，看不起自己或他人小氣；就像皇室的舞會一樣，每個人都能玩得很盡興，而獅子座喜歡與他人分享快樂。

每個獅子座的胸口都有顆戲劇化的心在跳動著。他們對英雄史詩般的旅程、適時的華麗登場或是醉人的浪漫台詞感到嚮往。尊榮和華麗的歷史性時刻讓他們著迷，但對這些沒有興趣的星座而言，這種對戲劇化的嚮往也未免太過俗氣。獅子座做起事來會希望自己看起來是有才華的，炫耀但優雅的，而這也會表現在他們的個人風格、言語或興趣上（取決於獅子座在本命星盤的位置）。然而他們又不希望自己看起來太著痕跡，以免破壞那種尊榮感。

獅子座不一定會以我們預期的，愛出現在社交場合且大嗓門的漫畫形象出現，但是獅子座傳奇與迷人的魅力其來有自。這些特質在他人在場時往往會被放大，被周圍的人們接受後更加滋長，進而形成一種能量的互動。

儘管單純的獅子座喜歡社交互動，但獅子座的吸引力卻會以不尋常的方式將他與其他人隔開。當獅子座**火力全開**時，其他人會像飛蛾撲火般不知不覺為他們的魅力所吸引。與一個充滿自信和包容力的人交往，並欣賞著這位表演者所提供的一切，這種**感覺**很好。然而這種恆星般的特質有時會讓獅子座隱藏起來，因為他們發出的光如此明亮，使其他人看不清他們是誰。「觀眾」可能只盯著他們想看的東西，即獅子座在舞台上所呈現那一面，而不是獅子座本身。就像粉絲們經常將演員的目的和個性與所扮演的角色混淆一樣。這會讓獅子座產生難以表達的孤獨感，這是其他人幾乎看不見的。無論是字面上還是象徵上的意義，獅子座對表演的壓力格外敏感。

有時獅子覺得自己必須**上演**一場戲，為了展示更令人印象深刻、娛樂性高或具超凡魅力的自己，反而掩飾了自己內在的真實性。實際上，獅子座具有一定的魅力，然而簡單的自信所激發的魅力會比只為了觀眾的掌聲所產生魅力更加迷人。這並不是說他們不需要別人的讚賞；讚賞雖然也能讓獅子座燃燒，但若缺少內在的熱情，其火花也不會持久。

若獅子座愛上演出，其他人可能會感到他們缺乏誠意並做出負面的反應，以為他們只是在炫耀、拼命求得關注和認可。這通常是他們的不安全感而非傲慢自大，這助長這種典型的獅子座行為並造成惡性循環。獅子座越覺得自己被迴避，就越會擺出傲慢的面孔或誇張的言語來維護自負和自豪感，這反過來又讓周圍的人更加反感。當獅子座人以開放和歡樂的心態邀請其他人參加聚會時，就是他們最佳的、最容易感到滿足的狀態，而不是靠著聚眾或他人的接受與肯定來掩蓋不時出現的不安全感。若能秉持慷慨的精神，他們根本沒有什麼是需要證明的，他們的光芒自然會由內而外地閃耀。

獅子座與其他星座一樣，都有其私密的一面，當然也不希望自己老成為人們關注的焦點，尤其是在需要補充精力和靈感的情況下。若你跟著他們走下舞台，回到他們只想一個人待著的更衣室裡時，你很快就會被他們優雅地請出去。儘管「女神」一詞通常用來形容被寵壞的、以自我為中心的人，獅子座卻能完美體現女神尊貴、強烈的存在感與明星氣質的一面，只不過女神也需要時間準備。他們往往不會從一件事快速轉移到下一件事，通常只有在做好準備的情況下才如此。成功是急不來的！

獅子座通常被稱為自我表達的星座，在行動中體現創造力。從這個意義上來看，創造力與藝術或天賦無關，而是指人們以演示的方式把自我分享出去的欲望。無論是詩歌、笑話、藝術作品、表演還是令人感動的東西，人們都渴望分享。若得到的反應不佳甚至更糟，例如被忽略，人們也會對此感到不安。分享自己是有風險的，例如直接透露個人的缺陷或隱藏的願望，但也能透過發自內心的付出顯示你認為善良、高貴、可愛、有價值的，必須讓被別人所看見、讚賞和肯定的東西。

從廣義上來說，無論獅子座以何種方式表現自我，他們都希望在世界上留下深刻的烙印，以完成經典的英雄之旅。與其留下遺產或建立傳統，他們更加關心能否在生前獲得偉大成就，而不是在身後。健康的獅子座其成就不在於爭取名聲或站在聚光燈下，而是為了激勵他人的希望。在他們看來，英雄之所以偉大是因為他們的作為而不是自我宣傳的能力。

## 重新檢視關鍵詞

希望你現在已經了解到獅子座不一定是那些渴望聚光燈的外向者。一般而言，獅子座的優雅與尊嚴足以讓他們避免那些明顯招人注意的行為及其產生的假象，但這並不意味著他們不自我中心。他們不會像天秤座那樣能適應環境，也不會像處女座那樣過分謙虛；儘管缺乏謙卑會使他們忘記，自己雖然是故事中的主角，但他們的故事並不是唯一重要的。

## 主管行星為太陽

太陽是獅子座的自然主管行星，因為太陽象徵著最核心的自我，而太陽在具高度表現力及愉悅的獅子座更能輕鬆地成為人生故事的中心。雖然獅子多在白天睡覺，太陽下山後才開始活動，與太陽的精神是矛盾的。但好在健康的獅子座本身就能提供足夠的光芒了！

## 行動中的獅子座

出生星盤中若金星位於獅子座，他們在朋友和戀人面前會散發極溫暖的魅力和吸引力。儘管獅子座喜歡受到崇拜和讚賞，但他們也善於在受到愛的啟發後回報他人，尤其金星又在這一個極具示範性和熱情的星座中。他們會覺得新鮮的愛能讓他們感到振奮，也不吝於付出（和接受）最宏偉浪漫的攻勢。尤其對金星在獅子座的人而言，最可怕的不是殘忍，而是輕忽與冷漠。他們沒辦法接受理所當然的事，因此當愛開始變得過於舒適和熟悉時，他們將需要伴侶繼續視他們為生活中最重要的，願意花時間給予他們適當的關注。他們有時需要溫柔地提醒自己，不要把所有的朋友或浪漫的伴侶也視為理所當然，或擅自認為什麼對伴侶是好或壞的。獅子座需要熱情四射、願意用狂野的方式製造愛或戰爭（取決於出生星盤其餘的部分）的伴侶。受到尊嚴的對待也至關重要。嘲笑，即使只是開玩笑，都會讓他們的熱情迅速冷卻。

若金星在第二宮，獅子座對奢侈品的熱愛可能會表現在他們所買的東西上，尤其家用品、衣櫥或收藏品的美麗物品。他們可能特別喜歡給予和接受禮物。除了愛情的競技場，他們可能對藝術或時尚感興趣，若出生星盤中還有其他強化的配置，那麼在第二宮的金星獅子座在藝術或創意的領域可能特別容易賺錢。

## ◆處女座

降落塵世的宇宙靈魂從獅子座對自我廣泛的表達和快樂的慶祝，進入到處女座的謙卑以及對精確度的關注。處女座的象徵，也就是處女，在現代已經過時並被誤解，但它最初是代表純潔的。純潔的主題貫穿了處女座的領域，次要主題則是完美主義、效率以及典型對健康的關注。處女座的座右銘是「簡潔」。處女座的形象常被描繪成拿著一捆小麥，這可能因為北半球的太陽穿越處女座時正是收穫的時節，但也可以描述處女座孜孜不倦、勤奮的本性，畢竟收穫時節有太多工作需要完成！

處女座的核心在於要不斷地發展並完善自己，這樣的架構就是為了工作和努力。同樣重要的是他們必須**感覺**自己正在成長。處女座對自己的進步會感到興奮，當看到目標越來越近時，更會進一步受到激勵。處女座天生喜歡進行持續的分析和評估，這使他們能夠不斷地跟蹤進度，並指出尚待完成的工作，無論這些工作是指個人還是工作目標，抑或永遠也做不完的任務清單。儘管處女座似乎總是以目標為導向，但實現目標並不是處女座真正的喜悅，真正能讓他們感到開心的是**過程**。處女座**就是**過程本身，這就是為什麼處女座即使達到目標也不會長時間休息的原因；他躁動不安的性質根本讓他們停不下來！

處女座既是理想也是現實的星座。處女座擁有所有實用的、合理的和頭腦層面的工具，但他們不會對現狀感到滿意，總是眺望著理想的目標。處女座的人在思考的時候是非常現實且具分析能力的，即使他們**在意識上**知道自己無法達到理想中的完美水平，但在潛意識中，他們仍會繼續為了達到完美而努力。這種壓力是處女座外表的核心。臻至完美並不是處女座的真正目標；但是有時處女座會全神貫注於他們想要實現的目標，卻看不見自己已然做到最好了，因此即使他們已盡了最大的努力也仍會感到失望。

處女座最常對自己玩的把戲就是不斷提高標準。一旦達到或接近目標，他們就會自動重設期望值讓自己繼續處於奮鬥的狀態。正是這種本能使處女座的人發揮最佳的能力，再多努力一點或再堅持久一點，就可以在結束之前多做一點，但這也是處女座的人一直感到自卑的原因，因為他們總是無法達到目標。

這種結合自我評估和完美理想的實用能力，讓處女座天生有著謙卑感，因為他們總是看到自己還有多少成長的空間。他們的謙卑是一個重要的工具；沒有它，他們無法正確地評價自我，也不願看到威脅自我價值的任何缺陷。在這種情況下，好的東西永遠不嫌多，但處女座卻容易太過謙卑以至於自我責怪或對自身的價值感造成危害。這種潛在的完美主義可能會困擾著處女座，使他們感到自己或所做的事情遠遠不夠好。

因此處女座必須小心，不要將穩定潛在的價值感與不斷變化的進步感混淆。處女座可能很難做到這一點，因為他們非常需要感到自己是有用的而且正在實現某種目標。對處女座而言，只有存在還不夠；他們必須以某種方式做出「貢獻」。出生星盤中位於處女座的行星和宮位將詳細說明處女座最想以何種方式做出貢獻。

儘管處女座也可以接受用普通的方式貢獻自己，但由於他們是一種注重精確性的星座，若他們具有特定的技能，他們將擁有更大的滿足感及更強的價值感。建立和完善各種技能可以滿足他們對成長的需求，而向他人提供這套技能則能滿足貢獻的需求。為了某種需求而學習符合需求的特定技能，這樣明確的目標更能激勵處女座。

除了對精確度的熱愛外，他們也十分熱衷於效率。無論是在精力還是資源方面，他們會儘量避免浪費或過量，並傾向保守主義，在精力與資源的運用上也朝向節制的方向努力。

處女座的謙卑讓他們避免站在聚光燈下，但他們務實的思考與能看到哪些事情需要完成的能力使他們善於指出前進的方向。處女座不必領導，實際上他們也不願意領導他人，但是他們確實需要覺得什麼事情都**在控制中**——無論是自己、事件或處境，以確保他們的努力獲得良好的結果。

處女座會在事件的當下施加這種控制，使事情像性能良好的機器一樣平穩運轉，但是他們也常希望透過控制損害來控制未來。因為處女座是過程取向的，他們對於因果關係有充分的認知，並且經常將這樣的認知投射到未來，如此就能看到過程是否容易受到中斷或阻礙。處女座可能是第一個說「預防重於治療」的人，而預見可能的問題是處女座能將事物控制得宜的原因。然而未來有時是難以預測的，即使他們想要看得更遠，反而減低了他們的效率，平添焦慮的感受。

無論是誰先說「若想要正確地完成某件事，只能自己動手做」，他可能也是處女座。他們對控制的渴望使他們難以放手並信任他人來完成，尤其是因為他們常認為**應該**要以某種準確的方式完成事情。這導致處女座典型地被認為是最愛批評的星座而臭名昭彰。處女座能看到完成事情所需要的過程和細節。由於他們以解決問題的方式處理各種情況，因此他們的批判力是進行各種細項工作最有用的工具。

若處女座將這種實事求是、解決問題的態度應用在人身上而不是問題上，無論他們是否超越了自己可以控制的範圍，還是自以為聰明地主動提供建議，就有可能被誤解且不受歡迎。他們並非有意對他人苛刻或看輕別人，只是想協助修復任何損壞的東西，但他們可能太容易陷入解決問題的急迫中，卻沒發現到人際關係中的微妙平衡是非常細微而不是機械性的。但這不意味著處女座永遠不會批判他人，而且它也不是唯一帶有這種傾向的星座，但是，若處女座的人表現出居高臨下或控制的態度，不是因為他們想侮辱人，而是因為這是他們的本能。

處女座控制的另一端是瘋狂與焦慮。處女座對自己或周圍環境的控制越多，他們就越不容易感到焦慮。這種傾向可以是處女座的好朋友——對焦慮的關注可以激發他們處理擔心的事情或去做該做的事，這會增加他們的生產力和滿足感。但是，焦慮與控制的關係對處女座而言也是一把雙刃劍。若處女座試圖控制無法控制的或未知的事物，例如他人的行為或不確定的未來事件與結果，那麼他們是在進行一場無法獲勝的戰鬥，不僅**徒增**焦慮感，也會增加個人的挫折感。他們可能會增強控制的力道，要不付出更大的努力，要不讓自己負責更多的任務，但這只會他們繼續處於往下掉的狀態。

即使是健康的處女座也很少處於放鬆的狀態，而是經常處在警戒中。尚待完成的任務，不管是為現在還是為將來準備，持續轟炸他們的思想邊界。處女座必須保持警惕，以避免善於分析的思維因為這些隱藏在地平線下的問題而焦慮不安。這種持續影響處女座的緊張狀態會耗損他們的情緒與體力，即使緊張的程度並不嚴重，也可能使處女座的健康產生輕度至中度的問題，或因焦慮而導致的敏感，隨著壓力的增加而變得更嚴重。

### 重新檢視關鍵詞

處女座常被形容為「有潔癖的怪胎」，並被描述成一個整潔、挑剔的人，頭髮一絲不苟地往後紮成一個髻，邊嘟起嘴唇邊走進最乾淨的生活空間，戴著白手套測試灰塵後一遍又一遍地洗手（他們也有細菌恐懼症，你不知道嗎）。實際上，大多數處女座一點也不像這些刻板印象。這些陳腐的說法似乎源於處女座創造和維持秩序的需要。處女座對整齊的需求可能表現任何事情上；

出生星盤可以顯示他們會在何處表達希望事物皆井然有序的欲望，但並不一定是以**物質**的形式。

處女座還經常被指責為「見樹不見林」，這意味著處女座往往過於專注於無關緊要的小事情而忽略大局。處女座的效率及其分析能力使他非常善於發現微小的缺陷，並指出需要調整的細節，讓一切運行更加順利，若有人知道細節中有魔鬼，那就是處女座。處女座並不會遺忘他們的目標，但是若最終的目標被眼前立即需要完成的目標所取代，他們會暫時失去方向，消耗掉的能量比整體需要的還多。

## 主管行星為水星

水星同時主管著雙子星座和處女座，因為他們能提供水星輕鬆表達自己的途徑。處女座喜歡分析數據並實際應用的能力，使水星不僅有效地收集訊息，並能進而理解和應用。

## 行動中的處女座

當上升星座為處女座時，當事人將以實事求是的態度面對這個世界，在任何事情上他們都希望能就事論事。他們甚至走得很快只為了趕快到達目的地，或者有時他們的溝通是很直接的，因為他們只想快點進入重點，不想浪費時間在廢話上！

火星在處女座的人，無論有著什麼樣的任務，都傾向謹慎周到地考慮該如何消耗他們的精力，尤其是在身體的層面上。並非每個火星在處女座的人都有著健康的身體或運動的習慣，但是他們對於維持健康有著很高的自覺和興趣，例如他們會注重良好的健康習慣，避免不健康的生活方式，或有時容易對自己的健康疑神疑鬼。火星代表著激情和能量，而火星在處女座的人會以保持控制力和自我激勵的能力為榮，並能引導他們更有效率地運用精力。然而，儘管他們的自制力使他們不太容易暴怒或發脾氣，他們可能會變得不耐煩，也可能變得格外挑剔（對自己或其他人），或在緊張時過度抱怨。他們容易處於緊張的狀態，並會因為不願或害怕失去控制，而難以釋放或表達憤怒或強烈的感覺。透過鍛煉身體來轉移緊張感可以幫助他們保持心理、情感和身體的健康。

## ◆天秤座

若獅子座的表現力為光譜的一端，而處女座的謙卑和對細節的關注位於另一端，那麼宇宙的靈魂將透過天秤座對平衡的追求達到「剛好」的境界。天秤座的符號為天平，權衡人類、思想甚至物體或圖像之間的差異，同時努力保持內外的平衡。

天秤座的核心需求是透過平衡來實現和諧。他們大多數的行為都源自這種需要，而這種需要可以用多種形式呈現，從和諧與美麗、法律正義與秩序，到人與人之間的協議（或至少是理解與寬容）。天秤座總能意識到任何事物與其對立面是否失去平衡——兩端越是不平衡，天秤座內在的壓力就越大。

作為一個天平，天秤座始終處於比較兩件事物「重量」的模式。天秤座對失衡的事物異常敏感，因此始終處於某種微妙且持續評估和調整的狀態。這使得天秤座非常善於透過平衡兩端來**管理**對立的緊張局勢，但同時也對這種緊張非常敏感。

就像正義女神蒙住雙眼時拿著天平一樣，天秤座一向秉持公平公正的態度，而將個人意見和情感放在一邊，以權衡涉及特定問題或衝突的事實和觀點。儘管他們有自己的見解或偏好，天秤座仍盡力地對問題的兩面給予同等的考量，並且靈活地持有兩個對立的觀點。這並不是說天秤座不會**無意識地**偏好某種觀點，但他們總能盡力地達到公正客觀。

因為他可以看到雙重的觀點，因此在思想和反應上就能保持中庸，在問題的兩個極端中間找到平衡點。當出現單方面或主觀的論述時，他們傾向站在對立的觀點以同等的力道爭辯，使事情回到平衡的狀態。

儘管天秤座的原型涵蓋了思想的平衡，但天秤座在出生星盤的具體位置以及潛在的徵象因子，例如負責處理思想和形成意見的水星，將決定天秤座會在何處及如何透過平衡公正的態度來達到他對平衡的需求。

由於天秤座嫻熟於協調對立的觀點，因此經常在某種程度上認同每種觀點，並能自然地找出每種觀點同等的重要性與價值。天平是為了保持平衡，但就像陷入僵局的陪審團，若需要做出決定或採取行動時，雙方僵持不下的結果可能會導致天秤座癱瘓。天秤座的猶豫不決常常受到壓力的影響，這不僅是因為他必須從多個角度考量，也因為他們希望讓那些會受到決定影響的人感到高興，或至少不會感到失望。他們總是在中間尋找立足點，只為了要讓每個人都高興，這雖然不是不可能，但要讓所有人都高興是很困難的！

天秤比其他星座更善於經營人際關係，他們是對「你我之間的空間」最為敏感和關注的星座，這種潛在的覺知塑造了他們的行為。天秤座本能地知道如何使他人在社交場合中感到舒適。這不僅常見於明顯的作為上，例如友好的舉止、禮貌的對話和對基本社交禮儀的了解，同時也顯現在諸如預期他人的需求，或在積極傾聽的同時提出問題，使對方知道自己的問題有被聽到並受到認同。對天秤座而言，騎士精神並沒有消失。他知道簡單的事物可以產生深遠的影響；例如懂得在笨拙或尷尬的社交場合時為互動的輪子滴上潤滑油。

儘管天秤座看起來非好友好，但不一定意味著他們要成為每個人最好的朋友，也不一定喜歡閒聊，雖然這是他們擅長的。他們很容易在會議後或在商店排隊時與某個陌生人聊著交通或天氣，為了保持禮貌而不斷點頭微笑而且還長時間久站。因此，他們經常發現自己常在真實、一般性的禮貌和虛情假意的界限之間遊走。也因此天秤座比其他星座更常被指控為虛假的人；當他們與自己信任的人在一起時，他們才能放鬆下來，顯現出真實的面貌，不再為了保持微笑而感到壓力。這就是為什麼天秤座在一對一的人際關係而不是大型團體中較能處於最佳狀態。儘管他們對這兩種情境都能處理得宜，但他們面對一個人時表現較為自然，也才能給予對方全然的時間和關注。

天秤座渴望人與人之間的和諧是會產生副作用的。在努力使他人感到舒適和被理解，以及犧牲自己的見解、需求和真實之間是存在一條界限的。天秤座必須記得為自己和他人發言，否則對真正平衡的渴望將無法實現。他們是真誠地渴望與他人融合，但或許是因為太擅長，反而使自己成為生活中的次要角色，而不是故事中的英雄或女英雄。這可能會對天秤座產生反作用，因為他們越是犧牲自己的需求和欲望，以關係和睦與互相支持為名而變得更和善，他們越會削弱關係而不是支持關係。即使天秤座消失了，他們留下的東西也無法讓伴侶感到有所連結。天秤座必須提醒自己，它的真正目標是**整合**對立而不是消除對立。

天秤座一直努力地建立人與人之間的橋樑，即使事情與他們並不直接相關，他們仍會第一時間處理需要調停或維持和平的局面來幫助大家團結。儘管天秤座擅長處理人與人之間的緊張關係，但並不意味著這是一個舒適的過程，尤其當他們真正參與其中時。衝突的場面對天秤座而言是非常不舒服的，為了處理或緩解人際關係中的緊張局勢，天秤座會下意識地避免這種衝突，無論是避免會產生衝突的話題，還是不去面對與衝突相關的人。不幸的是，不管這些做法是否能移除衝突，壓力仍然存在且尚未解決。避免衝突可能是維持和平的一種有用技術，但在某些情況下，當未說出口的壓力或潛在的衝突超過友誼的喜悅或機會時，反而會讓友誼或機會徒然消失。為了充分實現天秤座渴望的和諧，他們必須透過處理衝突而非避免來消除緊張的局勢。

若天秤座無法逃脫眼前的狀況或人們，他們會在至少對他們而言是不正常的情況下，假裝一切都很好來保護自己。許多人有時也會這樣，若當下或該地方並不適合或不值得再去冒進一步討論的風險，但是天秤座卻習慣性地採用這個策略。若他們找不到減輕自身壓力的解決方案，這樣的習慣也可能使他們產生被動性的攻擊行為。

天秤座的天平會衡量所有事物。有時，他們也會將自己放在天平上，並且需要有人站在另一端。天秤座經常以各種方式尋求他人的認可，以幫助他們應對衡量時的緊張。他們可能會就某事徵求他人的意見，以確定他們被迫做的決定是正確的，或在與某人發生衝突時尋求朋友的支持，在衝突中或衝突後尋求朋友的肯定來讓自己好過一點。這種需求並不一定源於自我價值低下；而是在幫助天秤座進行自我評估和調整。天秤座一直處於比較的狀態，在此過程中經常將他人的意見和支持作為可以使用的資源。

雖然天秤座對處理人際關係的用心成為主導他們行為的核心，但也常看見天秤座將對平衡的渴望體現在對美的追求上，成為另一種體驗和諧的方式。無論他們選擇哪種媒介，藝術和美都能為天秤座帶來內在的寧靜，使他們擺脫緊張，讓靈魂恢復活力，他們不用再汲汲營營，只需身在其中好好地享受。根據出生星盤其他帶來影響的因素，天秤座能量較為明顯的人會十分容易受到環境的外觀和感覺所影響，優美祥和的環境會他們的愉悅感和幸福感油然而生——環境會創造或破壞他們的體驗。

## 重新檢視關鍵詞

天秤座最常見的關鍵詞是主管人際關係的星座。雖然這不是錯誤的，但這種說法使得天秤座聽起來像是一個痴迷於愛情的少年。浪漫的伴侶關係只是許多關係中的其中一種，在這裡這個名詞是指是兩個或兩個以上事物的連結，以及對於兩者之間的品質與空間的認知。

和平使者也是經常使用在天秤座的一個詞，這當然會因為上述的原因而適用，但也往往掩蓋了天秤座令人驚訝的爭辯能力。天秤座的人具備爭辯的技術，但對衝突卻極端厭惡。雖然天秤座渴望平衡而衝突意味著不平衡（這是指在衝突的期間），但天秤座卻無法偏袒一邊，忍受著不公不義。根據出生星盤中其他的組合，天秤座的人要不就是咬著牙無聲的抗議，不然就是直接討論以糾正失衡的狀態；這取決於天秤座最後是決定犧牲對社會和平的需要還是對平衡思考的需要。因此天秤座是所有星座中最佳的魔鬼代言人，也是外交官、法官又是律師的星座！

## 主管行星為金星

金星同時為金牛座和天秤座的主管行星。天秤座反映了金星渴望建立聯結的願望，因為他們能注意到並適應他人的需求，並與他人聯繫以尋求陪伴和肯定。天秤座也分享了金星對美學的興趣，透過美來尋求和諧。

若火星在天秤座，行使個人意志並跟隨欲望的需求會因為考量周圍人的需要以及自己的行為可能造成的影響而有所減少。對於火星在天秤座的人來說，這可能不僅與他們想要的東西有關，還與伴侶、孩子、同事或朋友想要的東西有關，特別是這些需求可能以某種方式阻礙別人的時候。若火星在第四宮，他們追求和諧的動力將集中在家庭的空間，著重於如何保持家庭成員甚至是室友之間的和諧，以使自己在家時能感到祥和。他們甚至會對室內設計感到興趣，或至少對周圍的環境以及內在狀態的平衡（或不平衡）有敏銳的覺知。他們將對家中的衝突（火星）非常在意，尤其是「衝突前」的狀態，因為他們早在緊張局勢爆發前就提前感受到並大受影響。

水星在天秤座的人會特別強調思想的平衡，常具備靈活的觀點及客觀思考的能力。水星在天秤座的人在決策過程中可能特別喜歡別人的反饋，並受益於別人的「跳躍的」思考，將想法具體化。若水星仍然在第四宮，他們仍將繼續強調和平與平衡的家庭環境，但重點會轉移到水星的需求上，例如家庭成員或室友間的頻繁交流或狀態的更新，能讓他們能感受到彼此的合作是持續的。

## ◆天蠍座

宇宙靈魂從天秤座天堂般的優雅降落至天蠍座嚴峻的黑暗世界，這是一個激烈和極端的星座，只對隱藏在表面下赤裸裸的真理感興趣。儘管天秤座的人喜歡並巧妙地操縱著精心構造的社會，但天蠍座的人知道，注重禮貌的社會有著脆弱的外表，其底下存在著一個**真實**的世界，是個未經馴服、原始且有時令人恐懼的世界。

天蠍座已經積累了一些符號來代表自己，例如有著銳利視線的老鷹或帶著毒刺的蠍子，但最能體現天蠍座精神的應該是鳳凰。鳳凰是一種神話中的鳥，它生於火焰，也死於火焰的吞噬，然後再「從灰燼中」復活。在大多數參考文獻中，鳳凰並非不朽的。同一隻鳥並不會從自己的灰燼中復活，而是從前一隻鳳凰的灰燼中誕生出新的鳳凰。它是更新的象徵：重生但不再相同。

像處女座一樣，天蠍座經常把自己陷入人們常說的進退維谷的困境。處女座困在對完美的渴望以及與完美之間的距離，而天蠍座則困在對激情的渴望以及努力不被激情淹沒的兩難。他們天生擁有探索生活的深邃和邊緣的所有能力，但這並不意味著他們不會被所看到的東西嚇到，只是他們無法像其他星座那麼容易避免這種情況。即使不願意他們也還是會**看見**，而且越是努力或假裝自己沒看見只會使情況變得更糟。

他們真實、勇敢地活在學習曲線的轉折點上，在用盡力氣中掙扎著，還要學會應付生活中最激烈的部分，但激烈也是他們用來偽裝的外衣。他們渴望最真實、原始、平淡和未經修飾的真理。天蠍座有一個靈敏的雷達，能挖掘隱藏的事物，找出潛藏在表面之下的真相以及**不起眼**的東西。他們熱衷於發現祕密、突破禁忌和撕掉掩蓋傷口的繃帶。儘管雙子座常被認為是**求知**的星座，但有著堅韌和執著天性的天蠍座才是真正在研究方面表現出色的星座。不過他們也常因為看到太多而遇到危險：想像不存在的東西。他們懷疑的天性使他們善於挖掘真相，但是當他們所期望的祕密不存在時，他們就會變得固執並具破壞性。

儘管天蠍座的人知道社會的期望，他們常對社交活動和友善的閒聊沒有耐心，因為這對他們而言是一種偽裝，社交語言的偽裝無法讓他們無法從字裡行間讀到真相。若向天蠍座詢問他們的情況，你不會聽到你所期待的「很好，謝謝」，他們會真的告訴你他們真實的狀況！天蠍座認為黑暗中有著更多有價值和可信任的東西，而不是安慰人的謊言或虛假的微笑。實際上天蠍座不太從事物的表面判斷價值，他們的懷疑甚至到了極端的地步，常把美好的事物誤判為虛假的。

不健康的天蠍座會過度懷疑，破壞對他人的信任只為了不被愚弄。在許多情況下，天蠍座可能會對一般人不願面對真相有著過度的反應，因他們知道真相就是存在。這並不意味著天蠍座不會隱藏真相，但他們極不願意如此並且討厭隱瞞的人，認為這樣的人是軟弱的。不健康的天蠍座可能受到驅使，強迫他人去看他所認為的生硬冷酷之真相，但在過程中卻傷害和疏遠他人。他們並不相信一個人可以同時具有同情心和真實性，而且他們更難以了解為何別人不像他們一樣。**他們**寧願被事實傷害而不願用謊話來安慰，但其他人卻認為當頭棒喝是一種不必要的殘酷——更不用說天蠍座的「真相」往往不像他們想像的黑白分明，而且他們像其他人一樣也容易有著主觀的觀點。

然而，他們仍然非常懂得如何看到並提煉出深刻的、心靈上的真理，而且在尋求成長的刺激之同時，他們很樂於幫助他人在成長上有所突破。他們願意與他人站在一起共同面對他們的惡魔並提供力量與忠誠，不會只是老套的安慰，然而別人可能還是會逃避。

儘管這可能有點殘酷，但他們就是會強迫但誠實地將真相推到他人面前。因為天蠍座比其他大多數星座更知道怪物的存在，所以常覺得只有自己一個人面對這些怪物。當其他人否認天蠍座所見，他們會覺得被拒絕或不被肯定。他們渴望從別人得到的是能夠直接面對他們的人，而不是害怕他們、否認其所見或撒謊來逃避負面的感受。他們喜歡的是那些不用客套地打招呼，即使殘酷造成憤怒與痛苦，也會誠實以對的人。

儘管他們努力忠於事實，但天蠍座並不一定對他人誠實，因為他們還是希望有人與他們站在一起。他們不喜歡脆弱的感受，更喜歡收集他人的祕密而不是揭露自己。他們不一定會利用祕密與自己的觀察來巧妙操縱那些可被操控的人的行為。他們會為了成為唯一「知道的人」或握有王位後的權力，或知道那些醜陋的祕密而感到興奮，因為這樣使他們感到強大且一切在控制中。當祕密出現時，他們會產生排山倒海的欲望想知道它，有時會為了了解隱藏的內容而無視他人的界限或隱私。但並非每一個天蠍座的人都會屈服於這種衝動，但除非本命星盤中有其他有力的因子予以緩解，否則他們會感覺這些都是是天蠍座與生俱來的。健康的天蠍座很會保守祕密，他們善於處理激烈和禁忌事實的能力常使他們有機會聽到別人最祕密的懺悔。

天蠍座無法忍受自己變得無助或無能為力。他們寧願面對怪物，也不要讓壁櫥裡的怪物慢慢地催毀意志。對於天蠍座來說，太安全反而不安全，真正的自由是知道「殺不死你的會讓你變得更堅強」。與摩羯座出於自衛的悲觀主義或為了控制損害而考慮最壞的情況不同，天蠍座這樣做是為了減輕恐懼所造成的影響。即使恐懼成為現實，他們也不再是焦慮的囚徒，不用再為預防焦慮而動彈不得。

轉化意味著改變，而願意改變意味著彈性。但是天蠍座的頑強、強迫性和驅動力使他們格格不入、沒有彈性。要等到他們的情感壓力鍋或來自外在環境壓力太大時，問題產生了，他們內在的鳳凰才會準備好進行轉變。當壓力來襲時，他們會堅決抵抗直到無法忍受，但隨後他們會選擇去適應變化，跳入深淵。他們不會屈就或臣服——他們不允許自己被壓制，即使在歷經剝奪一切的經驗後他們最終仍會選擇屈服。一旦他們來到破壞和更新的燃點，蛻變的鳳凰失去了最後一根羽毛，他們就會欣然地臣服，在蛻變更新後變得更堅強。

當對立的星座金牛座試圖透過保存、持續生存，天蠍座則是透過變革。若一種形式結束了，可以變成另一種形式繼續。從天蠍座的角度來看，這樣做是不可避免的。天蠍座和牡羊座一樣，必須經過試煉才能蓬勃發展。出生星盤中具有強烈的天蠍座能量者，不難見到他們常站在充滿危機和混亂的「前線」尋求出口，甚至透過他們的職業來完成。無論是警察、醫護人員、危機管理師還是康復機構的從業人員，天蠍座都游刃有餘。這並不意味著天蠍座是無敵的——像其他所有人一樣，他們都有自己應該突破的點。但是他們具有獨特的能力處理困難、禁忌和令人恐懼的事情，對他們而言這才是真實的生活。

天蠍座與死亡和將死的過程緊密相關，他們常發現自己與死亡有關聯，至少在象徵意義上是這樣的。天蠍座可能會害怕死亡，但也渴望臣服於死亡（不一定是字面上的意思），因為死亡是終極的奧祕；到處都有掉落或超越的深淵。天蠍座的人不斷意識到，任何時刻都可能是最後一刻，隨時都有可能失去摯愛的人，即使這樣的認知令人痛苦和恐懼，他們也無法將目光移開。他們渴望並有能力面對黑暗，但這也始終是壓制著他們的威脅；他們都有一種（或不只一種）心魔。天蠍座很少感到內心是輕鬆的，他們情感生活經常是動盪不安的，也因此他們容易情緒化和心情沉重。

## 重新檢視關鍵詞

天蠍座有許多刻板印象可以追溯至同一來源，例如占有欲、嫉妒、痴迷以及對性欲的強調。所有這些傳統的關鍵詞都是將日常情感極端化的範例。天蠍座與生活互動的方法是完全的消耗生命和被生命消耗，因此常將處境、信念和行動發揮到極致。天蠍座還容易沉浸在與自己的欲望對象（無論是人還是經驗）融為一體的經驗，而這樣飢渴的情感都可以將天蠍座消耗殆盡。對天蠍座來說，唯一的出路就是走過，或者正如榮格在《回憶・夢・省思》（Memories, Dreams and

Reflections）所說：「一個沒有經歷過激情地獄的人是永遠無法走出地獄的。」與某事物融合來獲得完全的擁有，同時也被永久地改變就是天蠍座的風格。

## 主管行星為冥王星

冥王星是天蠍座的主管行星，因為天蠍座對激烈體驗的渴望讓冥王星透過死亡和重生而轉變的渴望更容易達成。在冥王星被發現並「應用」之前，天蠍座是由火星統治的，因為天蠍座熱情和具強大力量的本質與火星透過意志行使權力和欲望的方式是相符的。

## 行動中的天蠍座

若水星在天蠍座，當事人喜歡透過調查、研究和提出棘手問題來追根究柢。他們傾向對簡單、輕鬆的答案持懷疑的態度，並且很少只看表面就接受任何解釋。他們可能無法自由地透露自己在想什麼，寧願祕密地做判斷和評估，同時又主動地向別人詢問觀點。當他們想要表達自己的觀點或想法時，他們可能以一種突然或令人震驚的方式表達——像是在講故事一樣，而這個故事可能還會衝擊到社交語言中令人愉快且安全的界限。

他們在智力上的興趣可能會走上解決謎團的路線——喜歡真正的犯罪故事，或研究像法醫這樣的主題。若把水星放在第十二宮，當事人可能會對隱藏的夢想世界或象徵主義的研究感興趣，這些仍然滿足了發掘神祕和發現真相的願望，但涵蓋了十二宮的領域：與精神相關的領域以及被日常生活摒除的領域。他們可能對「太空的話題」感興趣，從陰謀論、不明飛行物、死後的生命，到混沌理論或量子物理學——所有既神祕又不尋常的話題。

## ◆射手座

離開天蠍座洞穴中黑絨般的黑暗，宇宙靈魂開始渴望射手座廣闊的世界和其中寬廣的視野及正面向上的精神。現在祂尋求的不是深奧的、令人恐懼的真理，而是能引導和解放靈魂的宇宙真理。

射手座以弓箭手作為象徵，他不看著自己而是瞄向天空的靶心。像弓箭手一樣，射手座總是向上和向外看，尋找目標並瞄準中心。射手座經常被描繪成兩隻手拿著弓的半人半馬形象。一半人一半馬的射手座參與了兩個世界；馬強壯的雙腿想恣意地在廣闊的生活領域上奔跑，而人類的頭部和心臟則將思維和經驗結合成智慧與意義。

射手座是信仰的象徵，而這個詞不僅適用於宗教。對自己的信心稱為自信，對生活的信心則表現為樂觀，而對個人真理的信任則創造了意義及每個第一次的經驗。

射手座大致說來幾乎都有著正面的態度，即使有些事情看起來遙不可及，他們還是保持樂觀。他們通常不會沮喪太久並且會從挫折中迅速反彈。無論他們是否相信一切的發生都是出於某種原因，他們天生有種能力將任何事件轉變為有意義且正面的目標而成為他們的優勢。即使不是所有的事情都有原因，射手座也會找到一個！

他們正面的態度不是出於精心策劃，而是對生活的本能反應，也是他們應對生活挑戰所依靠的東西。他們對未來充滿希望，對明天的生活充滿興奮。

像天蠍座一樣，射手座的人對正在經營的事項總是全神貫注，不是因為執著而是出於自然的熱情。像雙子座一樣，他們不能忍受無聊，但他們的方法是尋求冒險而不是收集訊息。當雙子座問為什麼時，射手座會說「為什麼不？」他們可能想嘗試很多事情，全新體驗的陌生感對他們而言是刺激而不是阻礙。

由於對新體驗的熱切渴望，射手座經歷了非比尋常的冒險，年齡的增長當然也累積很多可以訴說的故事，包括那些不知所措、無法理解，或即使不理解但仍然沒有阻擋（至少不是全部）他們勇往直前的精彩故事。射手座往往保持正面的觀點，加上他們的自發性，使得他們還沒充分思考前就不斷開始新的事物。

正是兩者的結合使射手座陷入困境，導致他們老在最後一刻匆匆忙忙完成沒有充分計劃或預見的事情，或在現實趕上理想時半途而廢。然而，這也是射手座成功的原因，至少在某種程度上是成功的。射手座只會看到生活中可能產生的正面結果，這往往使他們容易採取行動，因為他們對獲得好的結果感到樂觀。他們不僅看到部分的成功，即使結果不如預期，對他們而言也已經足夠，因為他們已經盡力而為。當別人認為事情可能會失敗而放棄時，他們的熱情和希望仍激發他們看著失敗繼續前進。因為堅強的信念，射手座確實常在「不可能」中獲得成功。因此當他們天真地說「一切都會解決」時，他們通常是對的而讓懷疑者跌破眼鏡！

射手座有一種吸引人的內在自信。人類天生就有不安全感，射手座也是，但他們不會將注意力放在自己身上，也不會忙著關注自己的缺陷或浪費時間想像別人的問題。他們會自然而然地專注生活的外在體驗並忙於與它們互動，根本沒有時間或耐心關心自己瑣碎的小事。

就像弓箭手的把箭射出一樣，大家都知道射手座常抱著直接了當的態度生活。他們的開放精神使他們難以隱藏或用迂迴的方式處理事情。雖然射手座跟其他星座一樣也會欺騙，但他們直率真誠的作風常引發他人的信任。這種直接的態度不一定出自對真實的渴望，而是因為他們覺得張開嘴巴毫不猶豫地表達想法比較容易，但這有時也會讓他們激怒或得罪別人，畢竟射手座並不以小聰明聞名（耍心機對他們來說不合胃口）。不過他們也比其他星座更懂得自嘲，因此這種小過錯並不會讓他們沮喪太久。

射手座總是不斷移動。他們有著流浪者不安定的心，有時尋求知識和智慧，有時尋求冒險，但最終都是為了從中得到樂趣。他們一邊在探索世界，一邊在尋找生命的火花和帶來意義的體驗。

他們所追尋的不一定是事實，也不一定是能解答人生中重大問題的學術性答案。儘管他們是內心的哲學家，但他們不一定會透過神聖的體驗來尋求精神上的意義，儘管許多人的確透過靈性的追求而找到出口。他們追求著有意義的**感覺**，從內心被點燃的火花他們知道眼前的東西是真實的；這就是事情的真相。當他們的激情被點燃，或是當他們的箭矢找到了目標（即使他們不完全理解所要捕獲的東西），一種深厚篤定的感覺油然而生，引導並激勵著他們。

這不是對生命意義的神聖追求，而是激發熱情的經驗所帶來的快樂。射手座不一定比其他人更相信宗教，但他們的教會是生命的教會，而不是對教義的依附。他們尋找的是統一的指導原則，而不是雜亂無章的想法。他們容易被有系統的，能將生活經歷有意義結合在一起的信念、思想和實踐所吸引。當射手座偶然發現一種能激發生命的信念、活動或生活方式時，他們往往會將身心靈全然投入，沒有任何猶豫。這使他們能完全臣服於一種體驗，但也使他們容易執著於體驗的方法和細節並視為真理，而不是專注於該體驗所提供或教導的東西。就像人們所說「如愚人指月，觀指不觀月」，他們總是在尋找月球，若弓箭手不能瞄準真正的目標，就會被手指分散注意力。

他們天生就有追尋普世真理的傾向，再加上容易聯想的能力和與生俱來的自信，射手座比其他人更輕易下結論。因為當射手座深深地被充滿熱情的經歷感動時，會更信任自己的經驗，有時看得比其他事情還重要，也可能會根據感覺對或不對來做出假設，而這個假設早已符合他們所相信的。

但若是在太極端的情況下，當射手座的熱情與確定性太過強烈，他們可能變得自以為是；這並非出自貪婪或對他人的批判，而是因為他們對所經歷過的真理有著太強烈的感覺與情緒，因此確信自己的方法最正確的，他們無法想像還有其他可能。他們對某件事物的熱忱很容易從身上散發出來，他們沉浸在熱情中，使他們容易成為某種理念的傳教士，無論這個理念是什麼。然而太過執著於自己的經驗使他們難以接受別人有著不同但一樣有用的經驗，甚至在別人不分享自己的經驗或做出相同結論時而感受到威脅，因為這似乎是說自己的經驗是無用的。

## 重新檢視關鍵詞

射手座被譽為最友好的星座，他們的熱情和隨和的舉止確實吸引了其他人。射手座無論從思想或內心都散發出開放的氛圍，因此其他人不會感覺到威脅。雖然射手座也許很友善，但他們也很珍惜自由。當一段關係開始消耗太多時間與精神，超出了射手座能負擔的，他們會感到被限制或窒息。射手座和任何星座一樣有著保持親密關係的能力，但是他們需要很大的空間自由奔跑，因此若朋友與合作夥伴了解到這點，或有著有類似需求者就可以跟他們友好相處。

射手座另一個常出現的關鍵詞是樂天。沒有人能一直感到開心，包括射手座在內，但他們的確保持樂觀的態度，不會為小事而憂慮。保持振奮的精神是射手座面對生活低潮的好方法，但是他們也常遊走在認知到挑戰後仍能保持希望，以及瘋狂積極地推動生活但否認任何負面情緒上，這兩者僅一線之隔。

## 主管行星為木星

木星為射手座的自然主管行星，因為木星渴望擴展並專注於各種可能性，容易透過射手座冒險和樂觀風格來表達。他們都喜歡對任何事說好！

## 行動中的射手座

若天王星以射手座的風格行事，不論個人或集體都會因為這樣的配置強烈地渴望自由。真實自我的表達之路、對真理的追求及尋找重大問題的重要答案其實都在同一個方向上。無論是真正地離開自己的出生地，還是象徵性地尋找與成長環境截然不同的哲學和傳統，他們都可能在遙遠的地方尋找自我和屬於他們的真理。

若天王星在四宮，這些衝動會在家庭的背景中進行，這是第四宮的領域並有多種可能性，例如在家中成為人們所說的代罪羔羊，或以某種特別的方式與家人分開，或是整個家族以某種方式與所屬的社區分開。對他們而言，歸屬感或家庭雖然重要，但必須是基於真實自我的表達而不是血緣關係。

若天王星在第七宮，在一對一關係的背景中，當事人對自由的需求依然存在，他們會學習有關真誠、自我和世界空間探索的課程，其中包括尋找合適的伴侶，尤其是否能成為樂於冒險的夥伴和愛人，或者至少不要試圖阻止他們的冒險。同樣重要的還有學習如何在關係中妥協，包括在哪些情況下必須選擇獨立而不是相互依賴。

### ◆摩羯座

在摩羯座，射手座的不受拘束的熱情受到了控制。設定好界限和方向，企圖心和目標的動力將被點燃。當射手座探索大地的廣袤空間時，摩羯座則將宇宙靈魂帶到通往天堂的山峰上。

摩羯座的雄心壯志體現在頑強的山羊身上。就像山羊透過謹慎和毅力達到其他大多數動物無法達到的高度一樣，摩羯座也特別適合攀登自己的高山；不管是什麼樣的山。

摩羯座不**只**重視實用、效率和雄心勃勃。他們不是機器人——輸入數據就能分析出實現目標的最佳方法，而是擁有老年人智慧的星座。像天蠍座和射手座一樣，摩羯座也有多個象徵的符號。透過山羊與魚的象徵（山羊身及魚尾），摩羯座從魚尾游過的海洋深處吸取了直覺和智慧，但由於頭和身體仍在水面上，他就能以清晰的理智和遠見在世界中航行。因為他能到達非常高的高度，所以能夠看到山前的地形，讓自己和他人為未來做好準備

摩羯座的動力源於尊敬——來自他人的尊敬，但也特別是指透過正直及努力工作而贏來的自重。就像薛西弗斯（Sisyphus）在山上翻滾石頭或擔負著世界的阿特拉斯（Atlas）一樣【譯註8】，

而摩羯座的承諾和責任感對於他們的形象至關重要。摩羯座總是知道**應該**做什麼，一個受尊敬的人又**應該**怎麼做，即使不是出於自願，他們也經常把事情攬在身上。當致力於某事時，他們不會隨隨便便地完成。儘管摩羯座不是聖人，但他們對自己抱有很高的期望，而對被尊敬的需求驅使他們過著正直的生活。受人尊敬對他們至關重要，因此他們希望受到他人高度的重視。但有時候若他們對表面上被尊敬的欲望取代了**真正**被尊敬的渴望，他們可能會忘了初心，即使贏得了他人的尊敬，卻再也看不起自己。

摩羯座的人非常獨立，並對管理自己職責的能力感到自豪。因此他們知道該在什麼地方特別努力、安靜高效地完成工作，並在混亂來臨需要管理時領導他人。他們會發現自己常在擔任「救火隊」的工作。

然而，接受別人的幫助對摩羯座而言是困難的。他們不一定有能力做所有的事情，也會在職責明確的情況下委派他人任務，但若別人為他們應該承擔的工作提供幫助，他們會感覺自己正

【譯註8】　薛西弗斯是希臘神話中一位被懲罰的人。他受罰的方式是：必須將一塊巨石推上山頂，而每次到達山頂後巨石又滾回山下，如此永無止境地重複下去。在西方語境中，形容詞「薛西弗斯式的」形容「永無盡頭而又徒勞無功的任務」。阿特拉斯是希臘神話裡的擎天神，屬於泰坦神族，被宙斯降罪來用雙肩支撐蒼天。我們會在第三部學習星座的元素。

在逃避責任，反而感到屈辱而無法表示感謝。雖然摩羯座並非都是如此，但他們只在特殊的情況才接受幫助；當幫助看起來越像慈善或憐憫，他們就越難以接受。這並不意味著他們不需要幫助，但有時他們已經深陷麻煩了卻仍然不願意尋求幫助，因而造成傷害。

摩羯座很少會為自己的過錯而哭泣，但這並非出於樂觀主義而是實用主義。當障礙物出現時，與其屈服於發脾氣或發怒的衝動，他們會直接問自己「此時我該怎麼做？」像處女座一樣，他們不想浪費時間，但與處女座不同的是，他們不會過於擔心可能發生的事情或過度想要控制事情不發生。他們始終專注於終點，解決問題並獲得所需的結果。他們會制定計劃，但若事情沒有按計劃進行，他們雖然也跟一般人一樣感到沮喪失望，但他們很快就會找出替代的方案並開始進行。

這種實事求是的態度源於他們的堅忍本性。他們知道考驗會來來去去，但是他們仍會繼續攀登那座山。像金牛座一樣，他們耐心而堅定，不是因為懶惰或固執，而是他們理解人們之所以無法得到想要的東西，通常是因為他們太快放棄或讓自己分心。摩羯座的自律和忍耐是出了名的。「等待的人會得到好的東西」可能是他們的座右銘，不過他們會用努力來代替等待。他們不會坐等事情的來臨，但是他們知道穩定的努力最終將有所回報。他們能夠等待暫時的困難過去，為的是獲取長期的回報，而不是短期的刺激。他們通常也會避免承擔大的風險，因為他們更喜歡有保證的結果，而不是為了潛在的機會但永遠無法兌現的承諾。他們是總能著眼於大局，所以常能產出有效的戰略並有效率地安排好事情的優先順序。

摩羯座認為自己是現實主義者，但也常被稱為悲觀主義者——這個稱謂有時的確名符其實。當期望無法獲得滿足時，摩羯座不喜歡被這個意外所驚嚇或感到自己像個傻子一樣。儘管他們避免因為現實主義而有著太嚴苛的期望，但有時也會過猶不及地不抱任何希望，以至於在每件事情上都預期最糟糕的情況。這可成為一種防衛機制，保護他們免於失望或尷尬。

摩羯座被描述為「經理人」，不僅因為其認真和就事論事的態度，也因為他們具有擺脫混亂、讓事情井然有序的能力。對於摩羯座和對處女座而言，事情的架構非常重要，不過魔羯座的架構並非為了設定邊界，他們所需要的是一種支持未來工作的基礎。他們了解有組織的工作和規則可以產出最大的效率和貢獻，並且喜歡遵循規則以保持秩序。當有些人喜歡自由和無政府狀態而非一味地順從時，摩羯座因為了解規則和秩序的功能和益處，因此願意在不犧牲自己認同的情況遵守外在的期望以維持既定的秩序。

因為擁有實現長期目標的意志、精力、耐力與宏觀的視野，摩羯座具有嚴肅的氣質，有時還會顯得冷淡或冷漠。他們自然流露出的自我保護的氛圍讓人很難與他們熟識，有時還會讓人感到有壓力。他們常散發出一種權威感，在某些情況被人視為領導的角色，但社交場合常使他們顯得僵硬或退縮，尤其出生星盤的其他徵象亦加化了這種印象時。

摩羯座亦以喜歡獨處而為人所知，但通常不是因為不喜歡與他人相處。他們的內在有某種推進的動力，能在追求眼前任何目標的途徑上穩定向前。當他們獨自一人時，他們可以不受阻礙地自由前進。孤獨使人們更容易保持對最終目標的關注，無論目標是什麼，而不會對他人感到內疚或覺得自己對他人需要承擔某種義務。

## 重新檢視關鍵詞

摩羯座通常被認為是冷淡的，但與任何人相同，他們也有情感、愛和同情的能力。但是摩羯座的人明白，有時拋棄轉瞬即逝的情感以成就更大的目標是必要的，因此不會因暫時的情緒波動而分心。但有時他們可能太過冷靜，甚至將強烈的、重複的或持久的情感暗示拋在一邊，然而這些暗示之所以讓他們分心有其充分理由。即使繼續追求目標顯然會為自己或他人帶來巨大的情感損失，但他們仍不會輕易放棄目標。

另一個對摩羯座常見的看法是，他們都有著強烈的企圖心，就好像每個摩羯座都應該是CEO或某種宇宙大師一樣，但這通常只會在特定的情境下表現出來。最好的情況是，摩羯座的企圖心和耐心培養出一個睿智而有成就的人，但前提是他們的目標必須崇高而真實。以目標為導向可能是指在拿到博士學位或在遊戲中達到91級之前都不會停止。同樣地，摩羯座適合攀登他認為值得的山峰，但也會因為橫在其中的阻礙而失敗。另一個相關且經常描述他們的話是「為達目的，不擇手段」，摩羯座總是將重點放在最終結果上，而忽略了達到目標所犧牲的一切。

## 主管行星為土星

土星與摩羯座有著相似的關係而成為其主管行星。土星透過克制來維持紀律的需求，與摩羯座完成計劃的耐心、穩健而專注力是相輔相成的。

## 行動中的摩羯座

上升點在摩羯座的人向世界展示著非常正式或嚴肅的面孔。儘管不是出自本意有時候他們的冷漠仍會讓其他人感到害怕。由於自制，他們不會讓內在的個性輕易地顯現出來。整體上而言，他們對待世界的方法往往以務實為主：需要做什麼、以什麼順序、如何做；他們「公事公辦」的態度體現在整體的舉止上。

向全世界的展現他們的威嚴對上升摩羯座的人至關重要。他們會避免任何可能失控或讓自己很愚蠢的情況——對其他星座有趣的東西對他們來說可能是過了頭或是不必要的。他們不太會參加聚會，不過具特定目的的社交功能會使上升摩羯座的人更有方向，因為他們清楚地知道為什麼會在那裡以及他們的角色，若有的話。

## ◆水瓶座

繼遵守規則並（自我）限制的摩羯座之後，宇宙靈魂開始尋求真實感更甚於被崇拜，個體化更甚於常規化，自由更甚於安全感。

有些知道十二星座與元素之間關係的人經常將水瓶座誤認為是水象星座。不僅是因為名字（aqua【水】），也是因為代表水瓶座的符號：持水瓶者。但是水瓶座並沒有被情感海洋的深度所拖累；他把生命的水從形塑它、承載它的容器給倒出來並將其釋放。

水瓶座的核心是尋求自由。那不是隨意或隨心所欲的狂野，而是心智、心和靈魂的獨立。

像天蠍座一樣，水瓶座也尋求真理，但他們並不是藉由探尋黑暗來發現祕密，而是藉由尋找光明：透過清晰和客觀的思維，盡可能避免偏差和偏見的光明。一般來說其他風象星座（雙子座和天秤座）也喜歡這種方式，但是雙子座喜歡透過文字遊戲和實驗來扭曲和玩弄想法，天秤座的目標是平等的態度並看到他人的觀點，而水瓶座則是努力擺脫自己和他人情感訴求的干擾以追求獨立思考的能力。他們太過超然的傾向眾所皆知，同時也延伸成為他們的個性。他們是獨立的思想家，不喜歡別人試圖操縱和動搖他們的觀點。他們努力追求清晰的洞見，偏好理性思考而非情感取向。

這並不意味著水瓶座不會受到主觀或情感的影響——他們也是人，也像其他人一樣會頑固地堅持自己的想法。為了忠於自我，某些情況下他們會顯示出不被說服或哄騙的毅力和才智來對抗多數人的觀點（更多時候他們更願意與少數人站在一起或與常規對抗）。當他們陷入個人意見的是非時，他們也會不知不覺地對抗他人的意見只是為了不被他們左右，但這樣的頑固卻會防礙他們洞察事物的能力。自我意識和方向錯誤的固執會使他們難以向他人學習。因此，「無所不知」並不是水瓶座的最佳狀態，因為那樣的思考模式已經沒有進步的空間，是心態的封閉。

水瓶座在情感上也顯得有些疏離，這種特徵有時被誤解為不友善和冷漠。他們通常樂於社交且友善，但是當有人試圖引起他們的情感上的反應或希望他們在情感上付出更多時，他們會忽然變得有距離或難以捉摸。當然水瓶座喜歡友誼和愛情，但是情緒化的表現以及太過戲劇化的親密關係反而會讓水瓶座喘不過氣，甚至讓他們想要逃離。

他們有時似乎對其他在情感上更符合傳統期待的星座缺乏同情心。他們不會盲目的忠誠，對他們而言最重要的是忠於自己。基本上健康的水瓶座對這樣的需求是很誠實且直截了當的，但若是發展不夠成熟的水瓶座，他們對自己真實的需求會因為承受外在的期望和從眾的壓力，讓他們感到分裂和自我欺騙。若他們感到自己為了避免使他人失望而無法自由公開地做自己，可能會產生疏離感和孤獨感。他們有時也會感覺部分的自己像局外人般被動地觀察生活，雖然疏離但有時也是他們選擇的。

奇怪、獨特、與眾不同——大眾占星學經常用這些詞彙來描述水瓶座，聽起來獨特好像是水瓶座專屬的特性。當然這個詞並不專屬任何星座，但是他們的課題和經驗通常集中在他們是誰以及他們又被教導成是誰的對比上，因此他們與他人的不同之處可能會變得特別突出。除了少年的矛盾或叛逆（我們都無法倖免）或對自以為是的陳述下意識的直覺反應外，水瓶座的觀點並非怪異或與眾不同，而是真實。

對水瓶座來說，精神上的自由不僅是指能按照自己的意願行事，而且是能按照自己的真理自由地生活。他們將人權以及對所有人而非只有少數人有益的事情放在待辦清單的首位。水瓶座常被稱為人道主義者，這個詞常常使人們想到一個虔誠的靈魂，熱愛動物且大公無私。水瓶座的人當然可能具有這些特徵，但嚴格說來水瓶座的人道主義更多地是因為他們相信每個人都有權力享有基本和公民的權利，而不僅僅出自同情心。自由被剝奪或壓制最能引起水瓶座的憤慨和行動，不單純只是因為心弦被撥動了而已。

## 重新檢視關鍵詞

除了我們在上一段所闡明的關鍵詞外，水瓶座有時還與群體有關。因為水瓶座是第十一個星座，因此常被認為與第十一宮有關。這其實是會造成混淆的，因為水瓶座被認為是崇尚個人主義的，是一頭孤獨的狼，不想在人群中奔跑，那麼他們怎麼會被吸引到群體或社區呢？這個區別在於動機：水瓶座的能量不會讓他們**沉浸**在集體的思想中而喪失自己的個性，也不會受到集體意志的影響。然而水瓶座非常認同全人類的「兄弟情誼」，並願意理解什麼能造福所有人而不是一個人，以及造福群體的同時也對個人有益的理念，即使水瓶座有時在將想法付諸實踐時可能會過於理想主義或不切實際。儘管水瓶座被認為有著上述的自由精神，但他們也很願意與基層的組織，或者訴求進步的組織站在一起，因為他們不會希望只有自己享有不受約束的自由，他們更願意為群體的自由而奮戰。

## 主管行星為天王星

天王星為水瓶座的自然主管行星，因為天王星目的是個體化，而水瓶座超然的、客觀的風格使天王星不會輕易地受那些試圖將它從表達客觀真理的途徑上移開的影響。

在天王星被發現而成為水瓶座的主星之前，這個星座是由土星主管的，因為土星的現實主義和客觀性與水瓶座的冷靜特質是一致的。

## 行動中的水瓶座

由於月亮涵蓋了我們的情感，而水瓶座是以疏離而聞名的星座，所以這似乎成為令人困惑的組合。但是每個人都有情緒，位於水瓶座的月亮也不例外。就像雙子座和天秤座一樣，月亮在水瓶座的人傾向透過思考的過程來了解自己的感覺，就像他們在想自己是什麼感覺一樣。他們不容易被任何試圖以情感訴求來操縱他們的事物所吸引，無論是媒體還是廣告、家庭成員的情感勒索或同伴的壓力，他們通常不會因為別人的壓迫，而做出別人會在特定主題或情況下所做出的「正常」行為。

若月亮在第七宮，當事人將在生活中遇到獨立個體之於妥協合諧、有關人際關係的主題。可以說，依賴–獨立的兩極常位於關係的基礎上，兩者之間的平衡始終存在著問題，但是對於當事人來說，這經常成為生活的焦點，是任何衝突和選擇伴侶的核心。因為情感的真實對當事人非常重要，所以當他們的伴侶不會因為他們對真實的要求而感到威脅，也能保持並尊重當事人的獨立性時，他們就能成功打造理想的關係。他們也可能會為關係訂立有別於常規的「規則」。

## ◆雙魚座

水瓶座堅硬的「我」在雙魚座中開始溶解於水中。自我的邊界被消融了，宇宙靈魂也因此從個體性的孤獨與疏離中獲得自由，並將個體性帶入所有的存在中。

雙魚座是由兩條游動的魚來代表，有時以陰／陽來形容，有時則被描繪成尾巴綁在一起但游離彼此的兩條魚。雖然它們看起來好是在混亂與矛盾中繞圈圈，但這也可以說，一條魚是往天堂游去，而另一條魚則沿著地平面游泳，這並非代表內在的衝突，而是表達了雙魚座的本質：悠游於兩個世界之間。

雙魚座的內在始終存在著離開世界，以及與世界互動的兩種渴望。生活中那些微小但又令人疲倦的憂慮以及種種困難與悲傷的殘酷現實，常壓得雙魚座的情緒喘不過氣，但他們又渴望能透過分享或尋求快樂、神奇的事物、想像力、輕鬆與和平來表現出地球的神聖。就像鮭魚不斷回到河口產卵後又死去的生命循環般，雙魚座總能感知並渴望回到源頭，無論他們怎麼稱呼或定義這個源頭。

就像雙子座的雙胞胎、天秤座的天平、射手座的半人半馬，雙魚座的兩條魚反映出另一種雙元性：有些事物能憑五感來感知，但有些事物只能憑直覺來感知。雙魚座的直覺來自於他們的同理心，以及重視他們的情緒感受體正在告訴他們的東西。他們並非愛胡亂猜測或疑神疑鬼，他們只是由所感受到的而不是所看到的事物支配。

雙魚座的感受是廣大而分散的。不僅廣泛而且深刻，他們的注意力通常不會放在自我而是放在想像力，甚至超越想像力的東西。他們總能活在當下但內心同時注視著永恆。他們是所有星座中最不世俗的。當與其相反的星座處女座只專注於微小的細節卻迷失大方向時，雙魚座則可能會經常忽略小細節，因為他們天生就覺得，在偉大的計劃中為小事斤斤計較是沒有意義的。這樣的天性往往讓他們有著既天真又深刻的智慧，但也常使他們在開會時遲到、忘了付帳單，或忘了許多需要不斷注意的日常瑣事。他們可能常做白日夢而忘了時間，尤其是在他們小的時候。這並不是說雙魚座是不負責任的，只是他們有時必須比某些星座付出更多的努力來應對日常生活中的枝微末節。

生活的經驗雖然把他們限制在塵世中，但也能把他們帶向神奇的世界，使他們能同時在這兩條路徑上行走。若他們待在幻想和精神世界的時間過長，可能會很難應對生活的需求，有時會轉向採取逃避的行動而將世界的現實拒於門外。但若他們在世俗的世界上待太久而失去了創造的靈感，或讓精神適度的休息，他們很快就會疲憊不堪，容易抑鬱、生病和極度嗜睡。冥想、瑜伽和其他能全面滿足精神和身體需求的寧靜方式能療癒他們並幫助他們落實於地面。

另外兩個水象星座[16]，巨蟹座和天蠍座都有能保護他們和容納其深度的外殼，但魚是柔軟的、像彩虹般的皮膚無法提供同樣的保護作用。雙魚座的脆弱和接受力因為周圍的海流而進一步增強，當他們在經歷某件事時，我們可輕易地從外表看到他們的喜悅和悲傷。他們很容易對他人的情緒做出反應，這也就是為什麼他們被稱為最善解人意的星座，而他們自帶的情緒調適力和溫柔的本性是他們的同情心和直覺的來源。

這種感受力使他們必須對環境保持警覺，因為他們更容易受到環境的影響，尤其是在情感上，但有時他們在生理和心理上也是如此。我們每個人不時會有逃避現實的需求，但對雙魚座而言有計劃且定期的休息是非常重要的。他們需要停下來療癒、充電並整合自我。雖然不一定都是如此，但他們的敏感度也可能在身體顯現出來，小從需要額外睡眠，大到容易罹患與壓力相關的疾病。簡單的孤獨和寧靜的環境能讓他們更容易自我充電。

儘管他們有逃避現實的需要（某個程度上所有人都需要），但他們也可能一去不復返。逃避現實並不是只有放鬆而已，而是一種自我麻痺，它可能是一個無底洞，一個永無止境的需求。雙魚座特別容易吸毒成癮或酗酒，或其他的方法——電視、食物、睡眠、娛樂——都可以成為他們逃避生活責任和義務的方法。

像射手座一樣，最能激勵雙魚座的元素之一就是信仰。「若可以夢到，就做得到」可能是他們的座右銘。儘管他們也會失望，但他們仍相信事情終究會成功或對全體是有益的，無論這樣的信念是出於樂觀，對至高權力的信任，還是出於兩者之間的任何事情。儘管這看起來很幼稚，而且肯定會在事與願違時失望不已，但信念是雙魚座的強烈動機。雙魚座生來就是為了回應靈感並為他人提供靈感。當你遇到強大的雙魚座時，他們也會讓你開始相信。

由於這個星座不太會去限制想像力，因此他們也具有創造性的思維，這種思維更常由第二個他們最喜歡的動力：靈感而啟發。所謂的受到啟發或「受精神感召」，能讓他們充滿活力，同時也需要大量的養分。他們可能會熱愛藝術、音樂、虛幻小說、電影、遊戲、角色扮演、化妝舞會——將他們帶入一個只有想像的世界。儘管有些星座可能會認為這些活動會讓人遠離真實的自我，但對雙魚座來說，這是一種能讓真實自我發光發熱的方式。

16　星座可分成不同的四種元素。火象、土象、風象及水象。這些都會在第三部分介紹。

有時候，雙魚座**希望**或**想要**相信的事實，限制了面對現實**是**什麼的**能力**。然而若隨意強迫他們拋棄自己的幻想反而會讓他們感到受傷。使天蠍座或牡羊座這類兇猛的星座強壯的東西可能會壓垮雙魚座並讓他們感到一無是處；這不是他們的生存之道。遮蓋住刺眼景色的窗簾就像是隔在他們和殘酷世界之間的一層薄紗，幫助他們慢慢地看到並接受真實的世界。雖然雙魚座看起來天真，但並不一定是真的天真或拒絕真相；歸根究柢，這是一種半夢半醒的策略：尋找善的並相信所有的可能性，會使他們更願意從夢中醒來並在明天重覆同樣的事。

這些魚朋友們因其靈活開放的性格而容易隨遇而安。他們無法接受停滯不前的水。儘管他們不常生氣，但仍會躁動不安，並喜歡新事物的流動，這能激發他們的精神並感到煥然一新。但另一方面，他們可能會隨波逐流，並因為總有邊界的支持，卻沒有發現自己正往各（或錯誤的）方向漂流。即使他們都有夢想，但卻沒有其他星座的決心與毅力來讓夢想成真，而他們溫柔和平的個性只會讓他們漂浮在最平緩的河流上，即使這並非他們的本意。在過於嚴格、苛刻或緊張的情況下，他們容易表現不佳，例如高壓的辦公室、頻繁的截止日或考試，這類環境中的緊張氣氛容易使他們的思維短路。他們的觀點也常隨著情緒的變化而變化；善變的另外一面就是容易相處，但他們有時仍會看起來難以信賴或捉摸不定。

像天秤座一樣，雙魚座是天生的和平使者，不過當天秤座努力在不同觀點之間架起橋樑，雙魚座更是直接屈就以維持和平，這是因為他們打從內心裡就是和平主義者，希望避免不必要的糾紛和衝突。他們實在太過善良，以致於傷害別人或為了保護自己而對抗他人時，他們也會感到受傷，因此若非必要他們絕不挑起衝突。儘管出生星盤的其他部分也會造成影響，但是出生星盤具有強大雙魚座影響力的人很容易犧牲自己、自己對他人的需求，或他們認為更有利的事。這部分是因為他們非常無私，但是他們也因為太過理想主義和天真，因此只能看到人性中最好的一面。他們容易寬恕他人，因為記恨需要執著，而這是他們很難做到的事。在適當的情況下，他們的無私奉獻對其所幫助的人是天上掉下來的禮物，但是他們渴望將人們從手中救出來的願望不僅會對自己造成不利的影響，也不利於他們試圖拯救的人。他們不斷寬恕與同情只會給別人太多犯錯的機會，別人只會把雙魚座的幫助視為理所當然而濫用他們的同情心。

若上述的情況太過嚴重，他們會因為需求無法被滿足而累積壓力，而他們避免傷害或「放棄」他人的傾向也容易造成內在的衝突，或在他們不斷與自己角力時產生被動式的攻擊行為。雖然他們容易屈就的特質被某些人視為弱點，而這種行為也**可能**是缺乏勇氣而造成的。但有時也不一定是因為他們的脆弱，而是因為他們的另一項優點——放手的能力。

## 重新檢視關鍵詞

敏感通常被理解為雙魚座容易受到傷害，或過分將事情個人化。雙魚座確實會有這些特徵，而出生星盤有著強大雙魚座影響力的人可能從小就被他人以羞辱（即使是無意的）的方式告知這一點。不過敏感還有另一種含義，而且在這種情況下，將其否定的意義轉變為肯定的是有幫助的，而且也將這個特質加以澄清。敏感也意味著對某種事物有著高度的感知或接收力。例如當你打掃房間，把音樂調到最大聲並隨之跳動時，你會覺得很有勁。但若把同樣的音量直接放在耳邊時你可能會昏倒，甚至會損壞聽力。雙魚座對別人釋放的情緒波非常敏感，而且能接收到最微弱的訊號，因此也比他人容易達到臨界點而感受到巨大的壓力。

## 主管行星為海王星

海王星透過其所主管的雙魚座能舒適地表達自己，因為海王星對於超越的渴望與具開放性、想像力和同情心的雙魚座特質是契合的。

在海王星被發現並成為雙魚座的主管行星之前，木星為其主管的行星，因為雙魚座反映了木星沒有界限的態度，是邊界的消融者，而雙魚座的同理心和同情心也與木星慷慨的特質相得益彰。

## 行動中的雙魚座

上升點在雙魚座的人無論在心智或情感上會以開放的態度面對世界。從象徵的意義來說，上升代表面對世界的「門戶」，而對雙魚座而言這道門像是篩子，讓他們與世界互動所散發的能量或接受的能量將透過它不斷地交換。他們憑直覺來探索這個世界，以感覺來前進，並對周圍環境格外敏感，無論好壞與否。儘管我們對自己的看法與世界看待我們的有所不同，但雙魚座在照片上或鏡子中看到自己時，有時仍會感到些許震驚，這是因為他們關注的是**感覺上**的自己（以及其他人）而不是真正的外觀。上升點和第一宮的狀況也會影響一個人整體的身體狀況，因此上升點在雙魚座人可能也會對身體所處的環境特別敏感。

# 第八章 • 宮位

## 宮位的角色

宮位代表著生活中各種的領域與活動。若你將工作中所發生的事稱為工作的生活以區分家庭生活，或將家庭生活與社交生活區分，那麼你應該已經熟悉這樣廣泛的分類了。每個宮位都對應著組成人類生活不同類型的活動和行為。你所**做**的任何事情都可以歸至出生星盤的特定宮位。找治療師？那是第八宮的領域。講電話？那是第三宮。花時間待在家？那是第四宮所主管的。

出生星盤的行星座落在特定宮位的界限內。當你試著滿足出生星盤中某一顆行星需求（代表內在的某種需求）時，你將以行星所在的星座方式來行動，並且在某個生活領域，即該行星所座落的宮位，以其所主管的行為和活動來表現。

若象徵個性和獨特性的天王星落在熱愛想法、資訊和交流的雙子座上並位於你的第六宮，這些符號組成後最簡單描述是：你喜歡在工作的場合中尋找或發展獨特的創意，並從事能自由腦力激盪與實驗的專業，或在這樣的環境中工作。

若有行星位於在某個宮位中並不意味著你只會在該宮位利用行星的能量。例如，若水星位於代表哲學和教育的第九宮，即使在闔起教科書，或你的對話與蘇格拉底無關時，你也不會停止思考；相對地，宮位裡的行星顯示它們在什麼樣的情況下最活躍，例如在這個案例中，水星的功能一般而言會在思考或討論哲學問題特別活躍，宮位也強調了水星最喜歡學習、思考以及討論的主題。

## 空宮

你可能會發現到宮位的數量比行星還多，而一個宮位也可能會有多個行星在內，所以出生星盤中常有空宮的存在（沒有行星在內的宮位）。這在出生星盤中非常常見，而且不代表你就不會參與空宮所包含的任何活動。空宮只是意味著這些宮位的活動在你的人生中並不是持續的經驗，它們所帶來的功課和經驗對你的生活發展相對而言也較不重要。人生的各個領域都**將**經歷不同的發展和高低起伏，但某些領域的發展可能更加顯著，而生活中某些活動可能會讓你更感興趣。通常你可以在主管這些活動的宮位中發現有行星在內。

即使有些宮位內沒有行星，宮始點也會落在某個星座的範圍內，而宮位的活動也會以該星座的風格呈現。若你第二宮的始點位在處女座，你可能在處理金錢的問題上較為謹慎、有計劃和節儉，除非出生星盤中有其他因素與其抗衡。同樣地，主管宮位始點所在星座的行星也會透過某種延伸的方式影響著宮位的活動。第三部分將進一步討論如何應用宮位的主管行星。

宮位將我們生活中所有潛在的活動和行為分成十二類。這顯然是一個巨大的挑戰，而每個宮位在個人生活中也占著很大的比重。從拜訪鄰居到上班、處理生活雜務，從思考生活的意義到剪腳趾甲，一切都可以在特定宮位的領域內尋找。

因此當我們嘗試理解宮位的含義時，可以像理解星座一樣去思考宮位所主管的一到兩個主題，這會很有幫助。當你了解基本的宮位主題時，可以再將其延伸到該宮位所主管的任何行為、行動和情況，並了解到這些不同的活動，其實都有著相同的主題，只是以多種的方式表示。

對於學習占星學的學生來說，如何區分星座與宮位的影響通常是困難的。史蒂文・福雷斯特（Steven Forrest）提供了一個有用的公式，讓你能清楚地辨別其中的區別：我們**是**星座，但**做**宮位的事。

## 宮位制

占星學幾乎與土地一樣古老，多年來的變化衍伸出眾多分支。其中一種變化發生在宮位制的劃分。幾個世紀以來占星學發展出許多不同的計算方式來確定宮位的始點與終點。但大多數的宮位制之間的差異僅在於內部的宮位，而第一宮，第四宮，第七宮和第十宮（也稱為尖軸宮）

則大致保持相同，儘管某些宮位制的確顯示出較大的差異。目前以普拉西德制（Placidus）最受歡迎，而波菲制（Poryphry）、柯赫制（Koch）、整宮制（Whole Sign）和等宮制（Equal House）也被廣泛使用。

就像沒有人能片面宣稱某一種宗教是絕對真實的一樣，每個占星家在宮位制的使用都有自己的道理，雖然要在一開始就找到最適合的宮位制是讓人困惑的，但這仍然要由你來決定。但我認為，宇宙會以你要求的語言與你對話的。[17]

## 四尖軸

四個宮位（第一、第四、第七和第十宮）的始點標示著星盤的四尖軸。[18]從天文學的角度來看，這四個尖軸由大圈的交點來決定，如第一部分所述。從象徵的意義上來看，它們代表了我們

---

17　本書中的星盤是根據波菲制所計算得出的，但我也鼓勵使用其他的宮位制，這甚至可以被視為新手占星家的成長儀式。一開始測試的方法就是分別以這些宮位制計算出自己的出生星盤，再評估哪一種對你個人來說最為準確。

18　在大多數的宮位制是如此。但在某些宮位制中，這四個尖軸是隨著各個宮位相對的位置而「浮動」的。這看起來似乎並不重要，但重要的是要注意四尖軸的實際度數以及與它們形成相位的行星。大多數時候以及在本書的星盤示範中，這四個尖軸及其相應的宮位始點是相同的。

在地球上是如何感覺到太陽的循環及它的光芒。第一宮的始點為上升點，代表黎明的時刻，新的一天的光輝在此誕生。當太陽在天空中緩緩上升來到上中天，即第十宮的始點，日正當中將一切照亮，此時陰影也是最小的。再來太陽往地平線下降而來到了下降點，即第七宮的始點，之後再繼續自地平線往下降落，來到第四宮的始點或天底，它代表了午夜的靜謐與私密，也代表著子宮，而太陽很快將再次從天底升起。

四尖軸的含義與其形成的宮位並沒有太大區別，但是在本命占星學中必須要將它們列入另外的考量，而這四個尖軸也會與行星形成相位。在大多數的情況下，四尖軸與它們毗鄰的宮位具有相同的含義和影響。然而，當行星越靠近某尖軸，這個行星對該宮位所代表的生活領域所產生的影響會越發顯著與明確。

## 第一宮：自我之宮

上升點標示了第一宮的始點。上升點代表了人們在初次見到我們時，甚至是在交談前所觀察到的第一個特徵。這是我們與世界的接觸點，反之亦然。若將你比喻為建築物，那麼上升點就是前門。前門引導著建築物進出的交通，除了讓人們進出之外，有時還可以確保室內人員的安全，並將不屬於室內的人拒於門外。上升點在象徵的意義上提供了這樣的目的。這不僅是你進入世界的方式，也是你如何讓世界進入並接受它的方式。

上升點在你給別人的第一印象中起著很大的作用。我們如何與他人交流只是上升點所扮演的角色的一部分，但這是很重要的。了解自己是好奇的、健談的、氣派的、迷人的、友善的還是包容的等這些簡單的形容詞，都可以幫助你開始理解上升星座在出生星盤的作用。它也代表他人如何回應你的處事方式，你看起來是麼樣的人，這些都是非常重要的。每個人自然散發的風格沒有好壞之分，但是健康的上升點可自然地與這個世界無縫接軌，而不健康的上升點常常會讓人感到尷尬，笨拙的互動使每個人感到不舒服，例如當你假裝自己是別人，或者努力適應不喜歡的地方，同時又不確定自己的扮相是否有說服力時。某人是否喜歡你或認為你對他們有好感，**並不是**由你互動時所流露的自然風格來決定，而你的風格也不是來自自我意識，或故意為之的策略。

但上升點仍然重要，它所代表的不僅是世界對你的反應，也代表你對待周圍的世界時會採用什麼樣的態度。你對世界和生活的整體態度是什麼——不是你對世界的想法、感情或道德的判斷，而是你對世界最直覺的反應。你是否會在還沒把事情搞清楚前就熱情洋溢、毫不猶豫地進入生活帶來的各種情境，是放鬆的還是謹慎的？上升星座為處女座的人可能會以理解、分類甚至控制生活的整體態度來對待生活。而上升在雙魚座的人可能會更隨遇而安，將世界視作一種流動的、每個當下都在改變的經驗，以此類推。同樣地，每個星座對不同情況都可能適應或不適應。上升在摩羯座或處女座的人對於正式的、有架構的或有明確期望的活動感到更自在，而射手座或雙魚座的人可能對別人認為他們「應該」要怎麼正確的行事感到尷尬或窒息。

上升星座以及與它形成相位的行星可以顯示出，整體而言根據你覺得舒服的程度，日常生活中你喜歡或避免的情況。我們每天可能會與許多陌生人互動。例如我們問陌生人現在幾點，在他們經過時對他們微笑或避免目光接觸，在雜貨店裡繞過他們，或在過馬路時走到他們旁邊（但不會太靠近），這些都是我們的上升點在運作。我們複雜的、多層次的自我與世界之間需要有個簡單的**界面**，這是一種我們與身體之外的日常生活交流的方式，並在我們順著生活與周圍的世界所帶來的互動時，保護好自己並維持自我的「統一」。

在占星家茱蒂・福雷斯特（Jodie Forrest）的著作《上升點》（The Ascendant）中，她提到我們的上升以某種特殊方式來適應外面的世界，特殊的原因在於有一部分是「出自內在世界的本質」，另一部分則是「保護或表達了出生星盤其餘的部分」。上升為內在世界以真實的方式表達自我的渠道，同時仍能與環境的需求互動。同樣地，它還可以為出生星盤其餘的內在世界提供保護，防止世界直接輾壓我們脆弱的內在。這就是為什麼上升不僅是個面具，同時是**介面**原因。

正如我們會隨著成長而改變一樣，我們應用上升的方式也是如此。占星家朱蒂・福雷斯特也稱上升「一邊與環境互動一邊**學習**如何回應」。隨著時間的流逝，我們會了解什麼是最有效的方法，哪些是無法與環境貼合的方法。雖然上升的核心**風格**維持不變，但我們在風格中所採用的方式會不斷演進，不過仍不會脫離上升的舒適區。當我們與世界以及他人互動時，我們變得更加社會化，了解文化中什麼是可以接受和不可以接受的，並在星座的範圍內改善我們的上升。我們仍然保有自己的風格，只是在某些地方進行了調整，才能輕鬆地與世界的期待以及文化和環境的回應互動，包括如何交流對彼此的期望，個人的空間又該如何維持，以及最重要的是，我們是否意識到自己對他人所造成的影響。也就是說，上升的建構即為意識和無意識的發展過程。

## 上升點之後

上升點及其之後為第一宮的領域，即自我之宮。這個宮位涵蓋了我們進行的所有活動，而這些活動都是出於自己最大的利益或心中最大的欲望。這並不是為了給他人帶來不便或無視他人，而是為了滿足我們個人的需求，而這些需求與別人期待或需要我們完成的無關。當我們在工作時，我們有照顧同事的需要並讓他們感到舒服的義務，而這樣的認知或多或少會影響我們的行為。當我們與伴侶妥協或將孩子的需求放在第一位時亦是如此。但在第一宮，我們只須專注為「我」服務的活動。

第一宮所主管的活動類型很難界定，因為它們就根深蒂固於我們的日常行為中，而其他宮位的活動類型就比較容易劃分，例如工作任務之於興趣愛好或社交取向之於個人取向。有時我們也會發現第一宮的活動是指我們**不會**為他人做的事。

我們生活中有許多事情可能並不需要考量他人，但那些也不一定具有第一宮的特質。即使是出於自己的利益，第一宮不僅僅是我們想要的（第二宮）或我們喜歡做的（第五宮），而是更簡單的，我們**是**什麼。這裡的活動具有**立即**的性質，例如照顧我們個人的或身體的需要，或是本能的性質，例如我們的行為舉止；這些行為是我們身分的延伸，而不是特意為之的戰略或有意識的行為。第一宮的行星及在內的行星說明了我們進行這些本能行為的方式。

## 當第一宮被強調時

第一宮擁有一個或多個行星的人會強烈認同這些行星所代表的需求，有時像是這些行星的擬人化。離上升點越近的行星越是如此；當事人似乎被該行星的基調「引領」著。第一宮有有火星在內的人可能會散發出潛在的強迫力或熱情，即使所在星座是溫和的或非侵略性的。土星在第一宮的人可能會自然地散發出權威或保守的氣質，即使它位於較為輕鬆愉快的星座。同樣，除了星座本身有著過濾器的功能外，這些行星也可能會為我們看待世界的方式增添變數。

第一宮擁有較多行星的人意味著當事人處理的事件都跟把自己放在第一位有關，他們做事很有自信並完全地接受他們在世界的**存在**。他們可能做得很好或太好，或需要一些練習，這些都取決於行星、所在的星座以及出生星盤中其餘的部分。更甚者當事人可能會想支配周圍的環境，並且看起來是自私的，無論是不知不覺表現出來或是為了突顯自己而特意為之。這樣的情形可能會發生在任何的星座，不過像牡羊座、獅子座或射手座之類火象的或更熱情的星座可能更會表現出喧鬧自大的個性，而像摩羯座或天蠍座之類的星座可能會散發出苛求他人和自負的氛圍。第一宮徵象不明顯的人可能會太容易將自己融入環境裡或隱藏在背景中，他們的生活中感覺不到第一宮的存在。

最後，若要滿足第一宮內的行星，就必須按照所在星座的風格加上適當的**動力**來完成。第一宮內的行星需要**意志**的支持和運作來引導自己的能量並採取行動，而不是被動地對世界做出反應或等待事情的發生。

### 重新檢視關鍵詞

有些人將上升稱為面對世界的面具，但這會讓人覺得上升是虛假的：它可能是指真實的你被錯誤地呈現，或呈現的是你虛假、做作的部分。上升雖然無法呈現所有的你，其他的行星可能呈現得更多，但其所呈現的結果絕非是虛假的。上升點的目的並不是為了構建某種外觀或給予別人好的形象，儘管上升點也可以做到這些事。當我們想要給某人留下某種印象時，我們已部分脫離了上升的領域，因為我們開始考慮（水星）策略，開始計劃我們該穿什麼或用什麼樣的姿態（金星），並開始想像對方的專業程度（土星）以及該如何做出適合的反應。上升是一種適應環境的、自然而然的、自動自發的風格和面對世界的方式；它並非完全出自有意識的設計。你的手勢、常用的語氣、臉部表情都在傳達的星座（以及任何與上升會合的行星）的整體風格。

上升點在摩羯座的天生就是個嚴謹、保守的人，他們步步為營且謹守著尊嚴。相反地，上升點在射手座的人會自動給人一種開放、友善和充滿活力的印象。上升點在雙子座的人可能是健談的，很容易參與一般性事務，並且會從多個角度審視整個世界，不管他們一天有多少任務，總是能以多工的方式同時將任務完成。

## 第二宮：資源之宮

第二宮基本上被稱為金錢宮，但若我們將它擴充並涵蓋資源的概念，才能更正確地理解它。儘管我們大多數的資源或資產可以透過貨幣來計量，但並非所有資源都是物質性的。例如技能（尤其是履歷表上列出的所謂銷售技術）、天賦和能力，甚至時間本身都是我們可以使用的資源。我們如何獲得更多的資源以及如何利用或花費是第二宮的主要活動。行星和第二宮始點所在的星座可以顯示我們如何採取行動來獲取資源，我們會更加珍視哪些資源以及我們如何使用這些資源。

在傳統的觀念中，建立資源最直接的方法為製造我們需要的東西，例如農民種植食物，不然就是透過交易來獲得，例如交易我們所擁有的東西，或透過我們的努力和技能來獲得，例如工作。只要是能為你帶來**更多**資源，增加你價值的活動或任何的努力都屬於第二宮的特質，而其所在星座及在內的行星可以提供你會採取什麼樣的策略及方法的資訊。

在現代社會中，「你做什麼」和「你怎麼賺錢**過生活**」的問題通常分不開，但對占星學而言這兩者是不同的。任何強調我們對事業的渴望及目標由第十宮所主管，但是透過努力工作來提供生活資源等這樣直接的活動則由第二宮所主管。

我們想用自己的資源來交易什麼？我們如何花費和管理資源受到第二宮的行星和星座所影響。這跟我們所購買的東西和花費多少直接相關，但也跟一般性的概念有關。我們有物質充裕或匱乏的感覺嗎？我們是會否會收集東西或懷念過去的經驗？我們是否在隨意地或大手大腳地花錢後才想錢去哪了？還是我們會堅持預算、錙銖必較？

在第二宮，我們會根據自己的標準衡量東西的價值來決定我們是否將時間、金錢或技能（以及多少）用來交易。我們還要問自己「我們要付出什麼**代價**？」這是主觀的，而且也不容易分辨，因為每個人的答案都不盡相同。第二宮的活動通常可以追溯到自我價值。這可能是一個基本原則，例如自尊的高與低會影響我們判斷自己的價值，以及我們認為是否有東西可以提供。我們的自尊心和我們對自己的重視程度成為價值判斷的基礎，無論是我們的價值還是別人的價值。這個宮位所涉及的星座和行星還可以顯示我們的自尊基於哪種基礎，不僅僅是主觀上的高或低。

第二宮的原則更為務實：我們的自我價值如何影響我們花費或獲取資源的方式？自我價值意識低下的人可能沒有自信，因此能接受他們的付出僅能換取較低的工資。若第一宮的活動代表我們如何將個性擴展到世界，那麼第二宮的活動代表我們如何將**觸角**擴展到世界。

在第二宮我們被要求「以行動證明自己所說的話」，也就是要賭上自己的全部。從某種意義上說，我們有意在不斷的競爭中與世界抗衡：是我還是世界將贏得今天的戰鬥？若我們不重視自己，不管是因為覺得自己沒有特定的技能來賺取更高的工資，或是因為我們對別人認為應該要有的能力沒有信心，我們可能會避免冒著浪費目前或未來資源的風險。

我們如何以這種實際的、基本的方式來評價自己，將界定我們願不願以自己的技能、時間和努力來換取某樣東西。因為我們也可能會將金錢和時間等資源特別用於教育或培訓上，因此我們對自己的評價也會影響我們願意花多少錢進一步投資自己，或花費多少資源以任何我們選擇的方式來完善自己。

雖然我們可以透過多種方式獲取資源，但是第二宮主管著我們獲取和使用資源的方式。舉例來說，當我們簽署貸款協議時，我們的觸角將會延伸到他人的資源，而這是由第八宮所主管的。當我們賺錢並花費時，這是我們的錢，因此適用第二宮的法則。在本命占星學中，我們不用分得太細，只要記住第二宮的本質：任何可以讓你持續藉由自己優勢或能力生存和成長的一切，都是第二宮的內容，而自我價值和自信的概念也來自第二宮的信念和實踐。

因為資源主宰著我們的生存或死亡，所以第二宮的活動從根本上講就是生存，即使在我們支付賬單或上班時並不會認真想這件事。生存和維持體力的需求是鐵一般的現實，而獲取資源來滿足現實也是我們最基本的需求。像第一宮一樣，第二宮活動中的生存主題是非常原始的，但第二宮代表的是持續**維持**生活的原始需求，而不是維護「我第一」的本能，那是第一宮的領域。

商業廣告經常會引起人們對潛在的生存主題的關注，也就是你**沒有**什麼以及你沒有會怎樣。無論他們正在推廣的產品是滿足被社會認可的需求，還是滿足身體和財務安全的需求，你都有可能會為了增強生存能力把這些東西帶回家。

## 當第二宮被強調時

在這個宮位裡有多個行星的人將經常面對生活中什麼是重要的、自己有什麼價值以及與金錢有關的信念和態度是如何影響生活等種種問題。這裡的行星和星座將提供當事人的消費習慣是趨於奢侈還是節儉的線索。

## 重新檢視關鍵詞

現在大家應該比較清楚，第二宮不僅僅代表金錢、如何賺錢或花錢，也不只是物質上的支出和購買。儘管第二宮的行星和星座可以提供最基礎且務實的考量，但該宮最深層的主題在於**價值**，該怎麼評估價值以及它如何影響我們對資源的所有決策：如何獲得資源與花費，甚至是我們能否認知所獲得的資源對我們是有利的。其中的底線在於我們能否確保生存的能力，而對自我價值的意識也會影響到我們覺得生存需要的是什麼。

金星在第二宮或第二宮在天秤座可能會使當事人傾向將資源花費在提高生活美感或平和的事物及經驗上。他們會在環境中放置最喜歡的藝術品或用心在周圍的裝飾上以達到寧靜或提神的效果，就算多花點金錢或精力也值得。他們可能擁有有意義的技能，或行銷相關的技能，再加上懂得欣賞他人的能力，讓他們活躍在人際互動上。而出生星盤的其他因素可能會影響他們選擇在哪種專業領域中使用這些技能。他們可能具有嫻熟又老派的「交際技術」，無論他們是否正式在履歷表列出，並將此技術磨練為專業的資產，還是只是偶爾享受這種未經磨練的天賦所帶來的益處。由於非常注重人際關係，他們可能會特別喜歡把資源花費在其他人身上，例如為他們精心挑選禮物或在聚餐時買單。

## 第三宮：溝通之宮

當我們獲取新訊息後，很可能會將它們保留很長一段時間，甚至長達一生的時間。這些長期保留的數據會歷經許多過程。我們在取得知識之前必須先觀察、理解、分類，並與我們已經獲得的其他知識連結起來，甚至歸納出它們對我們的意義。但有些訊息並不會歷經那麼長的過程。我們可能會丟棄微不足道的訊息，或者只做到持續關注但不會再進行下一步。第三宮的活動通常是一種「前端」的訊息處理。我們不斷地觀察、掃描周圍的環境以獲取訊息，並在我們收到訊息時進行一些初步的過濾和分類。第三宮的行星和宮始點的星座可以提供一些我們如何處理訊息流的概念。

我們與周圍世界進行交流之前，必須先有所感知才能注意到它。感知並不如我們想像中客觀。我們的眼睛和大腦並非只是被動的記錄裝置，能夠隨意地標註和回想每個細節。我們看到的東西可能不是真的，或者因為事情發生太快而看不清楚，而且還可能會受到我們的期望或看不到的東西所影響。魔術師就是利用這一點；有時我們所記得的東西可能源於我們對事情的詮釋。但這並不是出自故意或哲學上的詮釋，而是當你嘗試將所獲得的訊息與原有的知識整合時，就會發生這種情況。

**選擇性的注意**這個詞是指將注意力集中在特定的刺激上，同時過濾掉其他刺激的能力。我們天生就有這樣的能力，但同時也有著**容易忽略的盲點**：只要是離開焦點的範圍就會看不見。第三宮就是對應這個概念，而宮位中的行星和宮始點的星座不僅會顯示你如何處理所獲得的訊息，也會顯示你想要或不想要看到（或記得）的內容，而這與你的興趣或自然而然會接受到的事物有關。

我們的溝通方式有很大程度上受水星位置的影響，但第三宮的行星也會增加其他影響溝通的功能。宮內的行星和所在星座可以幫助回答以下問題：你喜歡談論什麼話題？你最感興趣的主題是什麼？你如何選擇接收和分發訊息？在問這些問題時，你就在第三宮。

溝通是一個廣義的詞，它涵蓋許多第三宮的活動，不僅僅是對話而已。例如透過寫作、唱歌、教學、正式或非正式地表達自己，都包含在第三宮的領域。[19]

## 當第三宮被強調時

第三宮有著多個行星的人常常是敏銳的觀察者，無論他們喜歡以哪種方式觀察或觀察對象是什麼，因為他們的注意力就是集中在訊息的收集上。他們的心智是忙碌的；無論是喜歡做白日夢、玩文字遊戲、閱讀報紙還是上網，他們很少閒著。他們不僅在精神上忙碌，身體上也會因為瑣事而來回奔波，難以休息。第三宮的星座將決定他們是喋喋不休的，還是傾向進行有限或策略性的溝通，但他們總會找到最有興趣且「最能發揮」的主題，而你將發現自己成為最忠實的聽眾。

## 重新檢視關鍵詞

由於生活的所有活動僅由十二個宮位代表，因此每個宮位的關鍵詞清單可能會很長。在一般占星學的書中，並非所有內容都值得詳細討論，因此我們會經常發現有些宮位會出現荒謬或不合適的主題。有個關鍵詞你之前可能沒有聽說：交通。交通是第三宮的奇怪主題之一，儘管乍看很奇怪，但實際上卻是第三宮活動一個很好的比喻。要在忙碌的交通熟練地行走，你必須時時警惕並注意不斷發展的情況。交通本身是一個不斷變化的野獸，會持續受到多種因素的影響。而出色的脫口秀演員應該也名列在第三宮事物的前幾名，因為要成為真正的脫口秀天才，他們必須具有迅速敏銳的應對、調整和即興的能力——也就是人們常說的「隨機應變」。喜劇演員金・凱瑞（Jim Carrey）就是一個很好的例子。他的第三宮就有六顆行星及南交點！

## 行動中的第三宮

當海王星在第三宮時，當事人對接受訊息有著特別的敏感力，似乎是從五感之外的來源接收的，例如，成為與死者溝通的管道或有著高度發展的直覺。他們可能不記得實際的情景或對話的細節，但對經歷中的印象或非語言的暗示卻能牢記在心。他們可能對玄祕的或精神性的訊息感興趣。由於他們最先看到的是整體印象而不是抽象的事實，所以他們容易不知不覺基於這些印象賦予意義或做出假設，或在某些情況下只能做出大致的描述但缺乏精密的細節。

19 若是表達藝術或創造力時，也可能是第五宮的領域。

# 第四宮：家庭之宮

第四宮的始點標示著出生星盤中的另一個尖軸，即天底。天底為出生星盤中的最低點。從其象徵的意義來看，它代表了你的腳底下，也就是你立足的基礎。出生星盤的最低點和第四宮的領域代表我們從哪裡來，即我們的起點；也是我們賴以為生的根。無論是祖先對我們現在生活的影響，或甚至我們還在母親的子宮時作為她一部分的經歷，家庭從我們未出生前就形塑了我們的生活。

第四宮的領域並非像第九宮那樣廣闊的地盤，也不是第六宮的吵雜之地，而是又窄又深的池水，而我們從中成長茁壯，而且在現在還是未來都是保持不變的存在。這個宮位不一定是貯藏過去每項活動或經歷的倉庫，但曾出現在其中的人或地方都在形塑著你是什麼、你是誰的基礎。

## 家庭

家庭是第四宮最典型的意義，主要是指你出生的家庭。在現代的定義中，它也包括成年後所創建的家庭，但在古典占星學中，配偶和孩子分別被分派到第七宮和第五宮。要了解四宮的情形，從出生的家庭開始了解確實重要，但是在許多情況下，即使將第四宮家庭的定義擴展到無血緣關係的人也是合適的。它顯然亦適用於收養、伴侶或配偶等情況，也包括你認為是家人的人。這可能會令人困惑——一個人可以有著並不熟悉的室友，但也可能有著「和你在一起到世界盡頭」的密友。同樣地，我們實際上也可能與有血緣關係的人沒有任何聯繫。

不管出生記錄怎麼說；不論是否為原生家庭，還是我們自己所創造的，第四宮所代表的關係並不單純與環境有關，而是一種深刻的連結，甚至超出我們的理解。我們與某些人的關係，有的並非出自選擇卻無可避免地牽絆在一起，有的是我們不想與他們有所關聯，而有的則不會天天見面，甚至在長大後就再也見不到——第四宮中的家庭關係就是這些各式各樣的連結。

第四宮的行星及星座可顯示出我們與父母相處的經驗會是什麼樣子。一般而言，我們早期的家庭經驗，感覺像家人的人際關係以及我們對家庭的態度都可以追溯到第四宮。它不僅是指陪伴我們長大的熟人，也代表著我們如何反應身為家族成員的感覺。

我們所傳承的，其性質以及我們的感受也是第四宮的主題。透過血統所傳下來的內容及對我們的影響，以及家庭「文化」——例如由宗教、傳統、種族和國籍對我們的塑造，也可以在第四宮的星座和行星的背景下加以理解。

從這裡我們可以看出家與家庭的交會之處——我們不僅依賴著家庭及其提供的安全感，我們的家庭也依賴著我們，而內心之家亦包含在其中。當我們回到童年時代的家鄉甚至是鄰近的區域時，都會喚起強大的記憶；我們所被震撼的程度可能會超出我們的理解或表達。

## 家的基地

第四宮不僅包括對家主觀或心理上的體驗，以及這個單詞可能引起的所有情感，也包括它的具體位置，即真正的「家的基地」。建築物、土地以及與建築物的互動方式都是第四宮的領域。其所在的星座和在內的行星可以顯示我們「感覺就像自己的家」時所做的所有事情，也就是當沒有人看著我們或我們在私密空間時，出自於舒適感與安全感會做的事情。在內的行星還能告訴我們什麼的環境對我們而言才算是家，以及我們會做出什麼樣的努力來讓房子感覺像家一樣——從周遭的配色、家具到具體的位置以及住在裡面的人。

就像建築物的基礎一樣，第四宮為我們的基礎、我們的**根**——隱藏在我們生活甚至是意識底下的東西。第四宮的家的涵義也可以擴展到我們的情感、身體以及具體的家的基礎。

占星家達娜・格哈特（Dana Gerhardt）稱第四宮為「心靈的壁爐」。其星座和在內的行星描述了我們渴望的地方，以及當我們需要崩潰或躲起來，不想再承受世界的壓力時所做的事。天底是四尖軸中唯一不涉及外在世界的一個，它所關乎的是內在的世界。在生活的日常循環中，家是我們的起點及終點，也象徵著生活的起點與終點。我們離開它所提供的的安全感步入世界，並在一天結束後返回這個天堂。雖然家所提供的具體保護對於維持身體健康（進而擴展到情感和心理健康）至關重要，但它不僅僅代表遮風避雨的屋頂，它還能持續為你提供支持。行星和所在的星座能顯示在最深的層次上維持和滋養你的事物，能讓你深深呼出那口已經憋了一整天的悶氣，即使你並沒有意識到。

## 當第四宮被強調時

第四宮有著多個行星的人不一定是「宅男宅女」，雖然這肯定也是在可能的範圍內，尤其若又在那些傾向孤獨或內向的星座中時。無庸置疑的是，他們生活中很多重點是他們的家，無論喜歡在家娛樂還是在家工作，或者他們的工作或所做的事情在象徵的意義上都以家為中心。正如他們所說，他們希望離家「越近越好」，而不會在以外的世界尋找成就感。

## 重新檢視關鍵詞

除了上面已經詳細討論過的家和家庭之核心概念外，第四宮以及其他一些占星學符號與父母或父母的其中一位特別相關。古典占星將其分配給父親及他的影響力，而現代占星學則傾向將它與母親和她的影響聯繫起來。若要將父母的角色與性別分開，第四宮的父母應為養育我們的父母，而不是形塑個性的角色，後者更側重於社會期待和進入世界前的準備，是現代占星家認為的第十宮的角色。按照上述的標準，此處的星座和行星將顯示你所接受的養育特質。此處的星座和行星也通常能為你的成長提供線索，不過它們無法那麼容易或直接地將其影響力歸因於某一位父母。實際上，第四宮的本質更多的是關於家的觀念（以及與其相關的所有事物），而這個觀念仍有可能在你的內在持續發展著。

## 行動中的第四宮

若冥王星在第四宮，許多父母常會擔心自己是孩子最深的恐懼或傷害他們的噩夢。冥王星在第四宮的確有可能代表童年時的恐懼、壓力、虐待或被遺棄等黑暗的祕密，因此若忽視這些可能性並不正確。但不幸的是，即使這顆張力十足的冥王星不在代表基礎的第四宮，我們的童年仍可能會經歷一些可怕的事。冥王星通常代表當事人對傷害是敏感的，因為他們特別需要感到被保護或滋養尤，其是在缺少這些感受的情況下，但另一種情況是，這個領域可能會出現令人窒息或過度的暴力，嚴重傷害孩子的心靈。

另一種可能性是過度依賴的傾向。這可以表現為不願長大以及不願為自己負責；從本質上來說，問題是出於深層的不安全感而讓當事人希望自己永遠都是小孩。即使是在充滿愛心的父母的養育下長大，他們也可能因為沒有得到想要的東西而受傷，畢竟沒有父母能完全滿足孩子的需求。他們可能會有一種依戀或固執——永遠覺得自己應該要得到被虧欠的愛或從未得到過的東西。冥王星的星座將顯示傷痛是如何被表達或形成的。

## 第五宮：娛樂與創造之宮

雖然有許多看似無關的關鍵詞（兒童、賭博、創造力、愛情）與第五宮相關，但實際上正是娛樂或樂趣暗中將它們聯繫起來。當你問某人他們的娛樂是什麼，就是在問他們關於第五宮的訊息。我們投入一項嗜好、玩喜歡的遊戲或純粹出於娛樂價值所做的任何事，我們就是在第五宮。若我們形容一個人很好玩，那是在說他們的性格或風格，但是我們都有第五宮，我們都會從事純粹為了放鬆或娛樂的活動。第五宮的星座和行星顯示我們娛樂的方式和風格。

創造力這個詞就像靈性一樣常被有限地運用。創造力不僅僅是藝術，也不一定與藝術才華有關，而是指隱藏在創造藝術背後的力量，即創造的欲望。當我們在創造時，我們將自己的東西注入新的形式。我們用自己的本質來塑造自我之外的事物。這就是為什麼第五宮可以適當地比喻為「孩子」的原因之一。我們從內在獲取某些東西，並在外在賦予其生命。

第五宮所體驗的創造力也包括參與那些維持生命的創造性活動。創造需要巨大的精力，但是當我們從事能帶來快樂和喜悅的創造性行為時，我們是在煥發活力而不是虛耗活力。當我們付出的同時，我們也在接受，這是因為在第五宮的創造時，我們並不會受到生產力或義務的限制，它只受限於我們內心想要表達的，只要我們想要，隨時都可以創造。

有人簡單地將創造力稱為「跳說框架」的思考方式，或者以不尋常的方式將想法組合在一起——出於一種真實的情感，我們將自己「印記」在某件事物上，並加入我們獨特的組合能力、觀點以及對所關注事物之渴望。我們為了工作、為學校論文想一個有趣的主題甚至解決日常生活的問題時，我們都會用上我們的創造力。不過此時的創造力是一種自我表達並帶來愉悅的感受，而不只是為了達到目的的手段或實現目標的機制，這就是第五宮的核心情感。

我們應該將我們快樂與幸福分開，因為快樂的感受往往更加短暫。當某人說自己很幸福時，可能是在表達他在那一刻對整體的生活是滿意的。但當我們說自己很開心時，通常是指片段的經驗或時刻。第五宮的活動所代表的是沉迷於某個當下，讓自己完全陷入某種活動的體驗，即使那**只**發生在片刻之間。這是指生命發生的當下，而不是即將發生、可能發生或希望發生。第五宮的經歷與**當下**有關。這些經驗絕非微不足道但卻轉瞬即逝。

當我們沉浸在創造力的表達或與我們的孩子玩耍時，儘管這些都是小事，仍會感到深刻的快樂。但是快樂的時刻本身是潮起潮落的。雖然當我們重複這些或類似的活動時，快樂也會重複出現，但它通常出現在過去的記憶或對下一次的期望，不見得能在當下感受得到。

## 當第五宮被強調時

當出生星盤的第五宮被強調時，當事人會非常需要發揮他們的創造力，這不僅是為了分散注意力或消磨時間，而是生活中不可或缺的一部分。根據所在的星座的不同，他們遊戲或娛樂的方式可能是認真的又或是輕鬆的，但追求這些經驗都會讓他們感到振奮。

## 重新檢視關鍵詞

在古典占星學中，這個宮位稱為小孩之宮，而一些占星家仍會以第五宮內的行星預測當事人是否有小孩或與小孩相關的事項。在本命占星學中，這個宮位有著更廣泛的意涵，不單只是字面上的意義，即小孩只是一種隱喻，它包括了所有能喚起我們像孩子般狀態的活動以及一個快樂的小孩可能會展現的特徵，例如表達力、活在當下以及專心投入愉快的活動中。我們還可以從創造者的角度來思考小孩的意義以及思考我們依據自己的本質所創造的真正意涵——若不是真正的小孩，也可以是我們創造的作品，或者是在不擔心作品最後看起來的樣子、是否讓人印象深刻的情況下，單純體驗創造的那一刻。

## 行動中的第五宮

當木星在第五宮時，當事人可能會願意嘗試任何東西，即使位於較為保守或謹慎的星座，也會願意嘗試許多事情。木星在這裡的人會想「要搞就搞大一點」；他們一旦開始，就會希望不受限制，全力以赴。木星的影響力是廣大無限的，若在第五宮，當事人對快樂的追求也可能是無限的，因此要如何明智地運用他們的力量是很有挑戰性的。木星及第五宮所在的星座決定了當事人最喜歡的活動類型，以及限制他們的創意是一般的困難還是極端的困難。

若土星在第五宮，則基調會從擴張變為限制，此時問題不在於投入太多，而是要學習更加投入。帶有實際目地的娛樂活動將鼓勵他們產生更多創造的行為，然而這也可能變成必須要有某種實際的目地、限制和策略才能引發他們對快樂及興趣的追求，或創造力的表達；而不是出於自動自發或一時興起。對他們來說，他們可能難以理解玩樂的好處，甚至習慣將玩樂當作一種任務，連玩樂都得一再練習！

## 第六宮：工作與服務之宮

第六宮被稱為工作宮，因此我們可以從出生星盤第六宮的狀況有效得到關於工作的訊息。然而若談到職業，它並不是直接代表的宮位，對於職業或事業來說，在第十宮才能直接回答最重要的問題。不過第六宮的問題的確與職業息息相關，畢竟你為了獲得薪水而整天努力的工作肯定會影響你對事業的選擇，就像收入本身雖然是一個獨立的主題，但它很大程度上也取決於一個人的事業方向。第六宮可以告訴你更多有關你工作的方式，激勵你工作的因素以及你在哪種環境中工作最適合等資訊。

無論你從事何種工作以及**如何**工作，包括工作的職稱都是第六宮主管的事項。你的工作需要很大的自由，還是你必須有架構和被期望的情況下才能表現得更好？你希望你的行程與工作項目能保持一致性，還是你必須在充滿創意和實驗的環境中才能發展？生活中這些問題的答案都是這個宮位的最基本的功課。雖然工作就是工作，但我們越是與該宮位的星座與行星日程保持一致，工作就會像是在玩耍、充滿活力、毫不費力，而不是辛苦和勞力。

雖然我們所擁有的技能可以從代表個人資源的第二宮所主管，但技能的實踐和應用也適用於第六宮。在職訓練也屬於第六宮的事項，它除了能幫助我們完成工作外，這種務實的、立即動手做的學徒制也是第六宮專屬的活動。

當然，努力工作並不能保證成功、獲得成就或感到滿足。無論是身為弱者而長期為別人工作還是為建立自己的帝國而孜孜不倦，人們所付出的精力有可能是相同的。若相關的星座或其他宮位的行星顯示當事人對於成就、野心或更大的前景的關注，那麼第六宮的活動將成為他的墊腳石，不再只是忙碌的工作、風險控制或漫無目的的努力。但無論哪一種，第六宮都與休閒無關，事實上，這個宮位被強調的人可能會發現，他們很難用第六宮的努力來交換時間與資源，以此來進行休閒活動。

無論我們是否有專職或兼職的工作，我們都得工作。維持生活需要許多工作和努力，例如跑腿、做家務、維修、洗狗，還有其他與車子、孩子、我們自己等相關的瑣事。第六宮代表我們為了保持生活順暢所從事的世俗活動。電視或電影中用蒙太奇手法所掩蓋的，有許多是現實人生中非常無聊的事物，但它們可能都屬於第六宮！這並不是說整個第六宮的領域都很無聊，而是說它非常**實際**與**平凡**；這些活動使我們能落實於日常的現實中，而不是對面宮位（第十二宮）所代表的，使我們的身體或靈魂脫離世界的活動。

## 當第六宮被強調時

只要是落在這個宮位的行星都會與工作有關。由於該宮位的活動全都圍繞著工作和勞力，所以許多行星在該宮位的人有可能是個工作狂，手上有張沒有止盡的工作清單。宮位所在的星座將顯示如何工作的訊息，當然並非所有星座都有著勤奮、埋頭苦幹的精神，但若第六宮有許多行星，那麼它們的大部分重點將放在這些活動上。

## 重新檢視關鍵詞

服務這個詞經常被用來當作該宮位活動的主題。某方面來說這可能只是工作的代名詞，因此是可以被保留下來的，但這也可能會讓人聯想到自我犧牲的概念。另一個概念是：服務可能是指**僕人**，這在古代常與第六宮結合。當然，我們大多數人都沒有隨侍在側的管家，但是由於這個宮位位在代表**平等**關係的第七宮之下，因此這個概念的核心可能與多種不平等的關係有關。這個概念與我們現代生活更息息相關，在現代生活中，老闆和員工或老師和學生之間的角力是司空見慣的。然而這個概念並非討論關係中權威的角色，而僅僅是討論服務的過程中，人與人之間的關係。[20]

雖然這個宮位的大多數活動以工作為導向，但該宮位通常被稱為服務與健康之宮。然而在本命占星學中健康的主題有著健康和疾病的區別，亦即整個身體結構以及是否容易生病的分別。從個人的體質來看，健康之宮與第一宮的對應程度更高，後者與整個身體和生命力有關，而第六宮則顯示生病的可能性，例如可能導致某些疾病的環境。這在本命占星學中是一個重要的話題，但是要全面探索這個主題將擴及到對醫學占星學更深入的研究。

## 行動中的第六宮

天王星在第六宮顯示當事人的工作方式是充滿創意的，在一個創新的、新創的領域，或在能夠開拓新野並需要不斷實驗的研發部門裡工作。當事人無論在工作中或工作以外的日常中都需要很大的自由。宮始點所在的星座及出生星盤的其他因素將決定他們在工作中是否能自由揮灑（例如射手座或雙子座），還是逃避權威的壓迫，做自己的老闆（例如水瓶座或牡羊座）。

20 終歸來說第六宮不是一個以關係為導向的宮位，而是指進行第六宮的活動時自然而然所產生的人際關係。若要考慮第六宮的人際關係，它更關注的是達到目地的手段或情況的必要性，而不在於兩個人是否能和睦相處。

他們可能更希望像企業家一樣自由地制定日常工作的所有規則，若出生星盤其他部分也支持這一點的話。不過雖然他們很想自由獨立的工作，卻不想負那麼多的責任，也不太喜歡團隊合作中亟需架構的工作環境。老闆與員工之間僵硬的階級觀念也可能會引起他們的反感，不過他們是被動還主動的反對，將取決於第六宮的星座，以及出生星盤中的其餘部分。

## 第七宮：人際關係之宮

白天的太陽像明亮的燈泡或像圓盤一樣，因為藍天的襯托而顯得更加鮮明。日落時分，太陽似乎延展至整個天空，光線四處傳播折射成多種顏色，而圓盤也變得模糊不清，上面還被塗上了黃色、橙色、粉紅色和紅色的條紋。我們生活中重要的人際關係也以類似的方式影響我們。第七宮始於象徵日落的下降點，在這裡我們個性中突顯的地方會在地平線上與**他人**相遇，而我也變成了**我們**。當你進入第七宮時，你會因為與他人的互相影響而改變自己的見解、信念、行為和感受，使你發出的光線彎曲、改變和折射。

七宮被稱為婚姻之宮，配偶似乎是第七宮的化身，事實上，與配偶之間的關係是第七宮具意義的活動之一，但並不是唯一的表達方式。與好朋友或商業夥伴的關係也屬於第七宮的領域。從本質上來講，只要我們與另一個影響我們（反之我們也影響他們）的人建立關係，我們就會以顯著而非短暫的方式進入第七宮。我們可能不會正式說出「直到死亡將我們分開」的誓言，但在第七宮的關係中，我們自然會對另一方產生一種責任感，並做出不一定會說出口的承諾。當我們開始感覺自己想要考慮也應該考慮他人的感受、需求和願望時，我們也與對方一起進入了第七宮。

然而很快的，兩人的共享空間開始產生信任的問題。儘管這取決於不同類型的關係，但兩個人的確很容易互相影響，而且那影響是很大的。我們會改變，而且是受到第七宮的人所影響而改變，這是因為我們對他們是開放且互動緊密的，他們才能對我們產生巨大的影響。我們也了解到人際關係對我們的影響，也會在第七宮與對方的影響抗爭。

健康和不健康的依賴也是第七宮的課題。在重要的關係中，我們既支持他人也允許自己得到對方的支持。當有人支持我們時，由我們決定是否接受，若我們接受並繼續維持整個關係，往往會形成一定程度的依賴。我們在這個宮位學習是否可以依靠他人，以及是否願意讓自己變得脆弱並信任他人。同樣，我們的伴侶也正對我們做出相同的決定和選擇。

在第七宮，我們正走在依賴與獨立之間的分界線並希望找到最佳的平衡點。過多的依賴或獨立將不利關係的平衡。若在關係中我們覺得自己得不到想要的，我們會開始對另一方感到不滿並向對方關閉心扉，並因為他們的依賴而把他們視為孩子而非伴侶的角色。另一方面，若我們付出的不如我們得到的，對關係無法做出貢獻，這也會導致怨恨。第七宮夥伴關係的目標是兩個人互相關心與支持，同時保持誠實並承擔責任。

第七宮不僅顯示我們合作夥伴及這段關係的樣子，其所在星座和在內的行星也指出了我們人際關係的課題、需求和困擾。合作對象的選擇非常重要，也屬於第七宮的領域。出生星盤中有多種代表因子可顯示關係的模式，包括與第七宮有關的星座和行星。你會受什麼樣的人吸引或被你吸引的人可以顯示你在人際關係中的模式，而那些健康或不健康的關係有一個共同點：你。我們在關係之外學到的東西（但仍關乎人際關係）也是組成這個領域的重要部分。

平等是建立成功的人際關係的重要因素之一。在較正式的關係中，例如由合約定義的關係，可以按等價的方法來衡量，但我們通常是透過更寬鬆的標準來衡量——不是數字，而是對彼此的感覺。但是要達到這種平等最重要的是，在兩人所創造的關係中，彼此都能覺得有各自的空間容納他們。與出生星盤中第七宮相關的星座和行星可以提供如何達到平衡最重要的線索，例如水星需要聆聽，而水瓶座想要保持獨立。互惠的感受通常有助於建立健康的夥伴關係，而正是在第七宮，我們參與了教導這門功課的活動。

關係中通往平衡與平等的道路並不總是順暢的。實際的細節不僅因不同的關係而有變化，而且我們也不斷地受到混亂訊息的轟炸。上一秒我們覺得要站起來為自己而戰，下一秒卻又告訴自己不要衝動，讓對方先走。究竟要聽從哪個聲音？答案是都要。夥伴之間的平等流動的、有生命的、正在呼吸的。究竟是要按照你的方式，向夥伴的方式妥協，還是在兩者之間找出折衷方案，這些答案也不斷在改變，並且需要針對每種情況或問題重新評估。

協商是所有第七宮活動的重要原則，要在共享空間中探索，我們必須了解夥伴專屬的領域，同時也要告知夥伴我們的領域，如此才能真正共同擁有一個空間。若雙方不公開分享自己的訊息，也就無法共享空間。長期不使用空間與占有太多空間一樣具有傷害性。當我們大幅調整自己的行為時，我們正在改變自己自然且真實的表達，進而成為關係中的幽靈，同時也變成了反映對方的鏡子，而不是對方真正的伴侶。在這種狀態下，我們無法真正與對方分享、互相支持或打開心防。

人際關係經常被比喻為跳舞。關係的互動就好像我們移動腳步與伴侶旋轉跳動一樣，實際上就是在跳舞。跳雙人舞時若要在地板上熟練地滑行，兩人必須保持適當的距離和姿態。若兩人的手臂沒有適當的力量來「握住彼此的框架」，兩人的舞步就無法一致而撞向對方。適當的距離也非常重要——若距離太遠，舞伴顯然無法互相接近，但若距離太近，就無法自由移動。要注意，這並不意味著其中沒有領導者。有一個人必須領導，另一人則必須跟隨，但是由誰領導可以隨情況而變化。每個人都應該盡自己的一份力量，夥伴關係才得以建立。

在第七宮的環境中，我們遇到的不僅是朋友和戀人，也會遇到讓我們覺得不友善的人。那些會把我們惹毛的人也待在第七宮的領域，因此我們不僅會遇到我們喜歡或欣賞的人，也會遇到與我們大不相同的人，即我們的陰暗面。對立的一面確實會吸引人，因為兩人之間的差異可能會像磁鐵彼此吸引。幾乎相同的兩個人似乎能成為天造地設的一對，但實際上，這樣的關係很少發生或甚至無法產生吸引力，因為彼此之間沒有摩擦以產生吸引力的火花。與我們相差甚遠的人，即使不是在各方面都與我們完全相反，也常常以我們無法預測甚至不知道原來自己需要的方式，來滿足我們的需求或穩定我們的個性。

榮格的太陽在第七宮，對於影子自我（shadow self）的想法感到著迷，影子自我是我們身分的一部分，但我們卻在不知不覺中將它隱藏了，因為它具有我們或社會都無法接受的特徵。榮格相信，那些無意間激怒我們的人有著與我們相反的個性，若我們能對激怒的根本原因進一步分析，將會幫助我們更加了解影子自我所抑制的東西。

這個概念在第七宮夥伴關係中非常適切，沒有比一個了解我們的伴侶更能扮演好鏡子的角色，有時候伴侶比我們還要了解自己，並且可以從外在給予我們不同的觀點，這是我們自己看不到的，即使這個觀點並不完全客觀。即使他們非常了解我們，他們的評估也不見得比我們對自己的評估更為準確，但是他們的看法可以讓我們發現自己的盲點，使我們有機會變得更自覺，進而變得更完整。

這種互惠的關係發生在多個層面上；當我們與重要的人互動時，他們不僅可以讓我們知道我們無法客觀看到的事情，我們也可以意識到在我們關心在乎的人不在的情境下，少了他們的影響，自己也無法意識到的需求和行為。

## 當第七宮被強調時

那些出生星盤中第七宮被過度強調的人經常會面臨觀點的問題：透過對話或他人對自己的影響力，學習保持自己的觀點同時也對他人保持開放。人際關係對於所有人而言都是需要認真學習的功課，對第七宮的人也不例外，但這些人的功課有大部分與關係裡的空間有關，無論是過多還是不足。此處的行星和星座以及出生星盤的其餘部分將顯示他們位於天平的哪一側，以及他們會因為人際關係的壓力反而開啟了新的領域。最重要的是要避免一種情況：去假設第七宮的人處於多重的重要關係，或者他們命中注定會結婚或擁有伴侶，因為無論一段關係是否有承諾，它都可以教會我們許多事情。

## 重新檢視關鍵詞

這個宮位被稱為婚姻之宮，雖然很合適，但並不完整。這個宮位傳統上也被稱為公開（已知）敵人的宮位。當然，並非所有婚姻都幸福，但我們大多數人不會將敵人和配偶相提並論。第七宮的概念不僅為我們所愛的人，也是我們以某種重要方式有所**羈絆**的人。學會與他人有效的互動及其中學習的過程也是第七宮的領域，從學習如何與朋友或所愛的人坦誠相待，到充分信任另一個人來為你制定公平商業條件等等。這個宮位的活動都需要你與另一個人之間進行某種程度的協商才能和諧共存。

土星在第七宮的人對待人際關係可能是認真謹慎的。在極端的情況下，他們可能渴望在重要的關係中獲得承諾，或者因為過於謹慎而不願做出任何承諾。無論他們的舉止、興趣和身體年齡，他們極可能被具有成熟氣息的人所吸引。無論情況好壞，他們可能會在人際關係中承擔很多責任，而第七宮也代表我們投射到他人身上的東西，所以他們也可能會吸引具有這種特徵的伴侶。土星在這個宮位常讓占星家判定當事人會過著寂寞的生活，但事實不一定如此。若孤獨無法避免，那通常是因為他無法在關係中找到真正的平衡與親密感。同時土星在這裡也表示當事人寧願過著孤獨和自給自足的生活。

由於土星既代表障礙與局限，也代表我們克服這些障礙所要付出的努力，所以土星第七宮的人可能會覺得親密關係特別具挑戰性。他們很容易陷入重複的行為模式和情境，而土星的星座可以顯現是什麼樣的模式與情境。例如，土星在牡羊座的挑戰可能圍繞在關係中的力量、憤怒或支配欲，而土星在巨蟹座則表現出難以向他人打開心防、感知與接受他人滋養的困難。

## 第八宮：力量與心靈之宮

就像第八個星座天蠍座被迫挖掘隱藏在生活表面的深處一樣，第八宮代表地底世界的領域。第八宮的經歷潛藏在日常生活底下，無論是驅動我們日常的作為和追求的心理機制，我們試圖逃避或忽略的內心恐懼，還是我們不為人知的，甚至不為自己所知的祕密。

除了第四宮和第十二宮之外，第八宮的經歷通常會將我們帶入隱藏或私密的領域。釐清和理解第八宮是困難的，因為它將我們從顯而易見帶入隱而不顯；從字面上的帶入象徵的；從身體的帶入心理的領域中。第八宮所發生的事情都在幕後進行著，甚至是我們自己和其他人都看不到的。

也許沒有什麼能像從失去中存活一樣考驗著我們。只要想到自己會失去某些東西或寶貴的人，就有可能使我們徹夜難眠，也沒有人能逃脫失去至關重要事物的恐懼。若我們不斷意識到日常生活中那些千鈞一髮的時刻，我們肯定會發瘋，覺得去到哪裡都不安全。因此在第八宮存放著的是我們從意識上隱蔽的憂慮與恐懼，如此我們才不會因為可能的危險、已經結束的事物或覺得生活隨時會產生劇烈變化而崩潰，也才得以維持正常的生活。

這裡的行星代表內在中不斷提醒我們，並讓我們緊張的事實：無論是那些我們承認對它有迫切需要或渴望，並深深倚賴著的東西，或是總有一天我們必須參加深愛之人的葬禮所帶來的情緒現實。然而這些經驗與認知也使我們感到充實，雖然在最好的情況下，這些經驗與認知也有讓人感到喜悅的部分，但多半來說夾雜著痛苦。

第八宮的課題在於學習在生活中與「失去」的深刻和強烈共處，其中甚至也交織著最快樂最美好的經驗。星座和行星將揭示這些課題的性質和風格。相較於第十二宮鼓勵我們放手和臣服，第八宮的經驗更為原始與真實，其強度不但讓我們喘不過氣還會穿透我們，在當下我們只能經歷，談不上放手或繼續向前，雖然這兩種情況也可能會同時或在之後發生。

這個宮位的活動有種使人耽溺的特質，這也就是為什麼戲劇性和處理危機的經歷也是由第八宮主管。在危機中我們面對的可能是淹沒我們的強大力量，必須保持頭腦清醒讓自己活下來。承認有時我們必須放手，以及死亡和結束是生命週期的一部分，雖然其中有部分屬於第十二宮的領域，但也是第八宮的經驗傳授給我們的智慧。這個死亡之宮所指的死亡是我們所熟悉的，結束也代表即將開始的概念。[21]我們活著，也將死去；我們獲得，也會失去。在古典占星學中，第八宮的領域會使人情緒低落，若我們將焦點放在失去或難以忍受的東西上，確實會如此。但是過去就像豐富的土壤，新的事物將會從中生長出來。第八宮的經驗從來都不是輕鬆的，而是充滿意義且深刻的。

第八宮經驗的深度和強度往往排山倒海而來，使我們感到脆弱，而且它通常還涉及我們無能為力的現實。當我們說出一個祕密抑或顯露靈魂或肉體的一部分時，我們就好像被脫光了一樣。適當理解無能為力的感覺並與其共處不是件容易的事，而它也屬於第八宮的領域。當我們臣服於某種經歷或某個人時，我們同時也讓某種美麗和深度進入生命，那是我們完全取得掌控時無法獲得的。

第八宮有許多活動與我們和其他人的羈絆有關，但與第七宮不同，第八宮的羈絆更為深層。這個宮位通常被稱為共享資源的宮位，與之相反的是第二宮**個人的**資源。

當兩個成年人進入「直到死亡使我們分離」的正式關係之前（無論正式與否），就已經有許多彼此分享的事物。然而正如某人在伴侶生病時承擔大部分的家庭責任一樣，誰提供什麼以及何時提供並不是平等的。在第七宮，我們學習平等，將某人視為對等的（並確保我們不會在其中失去自己），並以某種方式讓對方進入我們的生活。在第八宮的親密關係中，我們不會說好每個人都付出各五〇％或做出同等的貢獻，然後再回到各自的角落。在愛得深切的混亂現實中，我們不僅分享而且融合。第八宮掌管著我們糾纏在一起或兩者合而為一時所進行的各種活動，其中包括從最直接的性關係，到婚姻上的法律與經濟層面的伴侶關係。雖然第八宮並不完全關乎關係，但許多第八宮的活動使我們與另一人產生連結，而那種太過依賴或糾纏，還有萬一我們失去對方或被背叛的恐懼也考驗著我們。

21 第四宮也被稱為結束之宮，因為它代表著家庭，香火和家族，是我們生命基礎，也是我們完成生命週期後，在老年時回歸的繭。但是相比之下，第八宮更具體代表著我們處理結局時在情感上所受的影響和認知現實的地方。我們不會因此而死亡，但必須忍受令人受傷且無法控制的結束。

## 當第八宮被強調時

那些擁有多個行星在第八宮的人看起來有種深藏不露的氣質或強烈的個性。他們的注意力通常轉向自己的內心，而他們的深度可能會讓你感到驚訝，尤其是那些看起來個性並沒有那麼強烈或嚴肅的人。除非出生星盤的其餘部分都指向他們是合群的，或你們所談論的話題具有相當的深度或前衛性，否則他們通常看起來是內向、遠離人群或安靜的，甚至位於較為保守或謹慎的星座，他們也會傾向沉浸在任何引起他們注意的主題、活動或個人上，並不斷追求極致，永遠無法感到滿足。他們也可能會被自然界充滿象徵意義、神祕和禁忌的經歷與主題吸引，這也就是為什麼性、死亡和神祕主義經常被列為這個宮位的主管事項。

## 重新檢視關鍵詞

所有的宮位所主管的領域都有張永遠也列不完的主題清單。某些宮位的主題較容易被發現，但有些宮位的主題看起來像是旋轉木馬一樣發散且毫不相關，需要創意的檢視才能發現。第八宮是最常讓占星學的學生感到困惑的宮位之一，其中怪異的主題包括性、死亡和他人的錢財。這些毫不相關的概念都被匯聚在高強度經驗的標題下，而在這些經驗中我們都感到自己是脆弱的。與我們擁有的力量（或更常見的是，我們所沒有的）的相關問題也出現在這個領域。金錢、性和死亡是生活中最令人緊張的三個層面，而這也是人們常發現自己出現在離婚法庭、監獄或治療師辦公室的原因！

## 行動中的第八宮

太陽在第八宮雙子座的人，其核心需求在於找出不明顯或不易獲得的訊息。他們可能喜歡並擅長研究，因為他們被迫尋找答案——針對的不是瑣碎的問題而是困難的、有時甚至是令人恐懼的問題。他們內心不斷在對話，討論的核心集中在自己和其他人行為背後更深層的動機等心理層次上。由於第八宮的特質使然，他們可能會太過擔心事情會出錯，並根據恐懼的特質不斷想像災難的場景而讓自己益發恐懼。

根據水星所在的位置，他們可能會以一種象徵性的方式來解讀這個世界，並且比其他人更能深刻理解所處環境的含義。出於對象徵意義的理解與熱愛，他們可能喜歡投入破解密碼和謎題之類的興趣——陶醉在尋找解謎之鑰的樂趣中。

# 第九宮：哲學與教育之宮

教育，尤其是**高等**的教育符合了第九宮領域的舞台。在高等教育中我們不僅學習構成一個主題的所有部分，而且還透過專業領域的研究進行更深入的探索。藉由這種探索，我們看到所學內容的模式與其中的關聯，這些模式和關聯可能與既有的思想體系一致，也可能成為全新的思想體系。第九宮的星座和行星可以指出我們感興趣的主題種類以及我們對這些主題所抱持的想法和信念。

我們在教育的過程中越是達到更高的程度，就越感覺自己有義務實踐所學並形成自己的見解，不只是模仿別人已經學到的東西，而是以所學為基礎再往上延伸。當我們更了解自己感興趣的事物時，不會只停留在知識的擁有，而是與尋求的知識產生深度的接觸，這使第九宮體驗不僅是一種思維，而是整體的經驗。當我們學習時，我們試圖將其整合到我們已經知道並相信是真實的信念中。有時新的訊息會打破我們已經知道的訊息，當我們想要為超出已知範圍的新信念騰出空間時，同時也破壞了過往的信念，但在大多數情況下，我們會嘗試將新的思想與我們已經熟悉的現有世界觀聯繫起來。以第九宮的方式所獲得的知識就是我們用來塑造生活哲學的知識。我們不只是第三宮學習的海綿，單純做觀察與定義的事，而是藉由第九宮所獲得的知識不斷尋求潛在的**意義**。事情的正確與否，對我們真正的意義是什麼？這些知識如何影響我們的行為以及我們理解世界的方式？這如何增加或改變原來的故事？這就是第九宮的教育。

我們所學的知識可以傳達我們的世界觀，而我們對世界的信念以及我們在世界的位置影響著我們的行為。相反地，當我們體驗新事物時，我們會根據已經被認為是真實的東西來解讀其意義。第九宮的星座和行星形塑了我們的世界觀，我們會有意識甚至無意識地認為這些是正確的。這在宗教、法律或政治領域最為明顯——它們是大型的思想或信仰體系，由那些有著共同信仰的人團結起來而形成的。

第九宮的領域不僅涵蓋正式的、有組織的宗教，廣義上也涵蓋了個人的哲學。座右銘、邪教、企業使命的宣言、政治運動、生活用語、諺語甚至黃金法則都在第九宮的範疇，因為它們背後存在了一種假設，一種正在傳達的真理。

## 當第九宮被強調時

第九宮被強調的人可能是「扶手椅哲學家」，我們看起來顯而易見的事，他們卻會深入思考其中更深更廣的意涵。

由於教育和哲學為一體兩面，因此第九宮被強調的人不僅對學習感興趣，也會對正式或非正式的教學有濃厚的興趣。但他們也可能變得太依賴現有的信念，而將可能會動搖既有信念的新體驗拒於門外，即使他們另一方面也非常渴望新的體驗來擴展視野並帶來擴張的感受。

這些人之間也有不少是旅行家，不過星座和行星將決定他們是貨真價實的旅行家還是象徵意義上的旅行。無論是坐在沙發上憑空想像，或是搭乘飛機、公車或汽車，他們常被遙遠的地方或仍未被探索的祕境所吸引。

## 重新檢視關鍵詞

有多種說法說明教育為豐富和廣泛的生活鋪出了一條道路。教育不僅擴大我們的思維，還可以讓我們看到熟悉的世界之外未知的機遇和可能性。我們知道得越多，我們的世界就會變得越大。無論我們學習的方式（星座）如何，當我們進入第九宮時，我們都是追尋者，被邀請探索「其中」的真相。

長途／國外旅行、教育都是常與第九宮連結的關鍵詞，但彼此似乎沒有關聯。儘管許多行星在第九宮的人確實喜歡旅行，這個關鍵詞似乎沒錯，但旅行和第九宮的真正意義與其中的連結其實是**擴展你的世界**。教育和旅行，無論是透過正式的教育或非正式的國外新體驗，都能讓你接觸到新的思維。

## 行動中的第九宮

若金星在第九宮雙魚座，當事人對藝術或人文科學的研究可能會產生濃厚的興趣。他們可能會特別想要出國留學。金星或雙魚座的其他領域也可能會引起他們的興趣，例如時裝、詩歌、藝術史、宗教或神祕主義，又或者特別被充滿神祕氣息的古老地方所吸引。

由於金星經常揭示我們所吸引的人的種類，因此第九宮的金星人可能會發現自己被異國或獨特的、與自己文化不同的人所吸引。與不同國籍、宗教或文化的人結婚對他們而言也是很常見的。心胸開放的雙魚座對於各式各樣的人都能接納並充滿興趣。

從個人的世界觀來看，雙魚座與金星的結合能創造出一種非常和平而富有同情心的哲學。無論他們選擇哪種形式的信仰體系，該體系都潛藏著情感，那是一種極大的同理心和一種與人聯繫的傾向，不僅與人性有關，而且有可能延伸為對有情或仁慈宇宙的信仰，又或者他們會相信日常生活中看似偶然的事件都隱藏著某種命運和意義。

## 第十宮：職業與公眾之宮

第十宮是三個側重生存和工作等實際主題的宮位之一。第二宮的重點在於資源和技能以及它們的利用和開發。第六宮的重點則為日常工作、環境以及工作場所內或外的生活質量。第十宮則將重點放在公眾和職業生活上，成為該類主題的三部曲。

第十宮也是最後三個宮位的其中之一，第十宮、十一宮和十二宮代表了從宏觀的角度為出發點所看待的生活：第十一宮擁有廣泛的聯盟並具有廣闊的未來視野，第十二宮則為無邊無際的精神世界和互相連結的人類意識。第十宮的宏觀視角體現在兩個概念上：一個是遠處的你看起來的樣子，一個是你在職業的生涯中可能會留傳於世的傳承和貢獻。

第十宮代表著我們為找出並實現自己的天命或職業所採取的行動，若我們能幸運地將自己的天賦、欲望、技能和財務的機會集中到一個職業中，它就成為一種天職，但天職也只是表達的工具之一。職業可以被描述為偉大的工作或事業，從而與我是誰，我們被稱為誰產生深層的共鳴，但職業也只是一個較為適切的說法，說明我們以某種方式為世界做出貢獻。不管這個定義是模糊的還是清晰的，或無論我們在外在世界所表達的方式是如何隨著時間而變化，第十宮的領域都是我們將自己放在世界的方式。你對世界所做出的獨特貢獻有什麼樣的特質？你想留下什麼樣的遺產？世界上有哪些事物是你會採取行動或作為，並以此具體支持或贊同的？第十宮的星座和行星可以為這些問題提供答案。

年輕的時候，成功似乎是從起點到最終目標的一條直線，但實際上這條路通常混合了各種經驗和岔路，其中有某些經驗最終能積累成特定的職業。第十宮的星座和行星可以指出你可能會探索或發展的特質，以及興趣的種類，而這些特質和興趣可能會引導你朝著職業上最能實現的方向發展，即使發展的過程可能會透過不同的工作和出口來表達。

第十宮的始點亦為四尖軸之一的**上中天**或天頂。當太陽高掛天空時，它的光線會觸及到眼睛所能看到的一切——一切都那麼的清晰可見。同樣，天頂代表你最會被看見的部分，無論想不想被看到。上升是你穿在身上的個性自我，而天頂則是你一生的鳥瞰圖；它不一定是只屬於個人和私密的，而是屬於廣泛的。在社會上我們經常被遠遠地觀察（和評斷）。我們出生的家庭或地方，我們的職業與經濟地位，只是人們每天對我們進行有力但非個人化觀察的幾個例子。我們可能並不希望以這些方式被觀察或分類，但仍常受制於這些社會強加給我們的現實與分類中。

從外到內，天頂和第十宮代表我們個人在公眾出現的領域。從這個角度來看，這裡的行星和星座代表著你為人所知的事物，以及其他人從這個寬廣的角度對你做出的假設。其中有許多矛盾的例子：社會喜歡那些具冒險精神且有創意的獨行俠，卻輕視過程中伴隨而來的不負責任或冒險的行為；欽佩那些在世界上留下印記的人，卻又同時批評那些脫離常規的人。從許多方面來看，以令人滿意的方式活出天頂的角色，意味著你必須了解如何區分社會加諸給你的壓力以及你真正想扮演的角色。有一些是我們覺得自己**應該**想要的角色、職位和晉升，若拒絕它們就太愚蠢了，但有些並不那麼膚淺而是更符合我們的真實道路。透過這條路，使命感有時就能與天頂融為一體。這究竟是不是命運必須蓋棺才能論定，但遵循天頂的星座和行星的引導能幫助我們走到我們應該要走的地方。

## 當第十宮被強調時

那些第十宮擁有許多行星的人可能會非常關注自己的事業或職業，這也是他們個人表達的主要重點。「長大後會變成什麼樣？」的問題可能從他們很小的時候就在生活中起主導的作用。

無論他們實際的職業生涯是否和與自己的財務相關聯，他們都具有強烈的使命感，不過也常見到他們要等到成年有機會認識自己之後，使命感與職業才會逐漸結合起來。

由於第十宮代表我們獨自踏入世界所採取的活動，獨立於家庭以及那些養育我們的人，或其他可能使我們蒙上陰影的事物，因此第十宮被強調的人可能會發現一生中充滿了與權威人物的關係，而這些關係通常是緊張的，尤其當他們希望成為自己的權威時。這並不一定意味著他們與權威之間會不斷發生衝突，但是他們會對那些當權者的權力及其對他人所產生的影響異常的敏感。

## 重新檢視關鍵詞

儘管職業像許多其他類似的關鍵詞一樣適合用來描述第十宮的活動，但它其實是有所限制且容易引起誤解的。同樣令人困惑的是它的意義明顯與其他宮位重複：第六宮被稱為工作宮，而第十宮被稱為職業宮。就像第六宮的活動是我們必須參與的，其中包括支薪的工作或是維持生活的活動，而從未領過薪水的人也可能在第十宮擁有許多行星。第六宮的工作與第十宮工作之間的差異取決於你是怎麼觀察它們的。醫生這個職業就是一個很好的例子。大眾看到白大衣、聽診器和診斷書會意識到這是醫生的角色。但是這項職業的具體細節可能更接近於例行公事，例如文書工作、交談、身體檢查、開立處方等等。職業中使我們忙進忙出（第六宮）的工作以及我們在社會的職場（第十宮）被認知的角色是有差異的，而其中的差異大到足以讓獨立的宮位來主管。

天頂有時會用來檢視某人父親或母親的訊息，雖然它被使用的頻率比太陽或土星來得低。但就像第四宮或月亮一樣，天頂或第十宮的行星雖然可以提供從當事人的視角而言，有關父母的任何線索或與當事人的關係，但這些不一定能客觀描述父母真正的性格。此外，天頂與父母的關係甚至不比天頂與**權威人物**的關係來得直接，因為天頂和第十宮的行星有著適應社會的作用，而權威人物作為社會規則的執行者，往往在塑造社會角色的過程中更具主導地位。我們從小就接受父母或監護人這樣權威人物的教導，教我們如何透過社會融入世界。

## 行動中的第十宮

隨著冥王星在第十宮的領域活動，我們可能會發現一位渴望對世界產生深遠影響的人，即使他們不確定他們想要產生什麼影響或如何產生影響。他們為世界所帶來的禮物，其性質可能會涉及到一些不是那麼容易、輕鬆或受歡迎的主題，同時需要極大的努力才能實現。他們可能具有深入研究人體或思想運作的能力，例如外科醫生或心理學家。他們可能受到某種召喚而與那些處於危機中的人打交道，例如那些在911、自殺熱線或在急診室工作的人。無論他們的使命是什麼，他們可能會發現自己傾向從事禁忌的、黑暗的或困難的工作，從而揭開奧祕、尋找真相或治療內心深處的傷口。

由於冥王星代表根深蒂固的恐懼，因此第十宮之旅在某些方面特別困難。當事人也許對名望、聲望或成功等社會的價值有著愛恨交織的關係。意識中對失敗的恐懼可能會被潛意識中對成功的恐懼所取代，進而產生自我懷疑或對目標的猶豫，最後導致自我破壞的行為。第十宮的星座將指出這些恐懼的本質。例如處女座可能更容易遭受自我懷疑或總覺得自己準備不夠充分，還沒有準備好面對世界。若在天秤座，當事人可能會覺得選擇一條路徑但關閉其他的門是很困難的。而冥王星在第十宮的人則必須在這些路徑上面對深層的恐懼與療癒。

## 第十一宮：世界之宮

在第四宮你找到的是家人，在第七宮是最好的朋友、配偶或同事，而在第十一宮則是其他所有人。第十一宮代表我們與人類整體互動的領域，例如我們所在的社區，特別是我們認同的友朋團體。只要是你認同的團體，不管是具體的或抽象的，是透過一種渠道或多種方式，都能將你帶進第十一宮的領域。

社區（Community）這個詞不僅是指你所居住的鄰里或城鎮。「社區」一詞源自拉丁語的 **communitas**（社團），而這個詞又來自 **communis**，即共同的意思。當你們基於共同的目標、興趣，甚至是你沒有注意到的原因，例如有著共同的身體特徵、你出生的城鎮、就讀的學校等等，都屬於第十一宮。教會、政黨、編織俱樂部、陶藝課或戒酒無名會——這些以及上千個其他的例子都是我們與其他人**結盟**的方式，而我們不一定真的認識這些人。由於現代技術的發展，社區亦得以藉由數據空間輕鬆地在世界各地形成。

雖然第十一宮的有社會性的定義，但它並不只是屬於外向的人。無論我們是否意識到或採取行動，我們會自然而然成為各種團體的成員。生活在社區之中，無論大或小，你都會受到第十一宮事件的影響。第十一宮的社交性質不在於陪伴或是找朋友聊天來減輕孤獨感，而是看到周圍世界是如何反映自己，甚至在其中找到自己的位置。

歸屬感不是只有膚淺地追求眾人的喜愛，它對於一個人的整體幸福感極為重要。人類似乎天生就有一種天線，能感知我們是否屬於某個地方，也許這是因為在遠古時代，離開群體的庇護是非常危險的。儘管個體化在西方社會備受讚揚和欽佩，但沒有人能夠免於社會規則所施加的壓力及其極端的後果所帶來的影響。無論我們是否認同其他人，也無論規模是大是小，我們仍會因為自己是否屬於某個地方而受到影響。

身兼作家和研究員的布芮尼・布朗（Brené Brown）在她的著作《不完美的禮物》（The Gifts of Imperfection）中闡明了歸屬感和適應之間的明顯區別。「適應是歸屬感的最大障礙，」她說道。「在過去十年的研究中，我發現適應是指自己在評估情況和一群人後，把自己扭曲得像麻花捲一樣，好讓他們願意和自己混在一起。但歸屬感完全是另外一回事，在其中你能自然地展現自己，讓別人看到並知道真實的你——不管熱愛葫蘆繪畫的你，或是對公開演講有強烈恐懼的你，總之是你所有的一切。」

適應力和歸屬這兩個主題都屬於第十一宮的範圍。無論我們為了應付同儕壓力而讓自己融入人群以避免羞辱、嘲笑和排斥，還是我們主動接觸他人並為創建和維持一個包容性的社區做出貢獻，都是因為我們感知到人性中的一部分渴望與同類在一起。

同儕壓力一詞可能使我們回想到高中時期，但是同儕壓力及其潛在影響存在於任何年齡。這種壓力是十一宮必經的體驗，同時也導致正面或負面的結果。社會上有著數量眾多的支持團體向想要實現自我目標的人提供訊息，幫助和鼓勵他們，而這些團體也證明了對個人成就是有影響的。同樣，社團的內部也有社會壓力，從相對較小但高壓的高中、群體的心態和團體的思維，大到暴民心態和匿名群眾的廣大影響。當人們團結起來合作時，再偉大和可怕的事情都得以實現。

第十一宮的社會性質及此處的星座和行星顯示我們覺得最適合的群體和社區，無論出於自己的意識與選擇或僅僅是偶然——我們會稱為「我們這群人」並以某種方式彼此認同與結盟。這裡的星座和行星也可以揭示我們為了適應或培養歸屬感而產生的競爭或鬥爭的性質。

第十一宮的一切是很廣泛的。這個領域的廣度不僅包括許多人，而且還包括大量的時間——尤其是我們眼前無限廣闊、充滿各種可能性的未來。

當我們思考未來時，無論設定目標還是做白日夢，都是將意識往未來投射，但身體仍須穩定地在當下紮根。若我們只關注未來或僅關注現在，我們將無法看到今天的行動會走向何方，要不就只顧著吃喝玩樂而犧牲我們的未來，要不就逃進不切實際對未來的幻想中，想著我們是否走對到達未來的路。若我們想成為一名成功的鋼琴家、得獎的小說家或養育出快樂健康小孩的父母，這些都是需要時間來發展和成熟的，而這些某種程度上也是十一宮的經歷。相對地，若我們想吃冰淇淋三明治，那肯定存在於對面第五宮的「現在」。

從這個角度來看，第十一宮的星座和行星某種程度上可以顯示某人面對未來的態度，以及他們最常想像的目標和白日夢的性質。

這些主題——未來和團體、時間和人們——看來並非毫不相關，尤其就第十一宮的範疇而言。除了個人目標之外，第十一宮的領域還涉及一些無法由個人完成的活動和目標，這些不僅需要眾人的合作，還需要一代接著一代，隨著時間發展的合作，例如上一代人所留下的集體遺產成為下一代的基礎。

社區（人）＋傳統（經過長時間發展的行為）＝文化。每一個人生活在其中的文化形態已深深刻印在心理（即使當一個人試圖脫離其範疇時亦是如此），我們也在文化的背景下與整個世界相連結。

## 當第十一宮被強調時

在十一宮有許多行星的人可能會覺得自己受到某種召喚而以特定的方式參與世界。人道主義、社會發展活動或政治行動主義可能是幾個激發他們參與的主要領域，不過行動主義只是可能的表達之一，這仍將取決於相關的星座和行星。他們也可能會轉向參與社區活動，從家長會到志願工作者再到社區的慶祝活動，他們樂於在自己居住的社區中分享一切。社會工作或社會心理學也可能使他們感到興趣，不管是正式的研究，或只是閒暇之餘的學習。

若出生星盤顯示當事人並不熱衷於社會活動的參與，問題不一定是因為他們受到別人的排擠，而是他們可能找到其他與集體互動的方式，例如網路社區。另一個可能的表達方式是從事為大量客戶提供服務的工作。無論他們選擇（或被選擇）何種表達方式，只有外在的世界及他們在世界中的位置才能提供他們內在的豐盛。

根據第十一宮所在的星座和行星，當事人可能會不斷思考接下來可能發生的事情，無論以野心勃勃、目標為導向的方式還是充滿焦慮的思考，抑或介於兩者之間。他們可能善於觀察事件與人之間所存在的更大聯繫，並且比大多數人更了解因果關係。

## 重新檢視關鍵詞

這個宮位常被稱為朋友之宮，但它所代表的友誼並不一定是我們現代生活所認定的。雖然這仍取決於實際的情況，但友誼一詞通常是指一對一的關係，而該關係是個人化的，並不泛指沒有名字或不知道臉孔的人，因此這種關係大部分是由第七宮所掌管。但像盟友、同儕或社交網絡之類的名詞則與第十一宮的含義更有關係。這類的友誼屬於大規模且非個人化，在這裡我們與志同道合的人建立了聯繫並與他們分享信仰或興趣。

「希望和願望」是一個模糊但普遍的用語，但它第十一宮的關係也需要被澄清。由於希望和願望與未來息息相關並隨著時間的推移而發展，所謂的希望和願望其實就是對未來的期望，因此將這個說法改為「五年計劃」更加貼切。某種程度上當我們將意識從現在投射到未來時，我們就進入了第十一宮的領域。

## 行動中的第十一宮

當位於摩羯座的木星透第十一宮行動時，這代表當事人是一位對未來充滿熱情和具前瞻性思維的人。落實的摩羯座能將探索新領域並發揮潛能的願望輕鬆轉化成具體的、可逐步實現的目標。他們成長的欲望將因摩羯座的務實作風而緩和但不會被壓抑。他們腦海中經常想像各種場景，預想真正採取行動之前可能發生的事情。他們會希望所有的社交和其他第十一宮的活動必須有潛在的目的，幫助他們實現目標或完成某種義務。

# 第十二宮：靈性之宮

在所有宮位中，這個宮位是最超凡脫俗的，它涵蓋了所有使我們從塵世中脫離的活動，無論透過想像進入我們的思想，透過冥想或尋求神性來超越自我，還是透過身體從日常的瑣事中抽身。從星體的投射到禪修的各種活動都可以在第十二宮中找到，但舉凡第十二宮的經驗都有一個共同的特點：它們既神祕又空靈。

我們在現實世界常會執行一些有著象徵意味的活動或儀式，例如那些象徵靈性的變化以及跨越某個人生階段的儀式。儘管某些文化和古老故事中的大型活動似乎很難與現代的城市生活聯繫起來，但有些活動仍然每天都在發生，有些看似平常，有些較為極端。一些宗教儀式，例如受洗、聖餐禮和靈境追尋等等都是為了要尋求神性及將意識的焦點，引導我們的覺知往內或往上提升，或引導至「其他地方」。正式或非正式的祈禱也會使我們的意識從眼前的事物轉移到無形的世界。第十二宮的領域常常使我們深入超現實、象徵性和精神性的境界。

儘管許多靈性的活動透過宗教的儀式和禮節來完成，但是超越、改變現有存在的狀態才是第十二宮的要素。那些主導宗教架構與活動的「法則」比較傾向第九宮的領域，而許多跨越不同人生階段的儀式通常也有某種朝聖之旅的意味，因此也屬於第九宮旅行的範疇。此外，許多儀式是為死者進行的，那就會與第八宮的領域交會，有些則是為祖先而舉行的，因此甚至可以延伸到第四宮的領域。總而言之，第十二宮體現了這些活動的一部分，這些活動引領我們**離開**平凡的世界，並提供了**意識的超越**。

還記得愛麗絲掉入兔子洞而進入一個全新世界嗎？遠離現實世界可能是有意或無意的，也可能是健康的或不健康的。將自己從現實隔離以獲得新的觀點或尋求精神、情感或身體的更新並非前所未聞。古代有許多這樣的故事，有人離開了日常生活進入一個神祕、超自然的地方，並希望在離開時帶回一些禮物，例如能與他人分享的知識或者只是內在的改變。這些體驗通常與上述靈性取向的儀式是一體兩面。當我們需要時間離開現實以獲得充分的休息或恢復精力，或作為某種過渡或啟發時，我們就在向第十二宮招手。

儘管第十二宮的領域可以使我們脫離典型的日常生活，但最終我們仍須回到現實世界，因為我們都是生活在物質世界的肉胎凡身。從這個世界逃離可能是健康的，有時甚至是必要的，但若逃避現實成為一種習慣，其動機不是出於充電或重組的需要，而是出於逃避生活的複雜和痛苦，反而會讓生活更加煩惱。理想的情況下，逃離現實的確可以在世界使我們精疲力盡時讓我們恢復活力，但我們也可能變得像幽靈一樣麻木地漂流著，任由世界從我們身旁經過。這個時候若過度沉浸在我們引以為樂的惡習終將導致自我傷害，但是會以十二宮的方式呈現，而逃避的欲望也會在極端的情況下導致自我毀滅的行為，例如濫用毒品和酗酒。意識的改變不一定能帶來靈性的超越或啟發。

有時我們可能會發現自己不由自主地處在第十二宮的經驗中，有些經歷是司空見慣的，但似乎仍會帶來超出日常現實的感受，例如參加葬禮或住院。儘管第十二宮的經驗並不一定涉及死亡，但死亡作為最終極的奧祕之一常出現在許多第十二宮的經歷中。的確，第十二宮也因其無法解釋的特色，例如與鬼魂相遇或感覺到屬靈的存在而主管著超自然的現象。[22]甚至我們的靈魂、精神或意識的經歷，任何我們相信能啟發我們的，都是占星學放置於第十二宮的終極奧祕。

當我們逃離世界時我們通常都是一個人，而且想要一個人就是我們的目的。然而孤獨並不是第十二宮活動的目的，只是孤獨較容易讓我們進行這些活動。孤獨可以幫助我們集中精神、獲得更新、與靈性或自然溝通，我們注意力才不會被分散，也才能達到預期或希望達到的境界。雖然第十二宮的經驗並不要求絕對的孤獨，但若環境迫使我們以某種方式或一段時間在身體上、精神上或情感上遠離塵世，那麼第十二宮的孤獨也可能會伴隨寂寞的感受。然而，第十二宮也包含社群團體的元素，不過比第十一宮所主管明顯的社會意義要微妙得多。

長時間以來人們以許多方式思索著，人類除了基因外是否還有其他連結，尤其是靈性上的連結。榮格所提出的**集體無意識**就是一個這樣的概念，即所有人都汲取著一個原型的共享庫，而身為人類的我們也因此得以心靈相通。由於這種共同的傳承，人類得以取得超出個人經驗的深度體驗和理解的機會，並因此對原始圖像感到共鳴，而這些原始圖像的深度甚至是我們的智力無法表達的。當我們想到神話、傳說和古老的故事時，儘管每個故事所描述的細節有所不同，但相似的人物和主題卻重複出現，我們很容易從中看到某種集體的協調性和一致性。柏拉圖**世界靈魂**的概念也表達了我們藉由某種看不見的渠道聯繫在一起的感覺。這種感覺得到卻看不見的聯繫就位於既神祕又無形的第十二宮。

這種靈性的合一以及人類潛意識互相連結的想法，為我們之所以同情陌生人或對我們不認識的人仁慈和慷慨提供某種解釋的基礎。當我們與他人的人性相遇並予以回應時，也反映了我們的人性。第十二宮的經驗為我們帶來對世界或廣闊宇宙的敬畏心，同時也包含我們皆為一體的感受。儘管我們可以確定並嘗試定義對這些經驗的理解，但由意識去理解這種聯繫並非體驗合一的必要條件。

第十二宮的領域雖然包含靈性概念下多種可能性，但並不一定是神聖或宗教的活動。尋求神性只是眾多神祕的或無法解釋的事情其中之一。在現代，藉由科學手段解釋周圍世界，與尋求超自然或精神來源的答案間似乎存在著鴻溝，然而第十二宮對這此並無偏見，對會為我們帶來神祕力量的驚奇感受而言，無論是量子力學和黑洞的研究，或是幽浮和超心靈現象，兩者都是一樣的。有些第十二宮的活動甚至是在無意之間發生的。做夢也是第十二宮的現象，但它並非出於

22 儘管第八宮經常與死亡連結，但是第八宮是從失去與結束的角度看待死亡的，而十二宮則主管著超越死亡，或真正死亡之外的神祕體驗。不過這其中的確有重疊之處。

故意而是潛意識的活動，它可以帶我們進入豐富的經驗中，有的是希望、有的是恐懼、有的是想像，有的則是其他完全不同的事。第十二宮的經歷常常使我們陷入無法控制的局面。雖然其餘的宮位也有這樣的元素；例如在第二宮我們賺取並管理我們的金錢，但也可能得到我們沒有要求或沒有意識到的金錢。在第七宮我們學會妥協和分享，但在一定程度上仍然受到夥伴任何想法的影響。在第十二宮，我們經常面對並被迫臣服於正在發生且超過我們能夠承受的事，無論那是因為我們根本無法控制，或必須放棄控制才能真正體驗第十二宮所提供的功課。「放手讓上帝接手」這句話雖然有其靈性的意涵，但卻能說明這一觀點。我們都有共同的經驗，即「放手」不僅是應該的，而且有助於更深入、更愉快地體驗事物。例如當我們靜心冥想時，我們不能執著或跟隨我們的思想而是應該任由它們進出，體驗它們之外或之間的事物以完全進入冥想狀態。只有放棄控制才能獲得更完整的體驗。

由於第十二宮所包含的經驗太過龐大以至於讓我們感到不知所措。無論我們被情感還是感動的情緒所衝擊，或陷入我們無法控制的環境中，還是我們發現自己是某人或某物的受害者，第十二宮都包含臣服的主題。如上所述，有時候臣服可能是一種正面的經歷，但不幸的是，負面的受害者感受也非常普遍。第十二宮的經驗通常不是我們選擇去學習或經歷的，但卻可以使我們更為完整，或者成為引導我們生活的重要經驗之一。

## 當第十二宮被強調時

出生星盤中第十二宮被強調的人可能經常發現自己跨越了兩個世界。由於這個三度空間的實體世界對我們的影響太過直接且刻意，因此，第十二宮被強調的人總會對難以捉摸的無形世界有著無邊的嚮往和想像，因為那裡的世界有太多是實體世界所沒有的。他們有時看起來很有距離或漫不經心，好像他們所關心的事物總在其他地方，實際上當他們的內心不斷低語吸引他們的注意力時，他們的確會如此表現。他們可能會尋求能促進這種連結的活動和經驗，要不就尋求逃離現實並進入另一個世界的機會和體驗，或者就尋求使兩個世界——即可見與不可見的，現實與魔法融為一體的方法。他們似乎比某些人更容易沉溺在其中。

## 重新檢視關鍵詞

第十二宮有一些不祥的關鍵詞，也許僅次於常與死亡連結的第八宮。自我毀滅長久以來一直是第十二宮的關鍵詞之一，而其他關鍵詞諸如痛苦、悲傷和隱藏的敵人等等更讓人對這個宮位敬謝不敏！這些否定性的說法大多是因為第十二宮包含我們看不見的事物，若就此延伸，也包含了那些我們無法控制、證明或理解的事物。如上述臣服的主題也貫穿這個宮位，但臣服並不是容易的事。我們經常想要避免難以控制、理解或無法承受的事。

不管我們是否出於需求或缺乏覺知而故意對自己的需求或憂傷視而不見，第十二宮中看不見的事物可能常以間接的方式浮現。因此我們必須引導這裡的行星找到健康的出口，否則行星可能會意外地以不健康的方式表達自己，而這有時是因為我們對行星過於壓抑或不去滿足它們的需求所致。我們忽略或否認的事情常會回頭反咬我們，而這些未解決的盲點有時會以命運或因果報應的形式讓我們經歷，這也是第十二宮的另一種關聯。

## 行動中的第十二宮

太陽在第十二宮的人可能看起來很矛盾。太陽是自我中心的，而第十二宮的領域非常廣泛，他們會藉由參與其中的活動來讓自我意識臣服於更大的整體或超越個人認同的界線。他們的自我意識也從中獲得更強大的能量並得以持續，而這是很難在日常生活中取得的。他們可能會以許多種方式從世界逃離，重新與自我中心與完體性保持聯繫，因此對他們來說遠離一切不僅是奢侈的還是必要的。

若太陽在第十二宮又在客觀獨立的水瓶座，當事人可能會發現他們的幸福幾乎取決於是否全面接受自己獨特的存在，他們有時是不適應、孤立和被誤解的，但有時也是自由勇敢地行走在不同的領域中並積極參與世界的開拓者，永遠不滿足於世界給他們的評價。要在世界上找到自己的位置並不容易，因為他們從來都不是「典型的」人物。

相對地，若第十二宮的太陽位於務實的金牛座，當事人會面臨將非世俗的和物質的世界融合在一起的挑戰，也會在物質世界找尋出口以滿足超越世俗的渴望並保持自我的整體感時遇到困難。太陽在金牛座的人想要從靈性的方向找到和平的感受，同時又希望雙腳是落實地面的，因此他們必須將無形的與有形的結合在一起。任何可以將兩者結合起來的活動，例如瑜伽或自然探索，對他們都有淨化與維持的功能。

儘管第十二宮是最後一個宮位，但這個循環是沒有止盡的。第十二宮既是十二個宮位旅程的終點，也是第一宮新生之前的妊娠期或前世的經歷。這些宮位代表著生活的各個領域，但也可以理解為一個完整的生命周期，就像一個孩子出生（第一宮）並開始聯結並參與他的小小世界一樣，然後隨著成長而擴展到更大的世界。當我們研究占星學或預測未來，並隨著星盤的變化而演化時，宮位的連續與循環的意涵將會變得更加明顯和豐富。更多研究資訊請查閱本書最後的推薦閱讀書單。

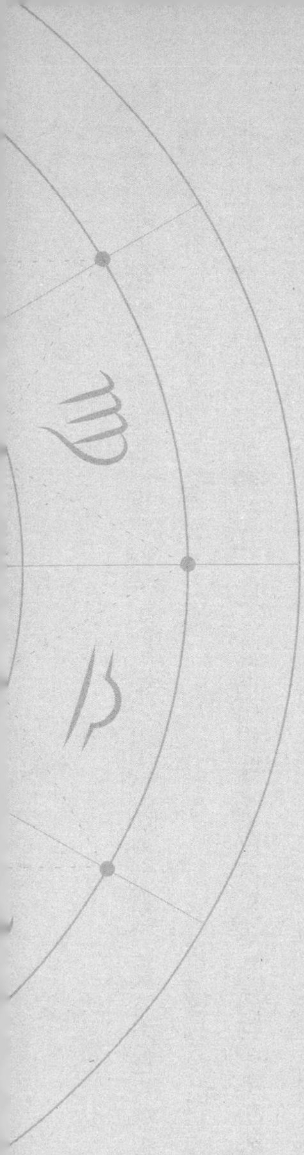

第三部

# 星盤的解析

# 第九章・星盤解析的基礎

## 星盤解析的基礎

第一部中你已經學習到如何組成占星的句子，例如「水星在第十二宮處女座。」接下來你將學會如何描述句子的意義。

基本出生星盤的解析過程可從簡單的步驟開始，例如：從出生星盤的任何行星開始。先思考該行星的意義所涵蓋的範圍。這個行星又代表什麼需求或渴望？

行星所在的星座體現出什麼樣的風格與特色？

行星所在的宮位代表哪個人生的領域，而這個宮位又會產生什麼樣的活動？

然後將行星和星座的意義整合起來。需求（行星）應該要以什麼樣的方式（星座）才能獲得滿足？

將以上整合後再加入宮位的意義。需求（行星）應該會在哪個人生領域（宮位）以及什麼樣的方式（星座）獲得滿足？

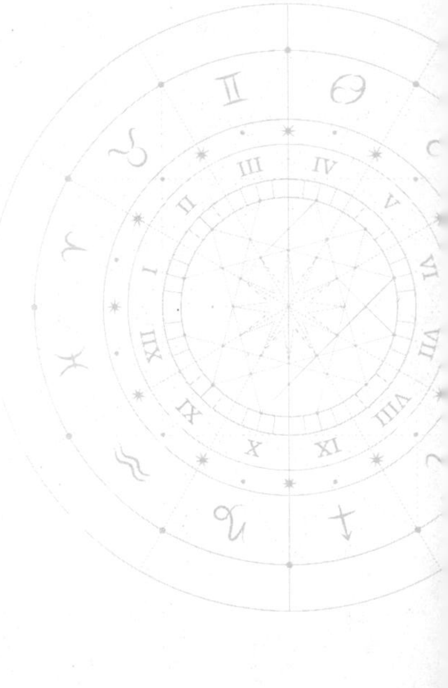

最後以上述的方式解析每個行星。

這個過程可能很簡單，但有時並不容易。若僅從表面的意義來看，每個占星的句子都只是簡單的陳述，例如水星在第十二宮的處女座就跟「某某人迅速走進商店」一樣平鋪直述，雖然仍能傳達某些訊息，但我們仔細推敲後會發現藏在這句話底下的含義是多麼的豐富。在沒有上下文的情況下，我們只能猜測某某人為什麼要快速走到商店，或者她穿著什麼，或者和誰在一起（若有的話），她在之前做了什麼，或者她打算做什麼。占星的句子亦包含許多深層的內涵值得一一剖析，而這就是你要做的。你必須了解每個占星的句子並發現其中的故事。有時我們可以利用主題式的問題、不同的技術和範例來幫助你探索符號的原型並將它們整合在一起。本書其餘內容的重點將盡力協助你做到這一點。

第一步我們可以先利用這些簡單的行星句子來構成一個章節，然後再將這些章節結合成這部有關你出生星盤的小說。當你開始解析出生星盤時，你必須考慮每個行星在其星座和宮位的狀態，並針對每種狀態**各自**解析，如此才能完成全面的探索。只有了解每一種組合的範疇後，你才能開始理解整體並將它們融合在一起，以創建出更豐富、細緻和更複雜的詮釋，從而反映出當事人的真實情況。總之先將它們各自拆解後再組成完整的篇章，然後再繼續向前。

在匯整所有行星的句子後，你可能會得到很多獨立的，有時甚至矛盾的訊息。雖然每個行星、星座和宮位都有其意涵，但將這些概念融合在一起就可以創造出人生的故事。出生星盤的每個行星都在傳達某個訴求，但它們的運作都被包含在一個整體內。有些訴求的聲音在相互競爭但有些聲音則是一唱一和。若你曾經歷過內在的衝突，那麼你應該已經看到這一點：想要完成兩件不同的事情，但又不能同時完成，那麼妥協是必要的！為了保持理智，你必須將這些聲音／訴求根據個人需求的順序來做先後排列。這是我們每個人解決內在衝突的自動化（也是簡化的）機制。這些衝突將反映在出生星盤中，當你開始將所有行星的句子整合成一幅更大的圖像時，這些衝突自然會躍然紙上。

這是達到目標的基本過程：出生星盤中每個符號的含義都是緊密相連的。從這裡開始，你將學到各種技術和方法來提高解析星盤的技能並加深你對星盤的理解。融合這些行星句子的最重要方法之一是透過**相位**的理解和應用。相位能勾勒出行星之間的關係，有助於強化你已經開始建構的故事線。

# 第十章 相位

回想一下，我們曾提到出生星盤像是一個360度的輪子，每個星座占據30度的範圍。行星可能座落在出生星盤的任何位置，其位置可由其在出生星盤中所在的星座度數（和分數）來確定。剛進入處女座的某行星可能位於處女座1度33分（$1^{\circ}33'$）的位置，而另一個行經水瓶座一半的行星可能位於16度13分（$16^{\circ}33'$）左右。當我們在這兩個行星的星座度數間繪製一條線時，這兩個行星的位置會形成特定的幾何角度，這些角度就稱為相位。

正如二度空間的地圖代表著三度空間的地理景觀一樣，二度空間的星盤亦代表著三度空間的天空。當我們在星盤中看到行星和其他天體時，地球與這些行星之間的距離會發生變化，但是二度空間的星盤無法呈現這一點。若金星和冥王星在出生時位於被稱為摩羯座的天空，則我們的出生星盤中金星和冥王星看起來會非常接近，儘管它們從物理的觀點上來看相隔數十億英哩。從我們的觀點來看，它們因為太過靠近以至於看起來似乎彼此重合（我們稱其為**合相**），但顯然它們並未在天空中發生任何碰撞。即使我們可以用肉眼在天空中看到它們，我們也無法感知它們與我們之間的距離有遠，只能感知它們之間的距離有多寬。

相位是兩個行星之間的一種關係。若每個行星在其各自的星座和宮位都代表你的一部分，那麼相位就是將這些部分聯繫在一起以及它們在你內在互動的方式。兩顆行星之間的角度／相位的類型將顯示這兩顆行星的風格和目標是如何協作的。相位連結了兩顆行星並讓它們彼此影響、難以逃避，不管這樣的連結是彼此貼合而舒適的，還是成為內在衝突的根源。要完全了解行星在出生星盤中的功能，你必須了解它們如何透過這些相位來互動。

## 如何確認相位

你可以直接透過出生星盤的「指示」輕鬆地識別各個相位。兩顆行星的合相可以直接從星盤中觀察到，即兩顆行星在出生星盤中彼此緊鄰或位於彼此之上，而兩顆行星的對分相則是指出生星盤中兩個行星位於相對的兩側。這些相位很容易就能從星盤直接觀察到，不過其他相位可能就得多做練習了。

若你已經了解其中的基本原理，即出生星盤為360度而每個星座為30度，那麼在確定行星之間的距離以及它們是否形成相位之前還有一個規則必須遵循：我們計算的是**星座**之間的距離，而非**宮位**，因為每個宮位的度數可以不同，但星座的度數始終是一致的。

- 若行星位於同個星座為合相（0度）
- 若行星相距兩個星座為六分相（相距60度）

◆若行星相距三個星座為四分相（相距90度）
◆若行星相距四個星座為三分相（相距120度）
◆若行星相距六個星座為對分相（相距180度）

接下來你可以查看並比較出生星盤中每個行星與其他行星的相對位置，以了解它們之間是否存在著相位。你可以從任何行星開始，只要確定你都將它們檢查過一遍。你還需要確認四尖軸（至少上升點）和月亮交點的位置。這似乎是一個很大的工程，但是你很快就能掌握訣竅，畢竟這是不可或缺的基礎知識，可以使你更深入了解星盤的含義。

1 隨便挑一個行星來開始，例如太陽。找出它在出生星盤的位置，例如處女座22度。

2 查看星盤中是否有其他行星、尖軸或月亮交點位於所在星座的22度。要記得加上容許度，即在你所尋找的度數為22度加上或減掉5度（即17度到27度之間）。

3 若發現有行星位在這些度數之間，查看太陽與這顆行星相距多少星座（而非宮位）。若相距兩個、三個、四個或六個星座，那麼它們就形成了相位。若位於同個星座，那麼很明顯地它們就形成了合相。

4 當你發現到一個相位，可記錄在你的行星相位表中，同時記得一顆行星可能會形成一個以上的相位。

# 查看行星相位表

由於星盤中有許多相位，因此占星家會使用行星相位表來查找星盤中各個相位。若你使用準確的網站或電腦軟件來產出星盤，通常也可同時產出行星相位表，不過你還是可以自行製作自己的相位表。下圖是最基本的行星相位表，其中列出了每個符號所形成的相位類型，同時也列出一些範例來介紹如何應用相位。在這個例子中，我們可以看到水星和火星形成四分相，而冥王星和火星則形成對分相。當

| | ☽ | ☉ | ☿ | ♀ | ♂ | ♃ | ♄ | ♅ | ♆ | ♇ | Mc |
|---|---|---|---|---|---|---|---|---|---|---|---|
| ☉ | △ | | | | | | | | | | |
| ☿ | | | | | | | | | | | |
| ♀ | | | | | | | | | | | |
| ♂ | ⚹ | | □ | △ | | | | | | | |
| ♃ | □ | | △ | | | | | | | | |
| ♄ | | | | | | | | | | | |
| ♅ | | | | | | △ | | | | | |
| ♆ | ☍ | ⚹ | | | △ | □ | | | | | |
| ♇ | △ | △ | □ | | ☍ | | | | | | |
| Mc | ☍ | ⚹ | | | | □ | | | ☌ | | |
| Asc | | | | □ | | | | □ | | | △ |

圖 8：行星相位表

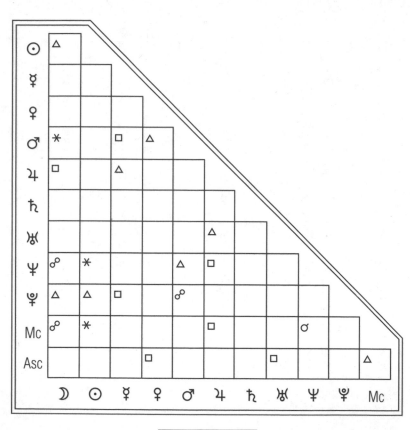

你瀏覽星盤並製作自己行星相位表時，這樣的表格可以讓你更輕鬆地完成這個工作。

## 容許度與度數

在你開始查找出生星盤中的行星相位之前，還必須先理解另一個概念，那就是容許度。容許度是占星學中的一個術語，指的是在行星與另一行星形成準確的相位之前，尤其當兩顆行星「足夠靠近」彼此時，各自的兩側與對方的距離差，而這距離差是以度和分為單位。

由於每個行星以不同的速度運行著，因此當它們不同的軌道繞著太陽公轉時，其中一個可能會越過另一個，就像高速公路上不同車道的汽車一樣。例如，與木星相比，火星花費更少的時間完成圍繞太陽的軌道。很顯然地，火星和木星處於完全不同的「車道」上，兩者相隔數百萬英哩，但是從地球上的視角來看，它們都在同一片平坦的天空中閃閃發光，而在我們的視野中，它們與地球的距離似乎是一樣的。若火星在天空中追趕著木星，那麼它們真正相遇的時候就是合相。從地球上的角度來看，它們似乎位於同一個位置，因此它們之間的距離為0度。然而在合相之前和之後的某段時間，火星與木星仍非常相近，即使從技術上來說彼此的距離已在1度以上。雖然兩者不算形成**精確的**的合相，仍可視為合相。因此若火星和木星精確的合相距離為3度，**容許度**則為3度。

不同的占星家在考慮行星相位的容許度時有著不同的標準。容許度也會隨著行星及相位的不同而有所變化。廣義上來說，在大多數情況下，占星家通常會將5度或以下的角度視為一個相位。隨著你對星盤的解讀經驗的增加，你可以慢慢分辨出其中細微的不同，進而對容許度形成自己的看法。不過大多數占星家都有一個共識：容許度越小，相位的效果就越強。

## 各種相位的意義

現在你已經知道如何找出行星之間的相位了，我們可以開始討論每個相位的含義了。

### 合相

當兩個或兩個以上的行星在出生星盤中位於同樣的位置時就會形成合相。在360度的星盤中，它們彼此相距0度(須考慮容許度)。

雖然每個行星都有其目的並各自代表需要滿足的需求，但是合相的行星將以相同的風格並透過相同的活動來滿足它們的需求。一個行星在採取行動時很難不受到其他行星的影響，不管這個影響是好是壞。當然你也可以說出生星盤中的每個相位都是如此，相位將你的各個部分聯繫在一起，因而產生難以避免的影響，當某個行星被引動時，其他行星也同時被引動並進而產生互動，所以形成相位的行星應該要一起看待。不過，合相的不同之處在於，行星會盡可能採取相似的方法或活動來實現各自的目的。[23]

若水星與月亮在出生星盤中形成合相，則當事人的感覺和思想可能沒有分別。若沒有意識的表達或定義，感覺就似乎不存在。在用語言表達之前，他們可能不會意識到自己的感受或用言語作為體驗感受的方式。他們可能會在他們所信任的和所愛的人的話語中找到情感的支持和安慰（這與對愛的具體表現或禮物等等是相反的表達方式）。這些都是水星和月亮形成合相可能的體現方式，但還有更多其他可能性。星座和宮位將提供更多細節並詳細說明合相如何在生活中顯現。

## 六分相

當兩個行星在360度的星盤中相隔60度時就會形成六分相（須考慮容許度）。形成六分相的行星能輕鬆地互相協作，但這與合相一致的風格不同，而是它們的風格是能互相配合的，因此彼此可以發揮出最佳優勢。

23 在大部分情況，合相的行星會位在同一個星座與宮位。然而有的時候我們會遇到合相的行星位於不同星座或宮位的情況。這會發生在當一個行星位於星座或宮位的末端，而另一個行星位於下一個星座或宮位的始點，在技術上它們「足夠靠近」但卻跨越了星座或宮位的邊界。這些通常被稱為跨星座相位，而它們的特質將會在第十七章進行全面的討論。

從象徵的意義上來說，形成六分相的兩個行星能激發並餵養彼此，而它們之間的能量似乎能順暢地流動而且會不斷升級。若你曾有過與朋友進行精彩的腦力激盪的經驗，就會知道三個臭皮匠勝過一個諸葛亮的感覺：一個建議將會引發一個主意，一個主意又引發了另一個，彼此不斷地交換意見最終讓結果越來越好（正常的情況下）。

火星和木星的六分相能讓各自在內在中代表的行動力以及達到新高度的希望形成舒適且自動的連結。儘管每個人的出生星盤中都有火星（行動的衝動）和木星（成長的渴望），但當這兩者由六分相所連結時，當事人按照夢想行事並攀登新高的可能性將會增加。

## 四分相

當兩個行星在360度的星盤中相隔90度時就會形成四分相（須考慮容許度）。形成四分相的行星其自然功能將對另一方造成阻礙而導致彼此的挫敗。有時形成四分相的行星會引發出彼此最壞的一面，例如兩個人在獨處時很愉快，但在一起時卻無法相處，這是因為他們在做自己的同時也在無意間採到了對方的地雷。

四分相是令人不舒服的，就像我們的內在持續發生衝突而有停滯、走走停停的感覺。一旦一部分的你想要以自然、輕鬆的方式表達，另一部分的你就會將其絆倒，讓它無法走得很遠。這雖然不會阻止完全的表達，但可能會造成不順暢的狀況，最後導致結果不如預期，或者製造出比預期更多的彎路和障礙。這種持續不斷的摩擦可能會消耗和分散注意力，有時會使情況變得更糟，但是它也可以用來修飾我們有問題的部分，鼓勵它們有意識地採取行動，並在必要時加強表達。

若月亮和水星在你的出生星盤中形成四分相，你可能無法以令人滿意的方式表達你的情緒，你可能會覺得自己老是被誤解，或覺得若要清晰表達感受之前，你需要不斷改變表達的方式或重新表達。當情緒高漲時，你的心智就會被阻塞或感到煩躁，更讓你無法清晰地溝通。因此在與別人溝通前，你可能需要先休息一下讓自己冷靜下來。

## 三分相

當兩個行星在360度的星盤中相隔120度時（須考慮容許度）就會形成三分相。當行星形成三分相時，你會覺得這兩個行星所代表的內在部分能輕鬆自在地交流。它們為彼此帶來意義並互相契合，就像尺寸和形狀適合的工具，可以舒適地握在手中。它們不像合相那樣有著**相同**的作風，也與六分相所帶來的刺激不同，三分相的舒適是幾乎讓人感覺不到的。

比起在舒服的狀態，人性似乎在要在壓力下才更有動力採取行動（俗話說「東西沒壞就別修」就是例子之一），三分相可以看作是自然天賦的展現，我們享受它的好處但也不會再去多想。出生星盤中的三分相可以幫助你發現那些被視為理所當然或以為每個人都有的才能。了解你在哪些領域擁有某種天賦可以將它發展為成熟、精湛的技能。不過即使你放著不管，三分相仍然能為你帶來好處。

「盤點」天賦是有幫助的，了解自己天賦可以幫助你發揮這些才能，並在需要時，例如在生活不順利的情況或期間有意識地運用自己的內在資源。然而兩個互相合作的行星並不一定能轉化為有益的事物。若你出於某些原因必須離開這些行星所代表的舒適區時，就會變成是困難的事。就像在土地上的溝槽一樣，你很容易滑入習慣的軌道。三分相僅代表兩顆行星之間的摩擦較小，一方面意味著你可以毫不費力獲得想要的結果，但另一方面卻也讓你無法離開習慣的軌道。

若水星和月亮在你的出生星盤中形成三分相，代表你的心智與心靈之間的流動是順暢的。你可能在表達情緒或任何有關情緒的主題上比較不會遇到困難，甚至擁有能找到正確的言語，流暢並準確表達的天賦。水星和月亮的三分相若能經過適當的培養，將能發展出跟聲音、寫作或戲劇相關的技術，端看你怎麼選擇。

## 對分相

當兩個或兩個以上的行星位在出生星盤中相反的位置時就會形成對分相。它們在360度的星盤相距180度(須考慮容許度)。

相對的行星所代表內在部分可能會感到矛盾、衝突或相互鬥爭，有時它們會試圖獲得統治的地位，但也經常陷入僵局。這會使人的內在感到緊張，有時我們會感到優柔寡斷或陷入僵局就是來自對分相的直接影響。

這種緊張關係可以透過多種方式解決。其中之一可能是壓抑一方的衝動來支持另一方，直到被壓抑的一方不再忍耐而爆發。令人沮喪的是，被壓抑的一方在突然爆發後會反過頭來壓抑住另一方的衝動，並在不知不覺中重複這樣的模式，就像汽車的駕駛員為了閃避路上的動物，一個大轉彎反而掉入了路邊的溝渠一樣。在經過幾次這樣的嘗試後，他們會意識到這種模式既行不通又令人不滿意，但仍然感到想將對方打倒的衝動。與其盲目地將這樣的不滿表現出來，不如決定將這樣的衝動束之高閣，以不做決定或不抱希望來癱瘓自己，在歷經多次令人失望的嘗試後，最後陷入無法解決的局面。舉水星與火星的對分相為例，這樣的對立可能會以一種衝動的方式表現出來，隨心所欲的舉動卻使我們偏離了理智的道路，之後我們就會嘗試使其回歸正軌成為成熟的大人，不要再像衝動的孩子般被一時興起沖昏了頭。這兩種衝動都是對的，他們只是彼此矛盾。

形成對分相的行星不一定總是干戈相向，它們可能會以兩種對立的需求來表現，而這些需求之間卻存在著巨大的差異，永遠也不會妥協。同樣地，這樣的情形本質上是一樣的，**幾乎**沒有解決的可能，但它在內在不會產生像戰爭般的衝突，而是一種充滿渴望，也許是對從未經歷過的人生的渴望。當對分相發生在一些看來較為溫和的行星，例如金星、海王星和木星，就可能會以這種方式展現。

儘管處理對分相的能量並不容易，我們仍能找到其優勢以及與其合作的方式。對分相會讓人感到自己一直在分裂，然而正是這種分裂反而能在兩者所代表的衝動之間找到平衡。對分相所產生的張力正是線索。當你執著於某個行星的需求並準備採取行動時，形成對分相的另一部分將會感到被剝奪。當被剝奪的一方變得不滿或渴望另一側的綠草如茵時，內在就會產生壓力。此時解決衝突的方法並非要求其中一方保持沉默，而是要了解生活中兩種需求都是需要被滿足的，雖然無法**同時**被滿足。

有一種對分相是我們所有人在某種程度上都會感受到的，那就是上升點與下降點的對立：自我與他人。當我們一方面知道自己想要的是什麼並想要滿足這個需求，另一方面卻又覺得有自己有義務考慮我們所關心的人之欲望，某種緊張感就會油然而生。當我們試圖在我們想要的以及重要的人想要的之間尋求平衡時，問題就會出現。這就是妥協之所以存在的原因：我們得到了一些想要的東西，而另一個人也得到了一些他們想要的。當我們的出生星盤中有兩個對立的行星時，我們的**內在必須妥協**，並在一生中不斷經歷妥協的過程。這是緩解壓力的唯一方法：要了解壓力並不是問題，它只是某種警告的信號；當我們失去平衡、偏向某一方（過度矯正）時提醒我們，我們只要再次讓自己回到平衡的狀態即可。

## 好相位與壞相位的迷思

我們很容易從好與壞的角度來考慮相位。六分相和三分相能讓好事發生，而四分相和對分相則會發生壞事——直接了當。然而任何行星之間的互動，無論是三分相還是四分相，都代表你的兩個部分以不同的方式引動彼此，而為了保持理智，你會盡力尋找使它們感到舒適且自然的方法。討論相位的「好」與「壞」是沒有幫助的，這只會讓你相信自己陷入某種不幸，又或者讓所謂的「幸運的三分相」抹殺了你的努力或動力。

我們應該以舒服或不舒服的角度來思考。這並不是為了要挽救「壞」相位的聲譽所做的宣傳，也不是故意要把負面的印象掃到地毯底下，而是一種切實的建議。舒服的相位（例如三分相或六分相）會讓我們有好的感覺，它代表我們某些部分的協作是順暢的，舒服到我們不會意識到它們的存在。它們也代表我們的內在天賦或互為盟友的部分。而不舒服的相位，例如四分相和對分相則會讓我們感到不舒服；它們代表了我們內在矛盾、糾纏或阻礙的部分。

具挑戰性的相位有時在我們的生活中更容易被看到，因為它們代表了我們內在的問題。我們或多或少都會想到或注意到生活中的衝突，至少能緩解緊張氣氛好讓自己感覺舒服。至於三分相和六分相，由於它們不會產生任何緊張感，因此很難看到它們的作用，它們也不需要我們的注意；他們本身的運作就是順暢的。

大家都想要舒服的相位，但只有三分相的生活是無聊的，沒有什麼挑戰，也就不會有勝利的感受。它們有著還未開發的潛力，因為我們通常只為吱吱作響的輪子上油。忽略不會產生傷害、困擾的事，或將其視為理所當然是人的天性。不舒服的相位雖然令人感覺不佳，但比起舒服的相位更有可能迫使我們採取行動。

心理學家榮格曾提出在衝突的情境中我們意識所組成的框架，剛好符合這個概念。他推測意識主要發生在有問題要解決時，因為問題會在心理上產生緊張感，而意識為了解決問題並緩解緊張而發揮其創造力。同樣道理，若沒有急需解決的問題，沒有內在的心理張力，我們只會根據自然本能輕鬆行動，不會產生有意識的思考，因為此時的思考只會干擾或讓我們猶豫不決，甚至對整個自然的過程不斷地猜測。根據這個概念，只有衝突才會引發我們的創造力，並讓意識驅動我們的發展，而我們的本能可以讓事物平穩運行，但卻讓我們整體上處於被動的狀態。

如同以往，行星所處的星座和宮位將是細節和細微差異所在；形成相位的行星也會將它們的星座和宮位融合在一起。相位將會告訴你這些行星是如何在出生星盤中自然協作，但是星座和宮位的融合將提供如何以及為什麼的詳細訊息。

回顧前面的例子，當火星和木星形成六分相，須考慮它們在出生星盤中所在星座和宮位的組合。六分相總是彼此相距兩個星座，[24]因此我們可以假設這兩個行星分別位在天蠍座和摩羯座。六分相往往會讓行星發揮最好的作用，因此我們可以著重在這些星座是如何相容的來說明行星之間的聯繫如何發揮作用。天蠍座的火星代表著專注和頑強的欲望，而摩羯座的木星則代表透過務實的方法，例如藉由設定並達成目標來完成成長的欲望。這兩個星座不僅具有聚焦的能力（儘管出於不同的原因），它們也可以互相幫助：天蠍座提供強烈的欲望，而摩羯座則將深層的欲望轉化為具體實現的策略。

再將宮位考慮進來，我們可以假設在天蠍座的火星與在魔羯座的木星分別位於第二宮和第四宮而形成六分相。在這樣的情況下，當事人在收集和管理自己的資源時，可能會跟木星夢想擁有一個自己的家有關，而他的動力也會因此更加被強化。

## 相位形態

相位通常是兩個行星之間的連結，但有時在星盤中相互連結的行星會超過兩個。例如兩個合相的行星又與第三個行星形成三分相就是一個簡單的例子。相位**形態**涉及了三個或更多的行星，而其中每個行星各自與其他行星形成相位。於是它們形成某種形態，或在星盤中延伸成更遠的迴路並製造多個循環。這些形態似乎在星盤中占有主導的地位，因為它們看起來覆蓋著更大的區域並涉及更多的行星。有些形態更是相對少見，也並非每張星盤都有著相位形態，不過每張星

24 其中也有例外。請參考第十七章跨星座相位的內容。

盤中通常都有著至少一個相位形態。像相位一樣，形態也有多種樣貌，但是最主要的相位形態為三刑會沖（T-Square）、大十字（grand cross）、大三角（grand trine）和星群（stellium）。

## 三刑會沖

三刑會沖是由兩個四分相和一個對分相所組成，其中涉及了三個行星之間的關聯，即兩顆行星形成對分相而第三顆行星則各自與這兩顆行星形成四分相。之所以命名三刑會沖，是因為它星盤中形成了「T」的樣子。「T」的橫線代表著對分相，而直線代表著四分相。

對分相代表一個人的兩個部分在某種程度上處於對峙或推擠的模式。這樣的張力也存在於三刑會沖之中，但四分相會增加並同時釋放兩個對分的行星所累積的張力。就像一個典型的四分相一樣，它可以釋放出很多能量，但大部分的能量釋放可能沒有建設性；它只是為了消除了挫敗感以求解決內在的緊張局勢。而其中的對分相可能會產生蹺蹺板效應：能量從一側流向另一側。在三刑會沖之中，對分相中困住或受挫的能量可能會由形成四分相的行星所引出，就像閃電會撞擊最高的樹，因為那是最容易瞄準的目標。

## 大十字

大十字架由兩個涉及四個行星的三刑會沖所組成。四個行星彼此形成四分相，並且有兩組形成對分相的行星，中間連結的線會在星盤中形成一個十字。兩組對分相基本上會產生一種長期停滯的感受，它們的張力是平衡的以致於難以釋放，而且那種張力會凝結且永久存在於當事人的生活中。它們所造成的衝突可能會很激烈，但是只要人們學會有效地利用和引導能量時，它們也能導致成功。

## 大三角

大三角是由三顆行星各自形成的三分相所組成的，當你順著三顆行星在星盤中的順序將線連結時，就會在星盤中形成一個大三角形。就像三分相一樣，大三角將行星的能量結合成一個重複、和諧的循環，占星家諾爾・泰爾（Noel Tyl）稱之為「自給自足的封閉迴路」。大三角中的行星能順利發揮它們的功能，並為其活躍的生活領域（透過星座和宮位）帶來很多好處，但就像三分相一樣，它們就像是已經定型的軌道，行星會以固定的方式表達自己。當事人在「盒子」內思考或行動雖然是熟練的，但卻不願意走出這些線所形成的界限。

## 星群

星群是由彼此合相的多個行星（至少三個）所組成。就像行星的合相一樣，星群中的行星將擁有強大的力量，因為它們將大量能量集中到一個出口：它們所在的星座和宮位，並儘可能地將每個涉及的行星力量結合在一起。根據星群中涉及多少行星，它們將形成強大的能量之屋，在星盤中占據主導的地位，從而在生命中留下深刻的印記。

其他還有許多具有各自含義的相位形態，例如風箏（Kite）、大六分相（Grand Sextile）和上帝之指（Yod）。坊間有許多書籍對於這些相位形態有著詳盡的解釋（有關相位形態的更多內容，請參閱推薦的閱讀書單）。但要記住的重要一點是，必須先將其分解成更簡單的組合，才能真正理解每個複雜的相位形態。大三角是由三個行星彼此形成的三分相組成，而三刑會沖則是由兩個四分相合一個對分相所組成。

不要為星盤中的複雜的形態而煩惱。雖然它們很有趣，但解釋的核心在於構成形態的各個相位。一旦理解了這些要素，你將更容易理解它們是如何相互協作（或對抗）的。

# 第十一章　星盤的主題

行星相位是基礎的技術之一，幫助將獨立的行星句子和章節整合為更複雜的故事，但除此之外還有更多需要考慮的層面。

## 占星的主題

每個人的故事都是非常複雜且細節各異，但從整體上來看，一再發生在人類的問題有些是重複的。例如有的男性感覺自己的一生幾乎都活在實現父親期望的壓力下，而有些女性則必須在文化的壓力下找到自己並學習成為女人的真正意義。有些人正學習著友誼或愛情的真正價值和意義，而有些人則在學習如何遵循自己的精神目標，甚至犧牲物質的享受也在所不惜。這些難題並不會貶低生活的價值，而這些故事也不一定會發生在每個人身上，但是人類的困境在本質上對所有人而言是相同的，而且都有著鮮明的主題。這些故事都揭示某項主題——一種核心的需求、方法或目地驅使著某人，但在經歷這些試練或課題的同時，他也配備著針對性的才能來應對。

這些主題就是我們可以用占星學來揭示的。出生星盤中有許多組成要件，每個要件似乎都具有各自的含義，而每個的行星的需求就像求孤島一樣散落在其上。**出生星盤的主題都指向某種核心的重要思想，而這個思想是由各個行星的島嶼所支持且貢獻的**。出生星盤中也可以有多項主題，但最終都會指向一個主題。最多兩個——其他的則以較小的主題或「次要」主題的方式出現。

## 如何辨識出生星盤的主題

在解析每個行星、星座與宮位的過程中，你將了解行星的需求以及當事人如何並在何處滿足該需求。但這樣的解析是各自獨立的，它只會告訴你當事人的一小部分。當你將這些獨立的部分與出生星盤中其餘的部分結合起來時，會發現它們都各自擁有多層含義。

但是當你匯集並總結行星的各自意義時，就會發現它們其實並沒有一開始看起來那樣的不同，因為最後你會發現有些意義是重複的。它們並非逐字逐句的重複，而是以不同的方式表達同一個概念且相互呼應。這代表你已經發現某個出生星盤的主題，而這個主題會幫助你將其他的想法聯繫在一起。

除了意思不斷重複外，另一種識別主題的方法是，當你更深入解析出生星盤各個組成的部分時，你會發現它們如何增強星盤中其他部分，並突顯那部分的影響，甚至導致內在的衝突。

訓練自己深入思考每個占星符號背後的**原因**，也是讓大腦深入思考它們之間的聯繫的第一步，這些聯繫並不如相位那麼明顯，但它們都是當事人的一部分。你知道太陽在處女座的人證明自己價值的方式是透過讓自己有用或為某種目的提供某種技能，上升在雙子座的人對世界的態度是不斷透過問與答以及提出更多問題來展現他的好奇心，而火星在第九宮則顯示了學習和探索的動機，當這些徵象都整合在一個人的身上時，一個可能的主題就會出現，那就是當事人對學習（第九宮）的追求（火星）是為了要讓自己擁有成為某一種人（太陽）所具備的多元（雙子座）且實用的技能（處女座），而這樣的動力對當事人非常重要。

主題可以來自星盤中任何要件的組合，但不一定每次都得遵循相同的公式才能找到，也沒有任何一種行星組合在每張星盤中都扮演著重要的關鍵，但是有許多的技術可以幫助找出你隱藏在角落裡的主題。本書接下來將聚焦在更多技術的介紹上。

你在第二部分中所學到的內容提供了解析星盤所需要的所有區塊。在第三部分中，你將進入高階的領域，但是在熟練所有的基礎知識之前，出生星盤的的複雜性仍會持續使你感到茫然與困惑。此時你要堅持下去，盡可能繪製並分析大量的出生星盤，藉由比對人們實際的生活來測試你對出生星盤的了解並增強你的思考能力。儘管你可能了解這些基礎知識，但是你會發現每次你都是以新的方式應用它們，進而對這些組成的要件越來越了解；這些組件基本上雖然相同，但是每張出生星盤都是一個全新的謎題。

# 第十二章 星盤解析的技術

以下開始說明解析出生星盤的各種技術。這些技術只是起點，但它們能協助你初步了解出生星盤中一些不可或缺的要件，並從中構建其餘部分的分析。

並非所有技術都從頭使用到尾。有些只是起跑點，有些則比其他更完善。一開始若將兩種或多種技術結合起來似乎會令人不知所措，甚至導致更多的混亂或矛盾，此時請退後一步以免迷路。當你準備好把這些技術結合起來時，你會發現自己可以從多重的視角來分析出生星盤，讓你的解析更為豐富，你所提供的圖像也更為完整。

有鑑於每個人的哲學和思維方式的不同，究竟使用哪種技術並不重要，只要它們對你而言是合理且有意義的就好。所有技術都是為了能一開始就建立起對整張出生星盤理解的簡單方法，而不是為了將各個部分混合在一起。有些技術能為了解星盤的主題提供幫助；有些則可能只是讓你先進入狀況，或發現星盤中特別重要的部分。

無論使用哪種解析技術，都必須考慮其優先順序。這一點很重要，千萬要記住，但是請放心，當你能完整地解析一張出生星盤時，你同時也就涵蓋了這些內容（假設它們存在於出生星盤中——但並非全部）。

◆太陽、月亮和上升點的位置及相位為組成個性的要件。

◆星群。若某個星座或宮位有多個行星在內，該星座或宮位的能量在出生星盤中將比其他星座或宮位更具主導性，若有太陽或月亮在內更是如此。

◆任何與四尖軸會合的行星通常會比其他行星更有能力。

◆有著多種相位的行星在出生星盤中更具主導力，對個性的影響也更加顯著。

## 分類與屬性

基本上當你越深入挖掘星盤，就越能發現對當事人真正重要的事。但是你若太快深入其中，也會因為太多細節而容易迷失在其中。有時為了取得某種觀點，從廣闊的而不是深入的視野看待星盤更能幫助你對當事人的性格獲得更整體的印象。當你深入的解析前，權衡出生星盤的「傾向」有時可以提供更整體的圖像而讓你牢記在心。無論你使用哪種能完整解析星盤技術，這個技術通常都是一個很好的起點。

先不用考慮行星的星座和宮位，而是觀察行星在星盤上像點一樣的分布是否形成某種趨勢。星盤中某個象限所擁有的行星是否比其他的來得多？是否有許多行星在火象星座，但幾乎沒有行星位於水象星座呢？這類的問題都是你揮灑星盤的圖像時可以先畫上的輪廓。了解星盤中的重點分布並不一定能揭示整個主題，但當你在尋求更多解析星盤的線索時，這個技術能為你奠定良好的基礎。

每個星座和宮位都有其各自的含義，但它們也共享著一些廣泛而簡單的意涵。這些共性分為以下類別。

## 星座

### 二元性

二元性將星座分為兩類，隨著多年的演變，它們有著不同的名稱，例如男性和女性、積極面和消極面、投射和接受。投射星座為牡羊座、雙子座、獅子座、天秤座、射手座和水瓶座。接受星座則像是金牛座、巨蟹座、處女座、天蠍座、摩羯座和雙魚座。投射星座的能量表達是外向的。與接受星座相比，它們更容易能量向外**投射**到環境之中，而前者則更傾向將能量往內吸收（**接受**的能力）。

這是一個非常簡單的概念，廣泛地說明了星座自然的能量流動的基調，但不要將其與當事人的整體性格是否友善或不友善、合群或孤僻等概念相混淆。相對地，接受星座必須透過包容和專注的體驗才能充實自己的能量，因此傾向待在更安靜、穩定的環境之中。他們若處在人多或活動過多的嘈雜環境中會容易變得情緒低落。相反地，對於投射星座而言，刺激和充滿活力的環境更容易激發他們的能量。

## 元素

四個元素分別是火象、土象、風象和水象。儘管這些分類中的星座具有不同的風格，但從它們的差異處仍透露出某些相似之處。元素代表著星座之間共享的整體氣質和基調。

火象星座為牡羊座、獅子座和射手座。儘管每個星座都有自己的處事風格，但他們都有一種傾向，即熱情而又毫不猶豫地以**是**的能量直接面對生活！他們以開放的態度體驗新生活，並希望能不受拘束、自由自在地回應內在活躍的需求。牡羊座為了追求目標電力十足，射手座追隨著火花到任何的地方，而獅子座則隨時燃燒著自己的火焰吸引他人靠近。他們對生活的熱情是與生俱來的。

土象的星座為金牛座、處女座和摩羯座，他們有著共同的願望，那就是實事求是。他們將傾向制定和遵循計劃，並能輕鬆管理日常生活中必需的資源和時間。金牛座喜歡保持事物的簡單和穩定，處女座喜歡細節以保持一切高效運作，而摩羯座則綜觀及規劃全局，而他們都理性而堅定地在物質世界中前行。

風象星座為雙子座、天秤座和水瓶座。風象星座的生活方式與收集資訊有關。思想是他們最大的財富，他們透過創造性思維和收集多種觀點來讓他們的心智保持專注。天秤座想要了解對方的觀點，雙子座想要了解各種觀點，水瓶座則想要獨特的觀點，而他們都喜歡退後一步，理性而冷靜地思考問題。

水象星座為巨蟹座、天蠍座和雙魚座，他們對生活的取向是帶著情緒且主觀的。他們靠著直覺前進，感知周圍和內在的動靜並根據自己的感受採取行動。就像水隨著方向而流動，水象星座的情緒也會隨著環境變化而流動。巨蟹座以敏銳的直覺意識到內在的潮汐變化，天蠍座在界限之間觀察隱藏在表面之下的東西，雙魚座則吸收周圍的情感波，但是他們都能回應看不見的世界所散發的微妙的、意識領域之外的訊息。

## 模式

三種模式為基本、固定與變動。模式的區別在於類似星座能量移動的性質和速度。基本星座為牡羊座、巨蟹座、天秤座和摩羯座。

基本星座為開創者或引動者。他們都是向前看的星座；牡羊座透過創新來滿足前進的渴望，摩羯座為了獲得成就而不斷努力，巨蟹座受到保護自己和關心的人驅動，而天秤座則是為了跨越鴻溝，並透過建立思想與人們之間的橋樑持續前進。

固定星座為金牛座、獅子座、天蠍座和水瓶座。固定星座喜歡維持既有的狀態；金牛座習慣保持既定的事物，例如可預測的例行公事來建立安全感，尊貴的獅子座固守著自我中心的權威而不容他人撼動，天蠍座對於他所研究的事物有著頑強的專注力，而水瓶座則不畏大眾的輿論浪潮，始終堅持自己的理想。

固定星座擅長於維持現狀，無論是物質的、情感的還是其他，並讓基本星座所創造的事物成形，給予其穩定及生根的機會。他們的堅持不懈使他們能夠達成其他星座難以達成的目標，這單純是因為他們願意每天持續在已經建立好基礎的事物上發展。

變動星座為雙子座、處女座、射手座和雙魚座。變動星座傾向處於變動的狀態。無論是雙子座敏捷的思想，處女座透過努力成長持續奠定基礎，射手座對於新體驗的不懈追求，還是雙魚座對於周圍流動情感的直覺感受。變動星座是靈活且適應力強的，但是由於他們需要不斷移動，因此容易躁動不安，當他們感到停滯不前時他們會做出改變而讓事物再度活躍。

儘管宮位也與元素和模式有關，但星座的分類（二元性、元素和模式）是由其自然的屬性來區分，因此在作用上更加明顯。星座具有鮮明的風格和基調，而宮位則涵蓋體現任何風格的活動，在本質上是中性的，因此無須再將宮位以上述的方式區分，也能確定活動的風格。

# 宮位

## 半球

出生星盤可以透過兩種方式分為兩部分：上半部（南半球）和下半部（北半球），或者左半邊（東半球）和右半邊（西半球）。若行星中有很大比例位於出生星盤的某一個半球，某種趨勢會展現出來。

若行星主要位於出生星盤的下半部（包括上升點－下降點軸線下方的所有星座）則顯示，總體而言當事人所關注事物範圍更為狹窄而直接，他們感到有趣或有意義的活動大多發生在自我世界的角落，他們的成就在家門口（或家裡！）就得以實現，相關的活動包括家庭、居家改造以及自我創造與發展等等。當多數行星位於上半球時，當事人所參與的活動則與「外面的世界」有關，例如旅行、社交網絡、行動主義或職業發展之類的活動將使他們在實際上或象徵上遠離家門。

當然，這並不意味著多數行星在上半球的人對家庭不感興趣，在下半球從不出門冒險。這樣的分類僅代表一般的趨勢，若行星在某個半球的比例越重，這樣的差異就越明顯。這些案例中涉及的任何跡象也將有助於理解這些半球的重量在生活中的具體表現。其中涉及的星座對了解這些半球的差異是如何影響當事人的生活亦有相當大的助益。

同樣巧妙的是，大多數行星位於西半球的人更具適應力，能根據環境採取對應的行為並善加利用周遭的資源。而東半球占主導地位的人總體上更傾向塑造適合自己的環境。同樣，其中的星座能更加說明當事人以什麼樣的風格塑造環境。

## 宮位的元素與模式

元素的分類也可以應用在宮位上。第一、第五和第九宮的活動具有火象的性質，是當事人自動自發並能給予自由的感受。第二、第六和第十宮的活動給人一種土象的感覺，因為這些都是實際的、世俗的或物質的活動。第三、第七和第十一宮則與風元素共鳴，與社交或刺激智力的活動相關，而第四、第八和第十二宮則與水元素呼應，與生活上的情感和非意識層面的活動有關。

模式也同樣適用於宮位，儘管說法並不相同：始宮（angular）、續宮（succedent）和果宮（cadent）。第一宮、第四宮、第七宮和第十宮屬於始宮（基本），關注的是引發、創造和指揮的活動。第二、第五、第八和第十一宮屬於續宮（固定），圍繞著穩定、維持且波動很小的活動。第三、第六、第九和第十二宮屬於果宮（變動），其中的活動更多是與成長或吸收新事物有關，如此才能不斷地更新觀點和經驗。

占星家還使用許多其他的權衡屬性和模式的系統，包括瓊斯形態（Jones Patterns）。【譯註9】和

【譯註9】由占星師馬克・艾德蒙・瓊斯所提出，除本書介紹之外的相位形態。

象限的區分（quadrant divisions）。【譯註10】這些都是企圖為當事人的個性予以廣泛的定義並獲得全面的印象。但是這些方法的重要性很容易被高估，因為儘管它們可以提供整體的調性，你仍然須透過特定的行星、星座和宮位的組合來構成更細緻的線條，透過這些細節你才能看到當事人的真實樣貌。

## 分類與屬性的應用

光是了解每個星座和宮位上述的分類與屬性，就可以使你進一步了解每個星座的風格或行為。例如透過了解射手座是投射的、變動的火象星座，你就會知道射手座是充滿活力、靈活的並且可以接受新的體驗。若要將這些類別專門應用於出生星盤中來獲得對當事人個性整體的觀點，要先計算當事人在每個類別中擁有多少個行星。

重要的是要記住，**每張**出生星盤的星座或宮位都有其能量，就算沒有行星在內亦是如此。每個人都可以汲取這些能量，只是當某些星座和宮位擁有較多行星時，當事人更容易與某種能量產生更高的協調性。因此，**當某一種特定的分類缺少或具主導性時**，使用這些分類廣泛地了解星盤中的能量場才是有用的。缺少行星在固定宮位的人可能會發現他們很難維持生活的例行性和可預測性，當他們開始感到困惑時，他們寧願啟動並完成新的項目，甚至最後放棄也無妨。而有多個行星在固定宮位的人則希望保有這種可預測性，他們覺得經歷這些可預測的過程並目睹事情的結果，反而是一種滋養而非讓人窒息的經驗。

當某種分類的行星分布是缺少的或具主導性時，其所產生的負面及正面的影響會比星盤中分布較平衡的人更為突出。火象星座具主導性的人可能充滿熱情和自信，過著冒險的生活，但也可能因為天真或衝動的行為而嚐到苦果。

了解每種類別如何產生交互作用可以提高此技術的有效性。舉例來說，任何星座同時有三個類別，可互相組合成自己的故事。例如，射手座是一個投射的、變動的火象星座：它躁動不安，具主導性並且以某種方式處在生活的最前線，而金牛座則是一個接受的、固定的土象星座：溫和、務實有耐性。

當我們權衡星盤中各種分類的比重時，幾乎會立即出現一個問題：所有類別的權重是否相等？還有哪些要件需列入考量？儘管答案不盡相同，但我們通常只須考慮行星（包括太陽和月亮），而不考慮非行星的物體或計算出來的虛點，例如尖軸點或南北交點。這樣我們就有十個需要衡量的對象。有鑑於發光體在出生星盤的重要性，有時我們也會建議把它們的權重加倍。你也可以依照直覺做各種嘗試。不必太擔心哪一個是對的；若更改方法會使數字稍微從一側移到另一

【譯註10】係指將上述的半球再分成兩個象限，總共四個象限。若有多顆行星集中於某一象限，也能指出當事人的個性取向。

側，但該星盤仍處於平衡的狀態，你可能就無法從中獲得決定性的資訊。但若數字差異很大，那麼即使改變方法而讓差距擴大或縮小，事實終將浮出水面。

## 三管齊下法

三管齊下法是使用太陽、月亮和上升點作為解析出生星盤的基礎。一旦你了解了出生星盤這三個行星的特質，就可以更容易在理解這三個行星的背景下解讀並了解其餘的行星。

先從太陽開始來思考其基本的、中性的含義。它代表人類的什麼需求？然後考慮太陽所在的星座。當事人是如何建立強烈的自我認同感的？哪些特徵為構成個性的重點？接下來考慮宮位。哪些活動可以培養並增強強烈的自我意識？星座的風格將如何影響這些活動？透過太陽在星盤的位置能更深入了解其核心含義和需求。

重複同樣的過程來解析月亮。過程中請記住你剛剛完成的太陽的核心含義。月亮所在星座和宮位的意義非常重要，但其意義也必須整合在你對太陽已經了解的背景之中。在描述月亮的含義時，你會開始意識到太陽的需求與月亮的需求之間合作或衝突的方式，以及當事人的內在如何與這兩種強大的影響共處。

最後，重複同樣的過程解析上升，並將已經解讀完成的太陽和月亮的基本含義記在腦海中，若其中仍有不解之處，請在完成每個解釋後重新審視整個過程。

一旦擁有這三個單獨的要素，就可以進一步考慮它們之間如何相互作用，即使它們之間沒有特定的相位引發問題。擁有這種核心個性（太陽）和情感傾向（月亮）的當事人是如何以最舒服的方式和世界互動的（上升）？若三者之間存在某些相位，請充分考慮該相位及其性質，因為這有助於充分理解三者是如何互動的。

儘可能整合這些含義。由於行星在星座和宮位有多種表達的方法，因此請考慮每種可能性。當你將太陽、月亮和上升整合在一起時，這些資訊將讓你開始理解哪些事物對當事人而言不可或缺。

從這裡開始，你可以開始透過與太陽、月亮和上升形成相位的行星，來擴展你對太陽，月亮和上升點的了解。這不僅是指三個行星之間的相位，而是整張星盤中所有與它們構成相位的行星。例如太陽與冥王星的三分相？月亮與火星的四分相？考慮這些行星本身的位置及其對太陽、月亮或上升點的影響。這將加深你剛剛學到的知識，並將你與星盤的其餘部分聯繫起來。完成此操作後（或確定三個行星沒有其他相位，雖然這很少見但仍有可能），你可以選擇星盤中任何其他行星甚至相位來繼續進行星盤的解析。

三管齊下法的應用：案例解說

思考一下以下案例：太陽在第三宮牡羊座21度，月亮在十二宮天蠍座4度，而上升點位於射手座19度。

首先思考你對太陽一般性含義的理解。必要時可先寫下來。太陽是自我的中心意識。太陽所在星座和宮位為當事人建立和強化認同感重要的特徵和活動。這些特徵和活動中，至少有一部分為當事人建立自信的基礎。

用同樣的方式思考太陽所在的星座：牡羊座。牡羊座的特徵光譜有著主張和驅動自我的力量以及發現新領域並超越安全界限的本能。競爭、衝動和急躁都是這些特質可能的副作用。

最後，回顧一下第三宮的活動與體驗。溝通、藉由提問來學習、透過各種渠道吸收訊息以及活躍於各種體驗式的活動等等——這些都由牡羊座的熱情和第三宮飢渴的好奇心所引發。這個宮位也包括持續觀察的過程，並將觀察到的東西整合到該主題既有的知識中。

有許多方式可以將每個點連結起來整合這些概念：當事人對自我的認同（太陽）建立在新領土的征服、推動並向自己或向他人自我證明，以及生活中採取行動（牡羊座）所伴隨而來的自信上，而不是等待或退縮。這些行為和需求可能會藉由溝通和學習方式（第三宮）明顯體現出來，也顯示出他們生活中的巨大活動量，這是因為他們對想要的東西總會採取立即的行動（牡羊座）。潛在的陷阱可能包括急躁和衝動的個性，尤其展現在說話的方式上（第三宮）。他們在充分考慮要說的話或對聽眾的影響之前就直接脫口而出（牡羊座），因此導致爭議或辯論。就如我們常提的，這種好爭辯的傾向仍須觀察出生星盤的其他部分（例如主管衝突的火星或代表溝通的水星的位置）。現在你無需完整解析其他的行星，但是快速瀏覽星盤中的火星和水星將幫助你確定它們是否強化或弱化這個結論。你也可以先將這個想法排除，之後將其他行星納入解析時再予以反駁或證實。

注意到整合的過程會自然縮小每個光譜範圍的可能性。例如，牡羊座涵蓋了各種可能的表達方式，從具競爭力到對體育活動的熱愛，從勇敢的冒險意識，有時甚至是野蠻的表現到愛與他人爭辯等等，這個列表可以無限擴展。但是當我們將範圍縮小到第三宮的領域時，我們可以看到大多數牡羊座的表現都被引導至與學習或溝通相關的行為中，因此儘管當事人喜歡每年參加一次馬拉松比賽或從事爬山的職業，第三宮會迫使你將考慮的範圍縮小，例如他說話的方式，在獲取新訊息和觀點的形成上有著強烈的企圖心，或經常未加思索就脫口而出等等。當你越懂得將星盤裡的符號與所學到的內容整合時，這個縮小範圍的過程就會越快。

接下來我們來到上升點的解析，考慮其在出生星盤的功能和作用。上升點是我們與整個世界及人們進行交流的方式，也是最自然並出自本能的方式。

射手座有激勵擴張的特色，無論是在思想上，身體上還是經驗上。不僅牡羊座，所有火象星座都在尋求讓自己感覺活著的經驗，而射手座則因新的冒險而變得更加活躍；擁抱未知是擴大世界觀最好的方法。射手座的投射性傾向讓他們更容易相處。

上升點在射手座的人看待世界的眼光總存在著多種可能性，每一天代表著體驗新事物的機會。他們並不一定都是開朗的，但是他們相對樂觀積極，而他們靈活的性格（作為變動星座）可以幫助他們順其自然持續前進。總體來說，他們對他人看起來是友善隨和的。

最後，我們來考慮月亮的需求與角色。月亮代表我們在情感上必須感到安全和受到保護的需求。星盤中月亮的位置代表了撫育我們以及我們如何反饋他人的經歷。月亮的位置也決定著我們情緒的流動以及情緒變化的各種經歷。月亮是我們最脆弱、最私密的自我，也是我們無意識的直覺。

天蠍座需要強烈的體驗與真實的經歷——即使他們揭示了某些人、經驗或生活本身令人不快或恐懼的部分，他們也無法接受自己在赤裸裸的真相之間還有其他的存在。他們尋求的是深度而不是廣度而且渴望沉浸在深層的體驗中，並希望透過原始的力量和情感上的勇氣來獲得更大的力量。

第十二宮的境界包含超越世俗的領域：當我們進入想像的世界而遠離一切時，或當我們尋找能進入精神的或幻想的心境時。

再來我們將這些符號整合，月亮在天蠍座的人有著強烈的**感受**，甚至有時對他們來說都太過強烈。他們在**情感上**有著很強的直覺力，能感知到表面和諧的社會中有說不出口或被忽略的真相並且渴望公開表達他們所了解的事實。他們必須確認別人的忠誠才能了建立信任感並給予相同的回報；然而月亮在天蠍座的人並不容許自己脆弱，因此他們更著重於獲取而非提供真相。月亮位於虛無飄渺的第十二宮，他們可能有著很深的感受但卻難以識別和表達這些感受，這不僅因為他們想要自我保護，也是因為他們在情感上的反應對他們而言就像謎一樣，而這會導致他們情緒的孤立。他們渴望在日常生活中經歷不常見的、深刻且能轉化他們的情感體驗。他們需要大量的獨處，定期遠離世界的喧囂以保持情緒感受體的協調。

我們不僅要將行星及其所在的星座和宮位整合，在取得足夠的內容後還要進一步考慮如何整合這些資訊，從而說明這些符號的組合是如何表達的。

牡羊座的太陽和在射手座的上升點彼此形成三分相，這使我們得以順利整合兩者並歸納出整體的詮釋。兩者都抱持著像火一般熱烈的態度看待世界：直接、熱情、主動且具冒險精神。整體而言形成活力十足並以行動為導向的個性傾向。

然而位於水象星座及宮位的月亮卻與這兩者的風格截然不同。有別於太陽和上升點外顯的能量，位於天蠍座和第十二宮的月亮更關注內在的私人領域，例如想像的、內在的和心靈的層面。雖然我們可以理解私生活或內在生活與公共生活或外在生活經常形成對比，但卻很少像這個案例那麼極端。當事人甚至很難透露對某種事物的真實感覺，甚至對自己也是如此。因為月亮本身的潛意識性質受到天蠍座保護或祕密主義的影響以及第十二宮虛空領域的強化，使得當事人雖然能立即且直接表達性格中明顯外向的因素，但其真正的內在情感可能需要一些時間才能浮出水面。認識他們的人會發現，由於這種煙幕效應，周遭的人很難靠近他們或知道他們真實的感受，即使他們不是故意的。他們極其私密的情感特質與外向的性格形成鮮明對比，也使他們難以察覺何時應該退縮以恢復活力。

要注意到三管齊下法的應用並沒有嚴格的順序。若你覺得從上升點開始比較能產生意義，那就這樣做吧！

三管齊下法能幫助你對出生星盤最基本的部分有充分的了解。接下來，你可以開始尋找與這三個符號形成相位的行星繼續進行解析。先選擇你要解析的行星，然後考慮它所在的星座和宮位來解析它的表達方式。然後再將你對星盤已經了解的部分加入考量，思考它的表現與你已經了解的主題是相似的還是有很大不同？它又如何與太陽，月亮或上升點互動？

## 尋找星盤主星

每一種出生星盤的解析技術最終都是為了要找出重複的模式或確定星盤中最重要的影響力來歸納出整張星盤的主題。權衡分類與屬性的方法可找出星盤中最具主導性的元素、模式和二元性。至於尋找星盤主星的解析技術則是要建立行星之間的階級層次。接下來我們要介紹這個技術，但是在更深入研究行星的階級層次之前，我們先須了解什麼是主管行星。

## 主管行星的介紹

每個星座都有一個指定的主管行星，據說當行星位於它所主管的星座時可以更輕鬆執行其功能，就像好國王在自己的王國中是舒適且有自信的。[25] 在前面介紹行星的章節中，我們已描述行星及其主管星座的關聯，而你也已經知道各個星座的主管行星。現在我們將詳細了解主管行星在解析星盤時的功能。

儘管行星主管的系統最初是由行星與星座的關聯開始，但主管的概念在現在代占星中已經擴展到宮位。**占星十二原型**（astrological alphabet）將行星、星座和宮位聯結在一起，因為它們有某些含義是相符的。例如，與頭腦（學習，思考）和聲音（溝通，表達）有關的水星，與想要獲取和共享知識的雙子座有著相似的主題和動機。而這些共通點又與第三宮的活動相似，例如學習、溝通和觀察。

以下是占星十二原型的組合：

---

25　雖然星座及其主管行星之間的關聯有其意義，我們也觀察到它們之間相似的屬性，然而一開始行星分配給各個星座的方式並不在於它們之間是否有「相符」的含義，而是以分配的模式為基礎，從太陽和月亮開始然後再依序分配。在分配行星的主管權時，除太陽和月亮以外，每個行星都主管兩個星座，一個是日間（diurnal）星座，另一個是夜間（nocturnal）星座。有關古典占星學和主管行星的更多訊息，請參見本書最後的推薦閱讀書單。

◆火星、牡羊座和第一宮的共同主題包括驅動力、專注於自我以及啟動新事項。

◆金星、金牛座和第二宮的共同主題包括舒適愉快的生活以及對價值的注重。

◆水星、雙子座和第三宮的共同主題包括溝通、觀察與好奇心。

◆月亮、巨蟹座和第四宮的共同主題包括家、滋養、保護以及生活中早期經驗所形成的內在情緒。

◆太陽、獅子座和第五宮的共同主題包括自我表達、創造力和娛樂。

◆水星、處女座和第六宮的共同主題包括生活的細節，無論這是指觀念上的梳理或是每日瑣事的勞動上。

◆金星、天秤座和第七宮的共同主題包括合作關係以及所有人際社交上的覺察。

◆冥王星、天蠍座和第八宮的共同主題包括恐懼與創傷、來自心靈底層的議題以及權力的(不)平衡。

◆木星、射手座和第九宮的共同主題包括擴展、高遠的企圖心以及宏大的理想／經驗。

◆土星、摩羯座和第十宮的共同主題包括責任、架構以及社會的角色與活動。

◆天王星、水瓶座和第十一宮共同主題包括團體性與個體性的對抗，辨識現狀甚至與其對抗，以及個人在團體乃至世界的角色。

◆海王星、雙魚座和第十二宮的共同主題包括神祕的、超越塵世的經驗和欲望以及靈性。

你會發現到有些星座和宮位有著同樣的主管行星。要記住在發現天王星、海王星和冥王星並將它們納入現代占星學之前，十二星座分別是由七顆行星主管的。這也顯示這些符號豐富與多元的意涵，它們所訴說的不只一種概念而已。有些占星師建議一些小行星亦適合成為某些星座的主管行星，例如凱龍星可代替水星作為處女座的主管行星。然而這需要時間來驗證這樣的做法在占星學的集體意識中是否可行。

## 運用星盤主星來建立主題

這個技術可以幫助你識別星盤的主題。每個人的出生星盤中只有一個水星，一個雙子座和一個第三宮，但是這三個部分可能會以不同的方式從星盤突顯出來，從而為星盤提供可能的主題。例如，若水星與天頂合相，或者雙子座為上升點的星座，或者第三宮有五顆行星在內，我們會注意到它們各自的含義。但是，若**這些都**出現在同一張出生星盤中，那麼占星十二原型將幫助我們發現水星，雙子座**和**第三宮共同的心智和溝通的主題將主導整張星盤，即使它們擁有各自的含義。無論你採用何種技術解析星盤，當某些因子在星盤中特別顯著時，追蹤相關的線索就成為確定整張星盤主題的關鍵因素，同時也是整合星盤時可以著眼的特色。

占星十二原型的功能雖然強大但必須謹慎使用，因為這很容易被誤解為每個組合的含義可以完全互換。儘管它們有著共同的特徵，但雙子座與第三宮是**不一樣**的，水星在雙子座與水星在其他宮位的含義也截然不同。回顧一下第二章所討論過行星的中性特質。水星想要思考、學習和交流，但它本身並沒有特定的**風格**，直到它被放在某個星座並承接該星座的訴求和特徵，但不一定會有雙子座的特質。水星為雙子座的主管行星，但若將其放置在金牛座，它會先從某一個學習主題開始學習直到理解的程度達到實際應用的地步。它會需要實際的例子示範，而不能只是抽象的概念。這種風格與雙子座截然不同，雙子座喜歡快速吸收後繼續前進，無論所學的是否實用。

## 主管行星的應用：星盤主星

要確定星盤主星非常簡單：上升點所在星座的主管行星即為整張星盤的主星。若上升點位於雙子座，水星是主管行星亦是星盤的主星。若上升點位於天秤座或金牛座呢？金星則為星盤的主管行星。

由於上升點代表你**迎接**世界的模樣，也代表著你是如何接收、回應並對世界採取行動，因此上升點的主管行星被認為是整張星盤的主星，因為它也說明了你面對整個世界時的方法。我們對上升點的回應（以及對世界的回應）也以許多方式改變或破壞我們被世界接受的方式，從而影響提供給我們的機會以及我們建立聯繫的事物。上升星座顯示了你整體的風格，而星盤主星所在的星座和宮位將提供其他有關該風格或基調的其他訊息或細微差別，從而深入了解你可能**體現**的能量。

這種確定星盤主星的技術有一個例外，那就當星盤有與上升點緊密合相的行星時。與上升點合相的行星將對我們向世界展現自己的方式有著清楚且顯著的影響。雖然上升點星座的主星在星盤的階級結構非常重要，但與上升點合相的行星通常會站在舞台的中心。不過在某些情況下，究竟何者為星盤主星也有爭議。若上升點星座的主管行星為發光體，例如太陽或月亮，而與上升點合相的行星恰好容許度較寬，那麼確定誰是星盤主星可能會變得更加困難。比較容易的做法是將它們視為同等重要。當然，若一個行星與上升點合相，而它剛好又為上升點的主管行星，很幸運地我們就不會有必須取捨的狀況了！

但星盤主星剛好又與上升點合相的情況仍有一個細微的差別，即與上升點合相的行星是在第一宮還是在第十二宮的。這種差異是很微妙的，若主星是在第十二宮，則它對當事人行為風格的影響可能不如在第一宮那樣容易查覺，而當事人也可能不太了解該行星如何影響其他人對他的反應。若合相的容許度非常小，那麼這種差異可能就非常微小且無關緊要了。

## 星盤主星的重要性

當你將星盤主星的含義與上升點含義結合起來時，星盤主星就會發揮其重要性。首先從上升的星座開始。熟悉這個星座的意義並想像**帶著**該星座能量的當事人看起來的模樣。要記住，上升點象徵著我們面對世界時的面孔，它反映了我們是誰，即使不是全部。它代表我們日常社交時所呈現的樣貌，我們所體現的個性特徵，同時也是我們與世界互動以及在其中盡量讓自己感到舒適的方式。

思考一下星盤主星的含義及其核心功能。然後思考行星如何透過所在星座的日程和風格執行這些功能，最後再加上行星所在宮位可能的行為和活動。當你找到上升星座的主管行星後，整合其所在的星座和宮位的含義，然後加上你已經了解的星盤內容，即我們剛剛所著墨的上升點的本質。再來將星盤主星的含義與上升點的含義相結合。若上升在處女座，其主管行星水星位在第二宮天秤座意味著什麼呢？儘管上升點有其明確的含義，但是當你添加了不同的成分時，你對星盤的理解將會有微妙的改變。

思考一下上述的情況，即上升點在處女座，而水星在第二宮天秤座。這是一個實事求是的人，在面對世界的同時一切必須都在掌控中才能感到自在。處女座的內在需求是成長和進步，他們謙卑的個性老是覺得自己還有改進的餘地，因此當事人的行為舉止可能低調不愛出風頭，他們不見得害羞，但卻刻意不引起注意。處女座也會因為覺得自己有用而感到被激勵，因此當他們處在新環境時，他們不願只是閒在旁邊觀察而已，而是希望能投入工作並以某種方式做出貢獻，這樣他們才會感到自在。他們常被認為是能幹和樂於助人的。處女座專注於細節的眼光使他們善於解決或發現需要解決的問題，因此他們可能會覺得自己不斷地藉由缺陷來觀察和衡量世界，這可能會讓他們在表面上看起來太負面及具批判性。他們也可能會覺得身邊發生太多事情而難以負荷，因為他們會不停擔心可能發生的錯誤或難以控制的事情。若計劃又是他們發起的，他們更是如此。

水星是處女座的主管行星，所以讓我們思考一下水星在第二宮天秤座的可能性。水星代表溝通和思想的功能，以及收集、表達和分享知識的需要，它也代表我們學習和思考的方式，包括我們喜歡學習和思考的事物。當水星位於天秤座，當事人常會因為收聽者的不同個性而調整溝通的方式。有的人除了要求對方給予反饋來確認聽眾接收訊息的反應外，還會注意到自己不要冒犯或輕視聽眾的觀點。水星在天秤座的人天生比他人更了解社交活動的禮儀與暗示，並願意花時間觀察他人在這方面的表現。水星在天秤座的人在思考的過程中通常不會太快下結論，而是傾向權衡不同的觀點，因為他們知道每個決定性的觀點有著多種的可能，即使只是他們自己的觀點。而水星位於第二宮時，當事人會特別將思考和溝通的能力視為寶貴的資產，甚至自然而然為這樣的技能找到職業的出路。當事人可能會經常考慮自己的財務狀況以及如何改善它或善用自己的資產。

上述的內容是否符合我們已經知道的上升點位於處女座的訊息？我們知道處女座實事求是及務實的傾向，可能會被位於第二宮財富和資源宮的水星進一步強調。上升點在處女座已經希望自己是個有用的人了，但由於星盤主星又位於第二宮，因此更加著重於充分利用現有的東西。而水星位於天秤座這個注重互動與團隊合作的星座中，當事人將更加渴望以互惠的方式交流有價值和實用的想法。我們可以想像，若突然以過於認真的態度與世界互動，有時可能引起他人反感，但天秤座的風格可以弱化這種傾向，因為他們會考慮他人在互動時的想法而不會為了提高效率而犧牲彼此之間的友善。

要記住星盤主星可以為出生星盤的整體解析添加有趣的視角，但是就像元素與屬性的分析一樣，即使有用也只是組成的架構之一，無法像三管齊下法那樣提供星盤解析的「血和肉」。[26]

## 從第一宮開始

這個技術之所以有用是因為它提供了一種井然有序且徹底解析的方法。這個方法的運用只需從第一宮的始點開始。第一宮的始點是一個重要的尖軸點，即上升點，因此我們首先要詳細了解上升點的星座來了解當事人自帶的能量與風格以及它在出生星盤所扮演的角色。

接下來，考慮所有與上升點形成相位的行星。為了保持秩序，請先針對行星與上升點形成的相位來理解它們對上升點的影響，而不要考慮它們所在的星座、宮位的含義。別擔心，最終你將會再加入這些內容的解析。

再來，考慮第一宮內的所有行星（若行星與上升點合相，你應該已完成此步驟）。這個行星的性質和目的是什麼？它如何透過星座和宮位產生作用的？然後考慮與該行星形成相位的行星。

接下來移至第二宮內的行星，並在其他宮位重複該過程。若宮位中沒有行星在內，你也可以考慮該宮位始點所在的星座，但要記往這些宮位的重要性將比其他有行星的宮位來得低；只有行星才會產生行動。毋庸置疑，你最終會來到一開始你已解析過的，與第一宮的始點形成相位的行星所在的星座與宮位。此時請再徹底解析這些行星與其他行星的相位，然後重新回到你已解析過的行星相位，最後對這兩個行星的互動產生紮實而完整的理解。

可以的話，思考一下每一個步驟所給予的資訊，並將其與上一個步驟的含義整合起來。若你覺得資訊太多難以吸收，可以先一個個獨立解析，最後結束時再進行整合。

這個技術的缺點是，它不一定會幫助你很快找到星盤主題。這個技術可以保證你不會錯過任何事情，但是你可能會因為過於專注星盤的細節反而淹沒在星盤太多的資訊中而失去洞見，也可能迷失在無關的訊息中找不到主題。由於這個技術非常全面，你會不斷遇到重複的模式而最終找到一致的主題。

26 另外還有本書未介紹的其他應用行星主管系統的技術。例如跟蹤各個行星的定位星以找到最終定位星（若有的話）。不過作者認為這些技術雖然久負盛名並有自身的價值，但相對於心理學和精神的角度而言，它們在星盤解析中所提供的價值相對較小，對於初學者而言也可能太過複雜，因此就不將它們納入本書中。但若你對這些主題感興趣，請參閱最後的推薦閱讀書單。

## 敘事法

若你偏好不循規蹈矩而直接開始，這裡還有一個適合你的技術。在某些情況下，這個技術看起來更為進階，不是因為它比其他技術產生更好的結果，而是因為它並不依賴太多的結構。這個技術在本質上是遵循你的思路，以一種直觀但有意義的方式從星盤中某個位置跳到另一個。

顯然這個「技術」沒有太多細節，每個星盤都會引導你走上不同的道路，但是這個技術有一些基本準則可以幫助你入門。首先從你覺得最簡單的地方開始，這可能因星盤而異。什麼最引起你的注意？是某個星座或宮位中的星群？還是上升點的星座比其他星座更容易理解？一個位於尖軸點的行星？你可以從任何地方開始，任何行星、星座和宮位。接下來，問問自己它們所表達的意義。你喜歡的是哪種主題和特徵，而這些又會延伸到哪些主題（及其對應的行星、星座或宮位）？這就像說故事一樣，想像一下星盤的主人翁會有什麼樣的故事，也許這個故事並不一定要靠情節來推動而是由人物來產生。

接下來該怎麼說故事才有意義？雖然說敘事法可以作為一種開始，但它更是作為結束的一種最用的方法。無論你使用哪種技術，都還是會有無法「一網打盡」的因子。儘管敘事法看起來隨心所欲而不算是個技術，但其中最重要的是，無論你從哪裡開始，無論下一步走到哪裡，都應該以之前的內容為基礎接續下去並避免混亂抽象的概念。每個步驟都必須為下一步提供基礎或前後連貫的敘事，如此才能整合成有意義的解析。

## 月亮交點的基礎

月亮交點的基礎[27]是由代表人生基礎的南交點開始星盤的解析，北交點被視為人生的指導原則，透過學習新的觀點與回應的方式來平衡南交點過度的傾向。與月亮交點形成相位的行星也應納入整合以理解整個月亮交點的架構。這個架構能以新的觀點審視星盤的其他部分，並能突顯我們必須學習和實踐的課題和技能，使我們的生活更為充實，甚至還能指出可能阻礙我們成長的行為和態度。月亮交點「標示」了我們的星盤方向，一個代表起點（南交點），另一個代表終點（北交點），而介於它們之間的其餘領域則告訴我們該如何從始點走到終點。這個技術比單獨使用上述任何一種能更全面地了解星盤的主題；因此我們將詳細介紹此技術，並在每個步驟提供一個示範。

27 許多占星師在採用這個技術時多半還會再增添自己的方法，我就是如此，不過月亮交點基礎的基本結構很大程度上是由占星家史蒂文·福雷斯特和杰夫·葛林（Jeff Green）在演化占星學（Evolutionary Astrology，EA）的名號下率先提出。隨著演化占星學的法則不斷實踐與發展，它不僅代表一種思想或哲學，而且還代表了一套技術和程序，有些就如同我在本書使用的一樣。然而本書並不是有關演化占星學的權威著作。若想再知道更多相關資訊，歡迎查閱本書最後推薦閱讀書單。

## 南北交點的雙重相位

這種技術除了分析了南北交點，也要分析與它們形成相位的行星。由於月亮交點並非獨立存在而是位於一條軸線上，因此任何與其中一個交點形成相位的行星實際上會同時與兩個交點形成相位，即使它們所形成的相位是不同的。例如當一個行星與南交點形成三分相，也會同時與北交點形成六分箱。因此這個方法應**首先**針對南交點進行完整且有層次的分析後，再去分析北交點。這意味著儘管有一顆行星同時與這兩個交點形成相位，你**只須**先處理該行星對南交點的影響。之後你仍會再重新檢視同一顆行星，但此時要考慮的則是它對北交點的影響。

出生星盤中任何與月亮交點形成相位的行星都具有雙重或多重的目的。除了它們各自在出生星盤中的典型功能外，它們還代表靈魂從南交點到北交點的旅程與步驟。這個分析南北交點的技術可作為解析出生星盤其餘部分前的基礎，由於與南北交點的形成相位的行星可以產生多層次的解析，因此月亮交點的基礎曾被稱為「星盤中的星盤」或「隱藏在星盤之後的星盤」。

在應用這個技術時，重點應先放在與月亮交點形成相位的行星所扮演的角色。在你針對月亮交點做出完整的分析後，除了行星對月亮交點的作用之外，它們本身的意義也會自然而然突顯出來。舉例來說，若水星與月亮交點形成相位，那麼它將對當事人學習、溝通和感知的風格和領域具有直接的影響，而該風格和領域可從水星所在的星座和宮位得出。它同時**也**具有雙重或廣泛的含義，在月亮交點的故事中扮演著某個角色，例如成為當事人某種生命的課題，又或許成為當事人邁向北交點目標的催化劑或墊腳石。專注於行星之於月亮交點所扮演的角色將有助於月亮交點故事的展開，並為之後的解析提供更直接且更多的含義和背景。

## 南交點的星座和宮位

首先將焦點放在星盤中南交點的位置。請記住，南交點代表舒適區，習慣的生活方式或思考或應對生活的自動化模式。你可以將其視為出生星盤的基本主線或入口，而將南交點視為靈魂將「過去」帶入出生星盤的內容，彷彿它第一次來到這張出生星盤一樣。

讓我們先從南交點的星座開始解析。這個人有什麼特別明顯的特徵？而他思考和回應生活的方式又是如何從性格中表現出來的？他的性格可能會為他帶來哪些麻煩？然後我們再看一下南交點的宮位。哪些行為對他們來說是出自於習慣、舒適和容易的？若他們正在申請一份工作，他們會在履歷表寫上什麼樣的經歷？南交點代表他們已經知道且擅長的事物，但是也可能代表他們對生活的感知和反應的局限性，固守某些習慣卻不再成長或冒險。他們可能**太**擅長哪些活動以至於產生哪些副作用或盲點呢？

**範例**：南交點在雙子座有多種可能性，例如當事人是一位出色的溝通者或思維敏捷的人，有著處理大量數據的能力以及對生活保持好奇心等潛在特質。但這樣的人也可能因為無聊，在事情未完成前就快速地將注意力轉向別處；這種天生的躁動很容易分散他們的精力或注意力，或只相信自己的親身經歷卻不相信官方或二手的消息而產生某種盲點。

若將南交點雙子座放置在第十二宮中，並以該宮所代表的行為和環境再往上加一層意義。由於第十二宮代表帶領我們離開日常生活的活動，因此當事人能理解抽象的或廣泛的概念以及超越常規或幻想的領域，例如從量子力學到超自然現象或榮格的集體無意識。他們可能傾向躲藏在自己的思想中或經常從世界抽離，或更常見到的是，他們無法將自己的想法公諸於世或在現實世界進行測試。

每個範例都可以探索出多種可能性，而上述的範例應用了該技術的幾個重點。另外，在進行南交點的分析時，你只須先從星座和宮位開始，思考行星透過星座和宮位表達時可能的多種方式，並對你仍**未**知道的部分保持耐心。當你進一步進入月亮交點分析時，你將開始縮小意義的範圍並進行更完善的定義，而在一開始你所繪製的廣闊畫面將變得更具焦點和獨特性。

## 行星合相南交點

在透過星座和宮位完成南交點的解析後，再查看是否有與南交點形成合相的行星。通常與南交點合相的行星也會與南交點處於相同的星座和宮位中，[28] 因此你只須關注行星的特質以及它對你已經了解的南交點的星座和宮位有何影響。人類基本需求中有哪些會主導他們對生活的反應？這些需求又如何透過南交點的星座和宮位以顯著的方式表達出來？

**範例**：土星合相南交點代表當事人可能想成為一位權威人士，或他會自然表現出權威感或智慧。但這也有可能表示當事人為了避免處於危險或無法控制的情況，寧願長時間陷入或停留在某種情況或態度也不願冒改變的風險。他們可能會經常感到憂鬱或沮喪或者對生活抱持悲觀態度——太快下「不能」或「不應該」的決定。他們可能善於遵守紀律和實現自己的目標，但由於自我約束和紀律，他們很難在活在當下或放鬆身心。他們可能不自覺地承擔（或被迫背負）超過他們的年齡或生活狀況所應該承擔的責任。

若土星合相位於第十二宮雙子座的南交點，當事人可能是個思想僵硬或堅持某種觀點的人，即使有新的證據出現。他們可能容易相信來自權威人士（土星）的訊息（雙子座），而不是眼見為憑。土星遺世獨立的傾向又位於超脫塵世的第十二宮，使他們更容易退縮或孤立，甚至到達難以承受或像被監禁的地步。

## 行星對分南交點

接下來讓我們思考行星對分南交點的情況。為了便於理解，請暫時忽略該行星同時也與北

28 若與南交點合相的行星並不在同一星座或宮位中，你需要將該行星在其星座和宮位中的理解整合至你對南交點的解析中。更多有關「跨星座相位」的訊息，請參見第十七章。

交點合相的事實，而只關注其對南交點的對分相。北交點的部分會稍後再做說明。與南交點對分的行星可能會感覺像是一種阻礙，一部分的**你**在跟自己作對，代表著持續的內在衝突。由於南交點的力量是強大的，也是我們個性固有的一部分，所以與南交點對分的行星可能會感到陌生且困難。它**也**是內在的一部分，但可能會不如南交點的習氣那麼具主導性，因此若南交點的力量壓倒了對分的行星所代表的欲望，它的能量可能很難被體現出來。儘管它們可能代表著內心的兩種需求或聲音，但它們彼此衝突，而與南交點對分的行星可能更具挑戰性，因為若要掌握對分行星的力量，我們必須突破舒適圈，冒險進入我們內在未知或仍未完全顯現的部分。

在生活中的不同時間或環境下，與南交點對分的行星可能會往外投射到特定的人或特定類型的人。若我們無法認同對分行星的本質或不覺得它與我們有關，該行星的能量就有可能體現在生活中某些人身上而成為某種示範（有時甚至是目標！）與那些人的衝突或沮喪可能反映出這個對分的行星在內在生活所產生的問題。尤其是那些較為嚴厲的行星，例如火星、土星、天王星或冥王星，會更容易反映出來（不過並非總是如此）。

雖然與南交點對分的行星可視為南交點的阻礙，但由於它也是距離南交點最遠的行星，有可能同時代表你想要卻永遠無法擁有的事物。這可能是因為我們沒有獲得它所需要的事物，或因為它與自己截然不同以至於懷疑我們能否體現它。它甚至代表因為太害怕而無法承認那是我們想要的事物，而渴望的感覺可能會被防禦機制所掩蓋，例如怨恨或批判那些能**體現**那些事物的人。

而這比較容易從較溫和的行星，例如金、木星或海王星反映出來（不過並非總是如此）。

在應用月亮交點來演繹人生故事時，我們可能不容易分辨出何時這些故事會真的發生。在我們編織故事的同時，我們會不斷地添加新的片段，而我們學到的技術能在每個步驟中將故事的範圍縮小並完善它，在組成所有要素後從光譜的各種可能性歸納出最有可能發生的情境。若你還不清楚對分的行星顯示出哪些（若不是全部）可能性，請先將這些可能性放在心裡，因為在你繼續往前解析的時候，這些可能性會變得更加清晰。而適用於對分行星的解析也可能不止一種。

**範例**：與南交點的對分的火星可能會在處理憤怒或衝突時造成阻礙或問題。此外，出生星盤有這樣配置的人可能會無法表達他們**想要**的東西或為其採取行動。由於火星**對分**而不是合相南交點，當事人可能會無法與火星的能量連結或避開其能量，因此會有**未充分利用**的情形，並**限制**自己按照意願行事或避免衝突，但最終這樣的失衡仍會藉由月亮交點的其餘部分以及整張星盤所訴說的故事以各種方式表現出來。例如若星盤顯示當事人具有強烈或主導性的性格特徵，與南交點對分的火星可能會以誇大而非迴避的反應來面對衝突。

當火星與南交點形成對分相時，無論當事人過度使用或未充分使用火星的能量，無法與火星能量連結的當事人很有可能將其投射到環境中，並遇到具侵略性或主導性的人，其程度甚至超出火星本身應該要有的表現。除非他們承認自內在的火星能量並適當指引它，否則他們可能會遭遇頻繁的衝突或覺得自己的生活老是在躲避這些衝突卻不知道為什麼。他們可能有意無意地渴望能夠體現火星的能量，但是他們卻出於各種原因無能為力，也許是因為擔心成為自己所討厭或恐懼的那種好鬥或支配欲強的人。

再將火星加到之前的範例中，此時火星會位於第六宮的射手座，與在第十二宮雙子座並合相土星的南交點形成對分相。火星透過射手座體現對冒險的渴望以及透過新經驗而學習的欲求。他們希望能無拘無束地行動，毫無保留。在第六宮射手座的火星會在工作中或與工作相關的活動中表現其能量，除了願意勇於承擔新任務外，他們也會以果斷和樂觀的態度來面對這些任務，並在執行的過程中要求大量的自由和靈活性。若當事人無法與火星的能量連結，他們可能會批判或嫉妒那些能以這樣的方式完成事情的人，或因為那些人而感到沮喪或被超越。另一方面他們也會希望自己能變得無憂無慮或具冒險心。

之所以會發生內在的衝突是因為部分的火星希望由這種方式表現其能力和欲望，然而南交點的舒適區卻由土星所控制，因此當當事人以克制的、實際的或憤世嫉俗的方式來表現會更為舒適（雖然不一定快樂）。當事人可能不願意（土星）表達他們的想法（雙子座），或者覺得自己沒有能力或資格在現實世界中付諸行動（第十二宮代表脫離世俗）。若當事人確實表現出火星的熱情和自信，土星的訴求仍會不自覺地驅動當事人的行為，或試圖證明自己必須掌控全局來樹立權威，不過是以射手座熱情天真和充滿活力的方式。

## 行星四分南交點

接下來，觀察與月亮交點形成四分相的行星。與某一交點形成四分相的行星必定同時與另一個交點形成四分相，因為該行星對兩個交點的距離大致相同。占星家杰夫・葛林稱與月亮交點四分的行星為「未盡之步（Skipped Step）」，有部分是因為此時行星雖然完成南交點到北交點的一半路程了，但該行星在達陣前仍有一些功課仍須完成，也代表必須跨越及整合的課題。這有可能是生活中出自於慣性而成為絆腳石的事物，尤其若當事人持續以相同的方式回應或面對相同的難題時。這個行星也代表著一種「進退兩難」的困境，並採取各種方法來逃避或克服內部不斷循環的衝突。當人們學會如何以最佳的方式處理四分的行星能量，並釋放一些使四分的行星持續感到沮喪的南交點行為模式時，他們才能輕易了解北交點的觀點（以下的內容有更多介紹）。

在分析四分月亮交點行星時，你需要將其所在的星座和宮位的特質整合成一個整體，因此請按照解析行星、星座以及宮位的過程來進行。先思考行星所代表的基本需求，它們表達和滿足這些需求的方式（星座）以及為滿足行星需求而進行的活動（宮位）。然後再思考南交點的舒適區以及四分的行星之間是如何產生挫敗感，使得當事人在成長中不斷經歷重複的循環（朝北交點前進）和失敗（四分行星所帶來的挫敗感將他們踢回南交點的舊有模式）。

**範例**：再回到我們先前的範例並將天王星放置在第九宮雙魚座內，與南交點形成四分相。天王星代表自由表達真我的個體化需求，並經常採取逃離或反抗現狀的形式表現。天王星在雙魚座會透過溫和的方法來實現和平與自由，而不是用暴躁或侵略性的方法來完成，而他們自我發現的風格傾向藉由幻想的、靈性的或神祕的事物來實現。第九宮的活動主要藉由體驗來了解整個世界，其中大部分是透過正規或體驗式的學習來完成的，除了了解世界本身的意義外，也了解我們在其中的角色。因此當事人可能會有尋找另類的（天王星）學習經驗的願望和傾向，並從自己的文化傳承與思維的現狀中脫穎而出。

天王星在尋找自然的出口時又會如何阻礙南交點的舒適區？每當他們有衝動想要跳脫框架來思考和學習時，就會挑戰他們的舒適區而引發內在衝突，而這個衝突嚴重的程度可能又會將他們拉回已知的信念和思想領域。這樣的衝突可能以多種方式表現出來，從一開始想遵循其對另類教育（正式或非正式）的興趣，但最後卻退縮不前或無法順從自己的衝動，到遇到來自其他文化或背景的人來挑戰其思維方式，給予他們新的思想的同時也挑戰他們的界限，若壓力過大，他們也可能會退縮。他們可能還會產生吉光片羽（天王星）的直覺（雙魚座），然而這個直覺是無法以理智（雙子座）的架構（土星）來理解或驗證的。一邊是他們認為真實的，或可被證明為真實的事物（在雙子座的土星），而另一邊則是透過個人經歷（第九宮）所感知的事物（雙魚座），他們可能會不斷經歷兩者之間的衝突（四分相）。

最後尋找與南交點形成三分相或六分相的行星。與南交點形成三分相的行星必然與北交點形成六分相，反之亦然。與月亮交點形成三分相或六分相的行星能為月亮交點及其代表的事物提供了天然的出口和輔助。但它可能會與南交點掛勾，因為它特別容易與南交點的模式協作。這對當事人可能會有幫助並賦予其與生俱來的才能和輕鬆的感受，但像南交點一樣，它也會保持重複的行為模式，這些模式雖然令人舒服但也會帶來停滯。有一顆能幫助南交點發揮最大利益的行星雖然不錯，但有時也實在太容易了。

**範例**：位於第四宮天秤座的水星將與南交點形成三分相。當事人的思考模式有可能繼承家庭（第四宮）的觀點。位於天秤座的水星可能是一個平衡的思想家，可以權衡並同時持有不同的觀點。但是隱藏在第十二宮中的南交點和代表限制的土星合相，使得當事人傾向固守自己的想法。而位於和平使者天秤座的水星則容易與南交點的模式掛勾，會盡量避免提出矛盾的觀點（水星）或不讓自己接受新的觀點以保持與家人（第四宮）的和睦（天秤座）。他們可能從小就是如此，因為南交點和第四宮都指向來自童年／基礎的設定。

由於火星與南交點對分，所以我們知道當事人在表現火星的能量（信心，意志，決斷力）上是有困難的，我們也可以看到水星會讓當事人在面對因相反的觀點所產生的衝突時更容易採取逃避的行為。這並不意味著當事人每次提出觀點時**都將**遇到衝突，但是他們對這種可能性很敏感，他們會認為逃避比冒險面對容易得多。

## 北交點的星座和宮位

在充分完成南交點的解析之後，我們再來觀察北交點。此時你可能會重複解析與南交點形成相位的行星，但是是從完全不同的角度觀察並整合它們。北交點代表的是未知或未開發的事物，與熟悉舒適的南交點相反。透過發展其星座和宮位所暗示的特徵和行為，當事人可將自己的成長極大化，將新的、被解放的習慣和觀點整合到南交點舊有的舒適區中。究竟是什麼樣的新方法和特質對於他們而言一開始感覺陌生，但是一旦被接受，卻可以開發出全新的感知和接近生活的方式？此時你可以觀察北交點的星座找到答案。而又是哪些行為讓他們一開始感到尷尬，但在「嘗試」後卻幫助他們了解自己的潛力？北交點的宮位可以為此提供線索。

此時你可能會發現北交點的意涵與南交點是完全相反的，如同他們在星盤中相對的位置一樣。你也許可以使用這種觀點來完善你從南交點歸納出來的故事。北交點的星座或宮位要「教導」南交點的星座和宮位學會什麼？北交點又向南交點提供什麼樣的解藥以平衡南交點過度的行為？

**範例**：回顧之前的範例，南交點位於第十二宮雙子座，意味著北交點位於第六宮的射手座。雙子座所代表的並不全然是壞習慣，射手座也不全然是好習慣，但是為了了解當事人想要的成長方式，請聚焦在北交點的星座和宮位是如何解決南交點的星座和宮位所產生的負面或過度問題。

射手座可以教導雙子座只知道事實和抽象的應用是不夠的，還必須透過個人經驗才能獲得智慧和知識。雙子座為了來滿足短暫的好奇心，樂於追尋各式各樣的知識卻分散精力，射手座則因為激情和熱忱而得以統一和集中精力。第六宮的經驗乃透過工作來鼓勵世俗而務實的活動，而十二宮的經驗則是超脫塵世的。因此在這種情況下，北交點在第六宮鼓勵當事人不僅要透過形式和聲音表達想法，而且還要對其加以檢驗。

## 行星合相北交點（對分南交點）

大部分的時候，與北交點合相的行星也位於相同的星座和宮位，因此請將行星本身的特質視為主要的新成分。如前所述，這顆行星在出生星盤中具有其特定的含義，但從另一個角度來看，它可以代表一種人們覺得不太舒服或天生就不確定如何才能成功表達的能量。與北交點合相的行星有時會覺得它們需要付出額外的努力才能融入當事人生活，但也可以為實現北交點的願景提供先機或其他動力。北交點並不像南交點那樣充滿經驗、慣性和舒適感。但是由於行星的能量集中在北交點的位置上，而當事人又必須畢生致力滿足這些行星的需求，因此這個時候的北交點比起其在單獨的情況下更能在生命中吸引他人的注意。

**範例**：在上述的範例中，我們把火星加入與北交點合相。一般來說，火星代表著我們的意志：行動、動力、激情、驅使力以及我們如何對所有事情採取行動。我們對衝突的反應和處理方式也受火星所主管。我們已經了解到，火星與**南交點**對分可以代表迴避衝突或憤怒，或難以按照自己的意願行事，有時也會發現自己反覆遇到異常具攻擊性或支配欲的人所帶來的挑戰。現在我們可以將這種背景知識添加到火星合相北交點的詮釋中。

學習處理和表達自己的動力和激情對北交點而言至關重要，其中包括學會更加肯定與自信，為自己發聲，不再迴避必要的衝突，也不再退縮或對衝突過度反應等等。從某種意義上說，火星代表了我們生存和繁榮的權力，而為自己發聲或按照我們的意願行事可謂權力的延伸。

我們已經確定北交點的星座和宮位的含義，因此再將火星添加到組合中時，我們可以更加理解，行為的動力能讓北交點更進一步學習。北交點在射手座可培養一種自動自發、自由表達和自信的舉止，這些都是火星的健康表現。火星在第六宮，因此工作將成為北交點密集學習的課題。此外，學會按照自己的意願採取行動並遵循自己的願望，而不僅僅耽溺於思考或為「某天」進行永無休止的準備，也都是火星展開翅膀的方式。

## 行星對分北交點（合相南交點）

與北交點的對分的行星顯然也與南交點合相，但是從北交點的角度來看，其挑戰處在於汲取當事人以該行星的能量取得的知識或體驗，然後再將這些固有的知識和經驗重新利用並整合至北交點的目標，同時找出並實驗有別於南交點的方法，讓行星所代表的需求找到最適合的表達方式。

**範例**：在我們正在進行的範例中，土星與位在第十二宮雙子座中的北交點對分。我們之前就了解到，這可能導致局限或僵化的習慣，讓當事人卡住或停滯不前（尤其是指雙子座的思想或信念），並可能傾向悲觀主義或離群索居。當事人也可能執著地認為他必須一肩擔起整個世界的重量。

在前往北交點目標的路途上，當事人必須學習在運用與生俱來的能力承擔責任並進行批判性和現實思考的同時，不能讓自己為了能掌控一切而陷入不願冒險和成長的陷阱中。而北交點在第六宮的射手座則必須對生活充滿信心和熱情，並願意體驗新的冒險與考驗。當事人正在學習的是對各種可能性保持信念，同時也對自己和自己的能力滿懷信心，從而體現個人的權威（土星），無須等待他人的允許，這也是另一種展現土星所帶來禮物的方式。

## 行星四分北交點（四分南交點）

如上所述，與北交點四分的行星代表障礙，但與這個障礙相關的課題也可能成為朝向北交點的墊腳石。在分析南交點時，我們學著了解這個四分的行星是如何透過自身的性質及其所在的星座和宮位，在我們往北交點前進時不斷讓我們感到挫敗，迫使我們只好再回到舒適的南交點。

在分析行星對北交點的影響時，我們必須了解它對北交點也造成了阻礙。它代表著一個艱難的困境，即「進退不得」的兩難。面對四分行星的困難會把一個人鎖起來使他難以前進。但是像所有四分相一樣，這種壓力將迫使衝突不斷浮上意識而最終獲得解決。這個概念可由愛因斯坦常被引用的一句名言來表達——人們無法用創造問題的同一顆腦袋解決問題；必須採用新的思維才能解決。與月亮交點四分的行星既代表使我們受阻和挫敗的事物，**也**代表我們必須以創意的方式看待對問題的根本，才能提高思維水平。無論行為或觀點或兩者根本性的變化，與月亮四分的行星代表著月亮交點演化的關鍵通道。

你已經分析了四分月亮交點的行星，但你仍應考量這顆行星或圍繞著它的問題將如何幫助當事人往北交點的目標前進。

**範例**：在我們使用的範例中，位於第九宮雙魚座的天王星是與月亮交點四分的行星。在我們已經了解的土星、火星和月亮交點所組成的故事中，存在著多層次的意義。其中一個含義是，當事人不僅從南交點移動到北交點，從雙子座移動到射手座，同時也將重點從第十二宮移到探索第六宮的潛力，而其表達的方式也從最僵化的土星轉變成健康的火星。現在將天王星安插至每條路徑上，你將能更加了解它是如何成為這些過程中的墊腳石。天王星超越了土星的邊界，不僅打破了土星合相南交點僵化的一面，也突破了其所帶來的恐懼或不安全感。

位於在雙魚座的天王星將透過與抽象的思考或與智性相對的直覺力或感受力來完成上述工作，對於神祕未知和無法解釋的事物將更為友善而不像土星一樣躲避。天王星第九宮，教育和接觸另類的（天王星）想法將為無意識中的假設（第十二宮）或未經現實世界試驗的內容提供一個平台，一股聲音和一種意識。教育和思想的融合將以前所未有的方式挑戰當事人的世界觀，因此接觸新的思想可以使他們進入測試和擴展思想的競技場，最終豐富他們的信念，同時也向他們展示，當他們允許自己向這些經驗開放，甚至挑戰他們傳統的思考模式時，信念背後的個人真理就會出現。若他們還能從自己獨特的角度出發去教導他人（第九宮）或以各式各樣的方式分享信仰和想法，他們將會對自己的付出（火星）感到更加舒適和自信。

簡而言之，位於第九宮雙魚座的天王星可以作為墊腳石，因為它提供某種出路和衝動，打破卡住的（土星）或隱藏的（第十二宮）的思維（雙子座）。這樣的思維固然為當事人提供安全感（土星，南交點），卻也讓當事人從現實的實踐中（第六宮）逃離（第十二宮）。這樣的天王星雖然有時會帶來混亂和挑戰，但也會帶來完全改變一個人的想法與精彩的體驗。對實踐的追求（火星）可以讓當事人在真實世界（第六宮）中檢驗其想法，並使他們獲得更深刻的個人真理（射手座）。

## 行星三分或六分北交點（六分或三分南交點）

與北交點形成三分相或六分相的行星可以視為助手，雖然它很容易幫助南交點，但在召喚後也可重新引導至北交點的目標。

**範例**：在我們使用的範例中，水星位在第四宮的天秤座，我們也看到了它如何透過三分相支持南交點的行為。水星亦同時與北交點形成六分相，因此我們可以看到，儘管當事人為了維持和平而不表達自己的意見，他們仍能敏銳地意識到不平衡（天秤座）的存在，尤其是在思想和溝通（水星）方面。但在某些情況下，或許與信任的人（第四宮）在一起時，他們可能就會鼓起勇氣分享自己的觀點，即使這中間可能冒著發生衝突的風險。

此時水星成為北交點的助手，不僅激勵當事人為自己發聲以緩解他們遇到心智衝突時的內在緊張，還可以擺脫權威的束縛（土星），避免讓心智的權威或傳統否定自己出於本能的理解（水星在第四宮）。位於第六宮射手座的北交點，雖然不一定代表想法或言語的表達，但它代表著以實際體驗的方式（第六宮）進行熱情的（射手座）互動。願意說出自己的想法和信念是其中一種體現的方式。

## 更多有關行星的二元性：四分相、三分相及六分相

北交點和南交點始終是相對的，所以與其中一個交點形成相位的行星必然會與另一個交點形成相位，其含義必須同時站在北交點和南交點的立場上去理解。與它們形成四分相、三分相、六分相的行星可想像成它們同時服務兩個主人。其能量一方面可以用來從事已經知道並擅長的事情，是一種寶貴的資源，但也可能是令人停滯和沮喪的地方，但另一方面也可用來參與新的冒險與靈魂的成長，這雖然令人愉快，但也會令人感到不適和沒有安全感。

## 更多有關行星的二元性：合相與對分相

在我們學著了解月亮交點的二元性時，對分相與合相一開始可能會讓人感到有些棘手。在分析月亮交點時，與南交點合相的行星所扮演的角色為形成當事人大致的精神基礎和慣性的舒適區，對北交點努力的方向而言，也形成了潛在對立的力量。反之亦然：與交點合相的行星可協助北交點的工作，而對南交點的停滯作用形成了反作用力。不要緊張！你只須將它們各別的意思一層一層地解析出來，星盤自然會訴說其中的故事。

此時我們再一次見識到，在我們解析與月亮交點形成相位的行星二元性前，充分了解占星符號的靈活性和複雜性有多重要了。

## 南交點凶、北交點吉？

一般而言，在解釋月亮交點的性質時，儘量往北交點的行為移動同時減少南交點的行為似乎是一件好事。但是，當我們發現行星與南交點位於相同的星座或宮位時，這對出生星盤又有什麼意義呢？難道我們要將它們拋在腦後嗎？同樣，若有行星位在與北交點相同的星座或宮位時，北交點代表不熟悉的能量這種說法似乎就不太適用了。

與**南交點**位於相同星座或宮位的行星仍然重要；這些行星的需求與任何其他行星的需求一樣重要。為了解決這個看似矛盾的問題，應考慮行星在其星座或宮位的表達有著多樣的可能性。

若南交點在處女座的而火星也在處女座，這可能表示（可能性之一）當事人的反應是快速或是容易憤怒的（火星），尤其是當他們感覺事情失控（處女座）時更容易觸發。然而，學會以建設性的方式處理憤怒，對重要的事情採取有組織的行動，並調整想要掌控無法掌控的而一再使他們挫敗的本能，這些健康的經驗都在火星在處女座的能量可能表現的範圍。而任何火星在處女座的人都有可能如此，即使他們的南交點不在處女座。關鍵在於觀察火星行為的**習慣**和**動機**，因為它們很容易夥同南交點對當事人的成長產生破壞的行為。

在相反的情況下，當本命的行星與**北交點**位同一星座或宮位時，在學習滿足該行星所代表的需求的同時也幫助當事人整體靈魂的成長。出生星盤中其他的配置可能會造成差異，但當當事人以健康的方式滿足該行星的需求時，他的學習曲線可能會比某些人更加陡峭。正如占星師史蒂文・福雷斯特所描述，北交點「不會帶來與生俱來的能量，但會帶來好主意」，但行星天生代表各種強大的需求且不容易被忽視。因此當行星與北交點位於同一星座時，它將為擁抱北交點的課題提供動力，即使這顆行星看起來也有自己的問題！

一旦完成這些步驟，對月亮交點的故事有了充分了解後，你就會產生一個完整的基礎，並在這個基礎之上展開出生星盤的解析。在分析月亮交點及其相位之後，你將發現出生星盤中有一些明顯的主題。每個行星在其所在的星座和宮位的意涵，都將在月亮交點故事的背景下獲得理解，而一開始散落的碎片最後都將落入適當的位置。在分析月亮交點後，進行其他的解析技術

（例如「三管齊下法」）也都是有益的。

## 重新檢視與月亮交點形成相位的行星

正如我們在範例中所見，月亮交點的分析很可能會引導你分析出生星盤至少一個或兩個與月亮交點形成相位的行星。不過並非所有情況下都是如此；顯然也有無行星與月亮交點形成相位的例外。但是當分析出生星盤中與月亮交點形成相位的行星時，你只須在月亮交點的背景下關注其含義。位於第三宮獅子座的太陽與月亮交點四分時，是如何加深你對月亮交點故事的理解？而太陽與位於第七宮射手座的水星形成三分相時，又是如何？諸如此類的問題。

在完成月亮交點的解析後，你仍須繼續解析星盤其餘的部分，並先將你從月亮交點獲得的基礎含義放在一邊，並告知客戶目前為止你對出生星盤的了解。請記住，即使你已經解析了一些出生星盤裡的行星，那是根據它們對月亮交點的影響所做的分析。你仍須重新審視這些行星，站在它們的角度將其星座、宮位和相位列入考量，以對它們自身的含義進行全面的解析。在查看每個出生星盤的行星時，要了解到這些都是我們賴以發展的工具，是形成我們的個性並進而探索世界的基礎。它們的過去（南交點）和未來（北交點）肯定會說明這些工具之所以重要的原因，一旦基礎建立，你的解析自然就可以超越月亮交點本身的意涵。

# 第十三章 月亮交點基礎法檢查表

## 檢查表

這項技術並不複雜，但是你需要按照清晰且獨立的步驟一層一層理解而不是混成一團。以下按順序列入解析月亮交點基礎的基本步驟：

### 1 南交點的星座和宮位

a. 這個人（太過）擅長什麼？什麼樣的態度或行為對他們而言太過舒服？他們天生對生活的態度存在什麼樣的盲點？

### 2 行星合相南交點

a. 這個行星代表什麼需求，又如何強化當事人的舒適區？

b. 像南交點一樣，這顆行星如何協助當事人強化原本就擅長的才能，使其看起來就像天生的一樣？

### 3 行星對分南交點

a. 這個行星如何透過其星座和宮位形成必須克服的障礙，無論它代表內在的困境還是外在的人物？是什麼樣的經歷、人物或生活方式超出他們天生能處理的範圍，無論因為他們拒絕這些經驗，還是根本找不到處理的方式？

### 4 行星四分南交點

a. 什麼樣的困境會重複發生而使當事人不得不轉回採取南交點的行為，直到突破這個循環？

### 5 行星三分或六分南交點

a. 有哪些部分會隨著南交點先天的才能和態度起舞？他們又是如何互相協作而讓當事人過於耽溺於舒適區？

### 6 北交點的星座和宮位

a. 當事人必須要獲得什麼樣的經驗和觀點才能成長？他們在什麼樣的生活領域或觀點上缺乏經驗、過於天真？

## 7 行星合相北交點

a. 當事人討厭什麼或相反地，渴望什麼？有什麼是他們認為自己沒有或永遠也不會擁有的？什麼樣的（行星）需求是他們必須學習以健康的方式滿足並從而引導他們成長？考慮行星本身所代表的動力或需要，有哪些觀念或生活領域是當事人需要重新思考並發展出新的關係，以新的方式充分體驗？

## 8 行星對分北交點

a. 什麼樣的行星需求是他們感到適應，但仍須重新調整並擴展它們之間的關係，才能超越單向且自動化的生活態度？

## 9 行星四分北交點

a. 什麼樣的困境會使當事人進退兩難？在成長的道路上，什麼樣的行為模式或情況會重複出現？這個行星又代表什麼「關卡」，要通過之後才能往北交點前進？

## 10 行星三分或六分北交點

a. 當事人要如何改變或用新的方式利用該行星所帶來的便利或用途以進一步協助北

## 交點的進化？

無論使用什麼樣的方法，每當開始進行出生星盤的解析，就必須像白紙一樣從頭開始。當你為每個行星－星座－宮位的組合創建有意義的解釋時，你將會越來越了解手上這張星盤的特質，從而為自己提供更多的背景知識，幫助你從眾多可能的解釋中縮小範圍，並將其轉化為更有可能或更具意義的結果。換句話說，當你收集的知識越多，就越容易展開星盤的解析。不過在一開始沒有背景知識的情況下，請記住以下兩點：首先，在開始進行行星－星座－宮位的解釋時，要接受這當中有各式各樣的可能性，其次，在透過其餘的解析而獲得更多的背景知識的理解後，不要害怕再回去修改你原始的想法。

# 第十四章・以多種技術解析星盤：史提夫・馬丁

現在是時候將這些技術應用在喜劇演員及作家，自稱為「狂人和瘋子」的史提夫・馬丁（Steve Martin）的出生星盤上了。就像水晶球一樣，每種技術都會提供不同的視角，有的會產生其他技術所沒有的見解，有的會重複並加強核心的主題。分析出生星盤的時候，你可能不會用上每一種技術，但若你不確定哪種最適合你，或者你想獲得更完整的圖像，那麼在一開始用上所有技術可能會有所幫助（但也可能會讓人頭昏腦脹）。

首先，我們將集中於以每一種技術描述星盤裡的符號，並將我們所發現的內容組織起來。在進行出生星盤解析的同時，我們也會看一下史提夫的傳記，看看他如何透過些選擇和生活事件來體現星盤的影響力。在此範例中我們將採用5度的容許度，波菲宮位制以及真實的月亮交點。

## 分類與屬性的應用

## 二元性

史提夫的星盤有五顆行星為投射星座，五顆行星為接受星座，具完美的平衡。

## 元素的平衡

史提夫有兩顆行星在火象星座，兩顆在土象，三顆在風象，三顆在水象，這使得他星盤中的元素幾近完美的平衡。在這樣的基礎上，他有機會使用各種風格來表達能量。

## 模式的平衡

史提夫有三顆行星在基本星座，三顆在固定星座，四顆在變動星座。這再次展現他星盤中另一種完美的平衡。在這種情況下，即使變動星座的行星多出一顆，也不足以使天平產生明顯的傾斜。總體而言，我們可以注意到理論上他能利用多種風格的表現方法，為他整體的性格提供靈活性。當我們離開粗淺的分類進入細節時，這種可能發生的潛力將變得更加真實微妙。

## 半球的平衡

在這裡天平明顯傾斜，他的東半球有九顆行星但西半球只有一顆。這顯示了他生活中事件的組成和對人們的影響有著某種特定的傾向，即事件或影響力皆圍繞著他的計劃而走，而不是他去屈就於別人的計劃。這並不一定意味著他是個獨裁者，而是他有一種巧妙控制環境的能力；透過魅力、存在感或意志力，他可以讓眾人圍繞在身邊。

## 三管齊下法

### 太陽

史提夫的太陽在獅子座。喜劇演員出生在獅子座並不稀奇，但正如我們在描述獅子座時所學到，並不是每個獅子座的都想站在舞台中心，無論就字面上而言還是其他層面上。獅子座的核心是透過創造力和**參與度**來體驗並賦予自己生命力。他們生來不是為了尋找自我，而是在生活中創造和發現自我。史提夫的**核心自我**就是基於這樣的需求：透過娛樂發現自己並與生活互動，讓生活成為一種增強自我意識，提供尊嚴與歡樂的體驗。

史提夫的太陽在第一宮。第一宮代表自我的領域，意味著我們將自身投射到環境，同時也被環境塑造時最立即且直接的方式。在第一宮裡我們無須打造或思考自我，而只是以一種無計劃的、本能的方式**存在**。由於太陽在星盤中的位置揭示著我們所認同的特徵，也代表增強自我意識和賦予自己力量的活動，因此在自我的第一宮的太陽意味著當事人在思考和行動時是憑著直覺的，也顯示出他們是否自我感覺良好或正確。

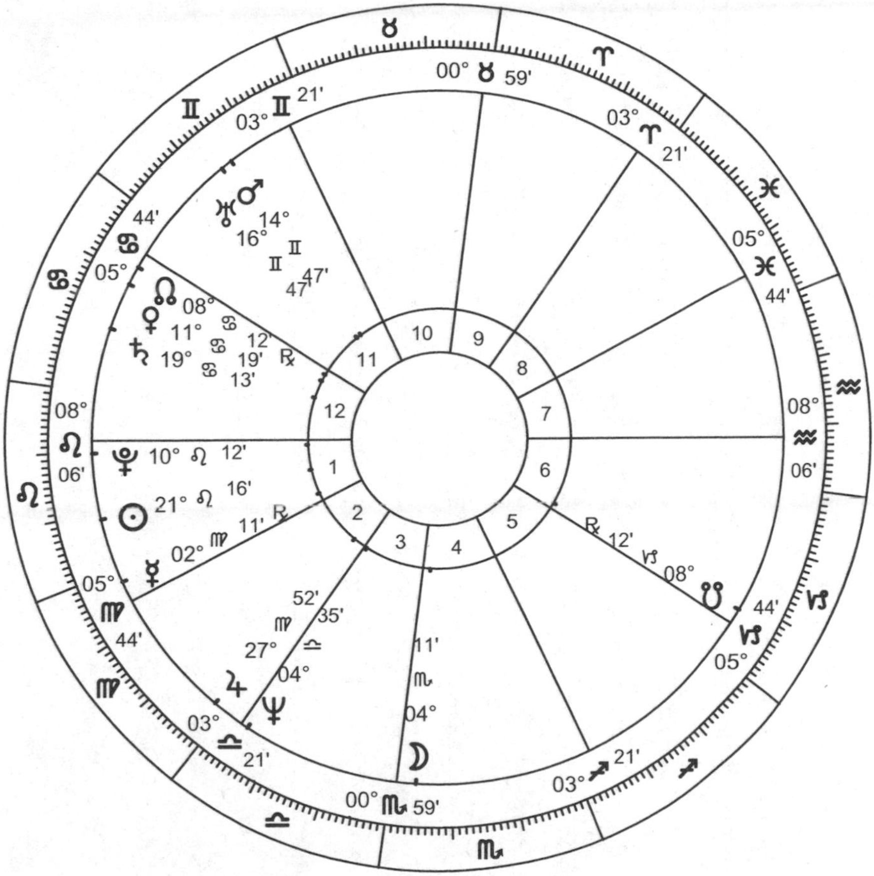


圖 9：史提夫・馬丁的出生星盤
1945 年 8 月 14 日／ 5:54AM，CWT+5:00
美國德州韋科市（WACO, TX）／ 31° N32'57"097° W08'47"
波菲宮位制

史提夫的月亮在天蠍座。由於月亮代表我們的本能和情感取向，所以天蠍座的月亮讓史提夫具有嗅出事情不對勁的本能，並「感覺得到」某些情況、故事或人物的表面下實際上藏有某種隱情。他不太輕易相信事物的表面價值，並對事物、人物或地方具有某種直覺；因此他不容易上當。他本能地相信那些勇於說出真相的人，但那不能是出於魯莽或氣憤，而是願意說出自己所見所聞、直言不諱的人。他認為沒有聖人或罪人，只有人類，有缺陷但真實的人。

儘管看似矛盾，但當他認知到生活中既有的壓力或危險而不是忽略它們時，他反而會感到十分安全。他可能不會每刻都處在危險的邊緣來為難自己，但是他們在情感上能意識到他生活中的「軟肋」在於，當他被要求戴上幸福的面具並說些言不及義的話時會讓他變得**更**不舒服，雖然他第一宮獅子座的外向性格能多少減緩這種情形。但唯有呈現最真實和原始的自我，而與他在一起的人能欣賞或至少面對那部分的他時，他的情感才會是最真實的。但是，他不太可能讓所有人都知道這件事，因為他對保有隱私和自我保護的意識是強烈的。

史提夫的月亮在第四宮。儘管他享有名人的身分，除了天蠍座之外，第四宮的位置可能會使他加倍傾向保持私生活的隱私。他的情緒深沉但不會輕易顯露。擁有一個像避風港的溫暖的家，即使獨居，他的情感也能獲得滿足和充實，這是別的地方所無法給予的。他可能特別喜歡從事居家的活動，例如園藝或家居裝修，甚至參與房地產的買賣。但並不是每個位於第四宮的月亮都渴望安頓下來生兒育女，他們也不見得都會與具血緣關係的家人同住，但是家庭的安全感、團結和舒適感（來自血緣或其他）可以讓他們的情緒穩定並感到療癒。

## 上升點

史提夫的上升點位於獅子座。獅子座是他與世界互動的方式，即使他不是名人，他也可能具有吸引他人目光的魅力。無論有意還是無意，他都可能是你立即就會注意到的人，這不一定是因為他有著外向或誇張的性格，而是他的舉手投足透露著強烈的**存在感**。即使他與一般人同樣害羞，但絕不會讓人察覺到這一點，甚至在不安時以更喧鬧或大膽的方式表現自己，也不讓人知道他在意著別人對他的感覺。就像所有上升點在火象星座的人一樣，即使他的內心感覺一團糟，他也會向世界展示笑臉。

## 結論

在太陽和上升點皆在獅子座的情況下，他對外投射的氛圍的是充滿自信的，而他在天蠍座深沉的月亮常常被明亮的光線給遮蓋（不過月亮在天蠍座的人喜歡！）有時他天蠍座尖銳的一面會讓人大吃一驚，但由於獅子座天生的魅力，他總能化險為夷。他可能會對聚光燈又愛又恨，在表演的時候活力十足，但私底下卻認為自己是害羞的。

我們可以進一步將與太陽、月亮、上升點形成相位的行星加入並整合。

## 史提夫的太陽六分天王星（和火星）

他的創造力和戲劇性的天賦總是有著獨特或出人意表的表現，他不僅渴望炫耀自己的創造力，同時希望自己的表現是與眾不同、出人意表的。他的表演總會帶著一點怪異的成分，但這是他自我表現的核心精神。

火星在技術上位於容許度 5 度的範圍外，但它與天王星緊密合相，因此我們也應該將其視為與太陽形成六分相。要記住當行星合相時，他們表現的方式會是一致的。史提夫內在的火星與天王星的功能會同時被引動，因此若以容許度去切斷它們的連結是僵化且不切實際的。火星與太陽的連結是有建設性的，以行動為導向的火星，能放大將自我激勵和自我利益視為動力的第一宮太陽。儘管他仍會有懶惰、拖延或缺乏安全感的時候，但這種連結顯示他會時時保持警惕，始終追求熱衷的事物並為自己的最大利益著想。

## 史提夫的月亮六分水星

心與腦之間如電光火石般的快速連結能讓他更輕鬆表達自己。他的月亮位於天蠍座，這個星座本來就是一個能觀察並注意到環境和他人行為中未說出口的細微訊息，而月亮與水星的協作使他成為敏銳的觀察者，並讓他具有將觀察到的資訊充分表達的能力。水星在節制的處女座使他在必須在深思熟慮和充分計算後才能選擇哪些話是可以說出的，但是他敏銳的思維和直覺所看到的細節比起他表達的多出許多。

月亮直接象徵著我們的潛意識和情感生活，而水星可以起到表達感覺的作用，一方面為自己組織思維過程，一方面也對其他人完整表達我們的感受。月亮和水星的協作使史提夫在進行這些過程時更加順利。不僅如此，與水星的連結為他提供表達那些由直覺感知的訊息的渠道，這肯定會體現在他對喜劇的直覺上。笑話講得好可以使我們發笑，但笑話講得不好就會讓人哭笑不得（水星的角色），而幽默感更像是一股衝動的、本能的反應（月亮），因此史提夫星盤中兩者之間的聯繫有部分代表他能以自然的方式感受和表達幽默以及他對喜劇的直覺力。

## 史提夫的月亮四分冥王星

冥王星代表我們內在擁有的強大力量，但也常常感到受傷且恐懼的地方。冥王星在他星盤中的位置是明顯可見的，正好位於獅子座的上升點上，因此他可能會對自己的風格所產生的負面反饋特別敏感，並覺得自己的不安是顯而易見的。光是他的**存在**或**看起來**的樣子就可能經常引發他人的負面反應。這可能不是他有意投射的東西，但是冥王星與上升點合相的人有時散發出某種強烈或壓倒性的能量以至於讓其他人感到不安，即使這是他們無法控制的。冥王星位於上升點的人一生中都會有意無意地散發這樣的暗示或氛圍。

兩個行星形成四分相表示它們不容易相互協作，經常將各自最壞的那一面帶出來，同時常以痛苦或令人沮喪的，而不是有建樹或合作的方式表現出來。我們已經知道月亮在第四宮天蠍座強烈的深度和私密性，但是現在我們可能要小心這其中有部分來自對不安全感或受傷的反應，尤其是與月亮主管的脆弱感或被照顧的感受有關。童年時來自父母的痛苦的或被忽視的經歷對他尤其有影響，他可能會因此而建立一套防禦機制防止他人看到他的脆弱，或展現出他不需要別人照顧的防衛性行為。他也可能會覺得自己一個人就夠了而習慣獨自生活，不需要別人的幫助。

再強調一次，因為冥王星位於在非常具表現力的星座和顯而易見的宮位裡，我們很容易發現他自我保護的性格或傷口被觸發時是如何反應的，而這種經歷每個人都有。儘管他可能會直接表現出退縮的態度，但他上升點在獅子座的尊嚴有可能不會示弱，反而有時會嘲諷他人，或將其包裝為原始或前衛的幽默，或以其他方式間接表達。另一種情況則是相反，最好的防禦是「裝死」，或如他們常說，以自嘲來削弱別人嘲笑自己的力量。

### 史提夫的月亮四分上升／下降點，對分天頂並合相天底

月亮的位置恰好與四尖軸形成相位，它同時四分上升點與下降點，對分天頂（第十宮的始點）並合相天底（第四宮的始點）。這樣的資訊似乎太多，但實際上這些都指向同一件事，也就

是我們已經發現的：他需要隱私和一個感到被保護的避風港，在其中他可能大多是一個人，但也有可能與他信任的，也就是被稱為家人的人一起。上升點（我們與世界的介面／自我投射）和下降點（我們是如何接受他人和關係）都將我們帶入人群與世界之中，而月亮卻沉浸在一個重視隱私的星座和宮位中，很明顯地與這兩個領域產生緊張感。天頂也是另一個與公眾互動的交接點，與私密的月亮對分，再次顯示自我的脆弱與身為表演者或其職業對峙的明顯張力。與天底的合相強化了我們對史提夫月亮位於第四宮的理解。

## 史提夫的月亮三分北交點並六分南交點

史蒂夫的北交點位於第十二宮的巨蟹座，而他的南交點則位在對面——第六宮的摩羯座。月亮交點的解析技術可以帶我們深入了解它們本身的意義，但是月亮以這種方式與月亮交點連結更揭示月亮的課題在他生活的重要性，並在他的進化和成長的過程中扮演著不同階段的里程碑。

## 史提夫的冥王星合相上升點並對分下降點

在討論月亮四分冥王星時我們已經了解了冥王星，但它還可以代表我們克服恐懼的方法，從而擁有自己的力量，並識別出我們最害怕的事物後重新面對。找到讓自己保持自信的方法，但不是以傲慢或優越感來作為補償，才算是健康地使用冥王星的力量，而這恰恰是它在上升點應該前往的方向。打破禁忌也是運用冥王星的有效方法——不因為集體恐懼而害怕喚起別人重新關注被忽視的事物，甚至願意為此付出努力。因為上升點也能部分描述我們對生活的整體看法或對應世界時的本能方法，所以冥王星的張力以這種方式與生活連結時，可能產生一種玉石俱焚的風格來探索這個世界，無論結果是好是壞。

下降點始終與上升是對分的，因此只要是與上升點合相的行星都會與下降點形成對分相。在冥王星與下降點對分的情況下，人際關係可能成為強大催化劑，但由於他總是希望能依照自己的計劃與意志行事，因此人際關係中的強度必須符合或強過他處事的欲望和習慣，他才有可能將焦點放在人際關係上。

## 史提夫的海王星六分上升點並三分下降點

海王星象徵著魔法和幻想，並且與他的上升點形成輕鬆的相位，而這也形成了人們對他的第一印象。他看待這世界的方式是不斷在事物中找到奇特之處。他位於上升點的冥王星讓他看起來不好欺負，因此他不容易上當，也不是個天真的人，但由於海王星亦與他的上升連結，因此他也可以被**他想**看到的東西所說服。

海王星與上升點的連結也會影響別人怎麼看他，因為上升代表別人看他的樣子，由於海王星亦三分下降點，它也會影響他的人際關係以及他所吸引的人。海王星對上升產生的正面影響力能減弱冥王星的強度，使他看起來更加溫柔、友善和迷人。顯然，他的表演和娛樂能力受益於海王星的加持，為他增添魔力和魅力。至於海王星對水瓶座下降點的影響則是，他可能會欣賞那些對自己的個性充滿信心，又酷又有自制力的人，但同時又對他們有些忌憚。

## 結論與延伸

在我們將行星的相位加入之前所理解的並加以整合後，某一主題於是浮現，即冥王星位於他的上升點而月亮位於冥王星所主管的天蠍座上。月亮本身也與冥王星形成四分相。從情感的層面上來說，他對隱私和自我保護的需求似乎來自許多方面，這也意味著比起星盤上只有部分配置相同的人，他這樣的特性格外顯著。由於月亮與許多行星形成相位，月亮對他在許多部分是具有深遠的影響，月亮的重要性因此而提高。

要注意到他太陽和上升點的獅子座特性可能會使我們認為他很外向，但他並沒有真的把所有的隱私都顯現於外，雖然冥王星會讓他仍有著尖銳的個性，海王星卻又將他包裝成有著神祕感和敏感的人，更不用說冥王星因為與月亮的四分相也會影響月亮的表達，而月亮亦與上升點形成四分相，這些都是有力的原因讓我們原本以為外向的他實際上有著微妙的不同。

## 尋找星盤主星

史提夫的上升點位在獅子座。我們已經深入討論了獅子座的本質，因此這裡我們只會重申一下重點。史提夫以一種難以忽視的自然魅力面對世界，即使他下了舞台後（無論字面上的或象徵上的意義）亦是如此。他面對生活有著基本的態度，其動機源於自我表達，將世界作為探索個人創造力的畫布。

在史提夫的星盤中，我們很快就發現星盤主星亦重複這些內容。太陽是獅子座的主管行星，而冥王星與上升點則以2度的容許度緊密合相，因此我們最好將這兩個行星視為同等重要才不會有所遺漏。但是我們也注意到這張星盤中太陽非常強大，太陽在任何星盤中都是最重要的行星之一，而且他還位於自己主管的星座。

### 獅子座中同時也主管著上升點

作為星盤主星的太陽是強大的，但它的位置並沒有其他太多的變數，它只是重複放大了位於獅子座的上升及第一宮的本質。但若將冥王星視為星盤主星，這就會強調他面對世界的態度和反應中強硬及堅韌的特質。由於冥王星代表生活的某種方式和領域中，我們會遭遇巨大的轉化而改變我們自己，無論往好還是壞的方向。因此冥王星作為整個星盤的主星，這些轉化的人生階段將變得更深刻，以戲劇性且難以逆轉的方式改變他的人生觀。冥王星作為星盤主星增加了他的魅力，儘管要區分魅力究竟源於冥王星的張力、太陽明亮的光芒還是第一宮的獅子座似乎是困難的一件事（也是不必要的）。

就史提夫的例子而言，檢視星盤主星雖然有其用處，但它的重要性是小的，這個技術所獲得的資訊與單純解析行星—星座—宮位所獲得的相比少了許多。

## 從第一宮開始

這個技術是從第一宮開始解析，由於史提夫第一宮有眾多行星，在先前的示範中我們獲得許多資訊，因此這個技術的應用在他的星盤上，我們只會再次進入已經熟悉的領域。為了避免不必要的重複，我們在深入前簡單地提醒一些重點。

史提夫的上升星座為獅子座，他面對世界的方法極富表現力和創造力，即使在他在耍酷時（**特別是**當他耍酷時，實際上上升獅子座的人希望自己即使不耍帥也看起來很酷），也能展現超凡魅力。

當我們進一步檢視上升點的相位時，冥王星立即進入視野。即使冥王星帶給他威脅與壓倒性的恐懼，他也必須努力克服，而這是冥王星位於第一宮的必經之路。火象的獅子座加上冥王星的強烈力量可能會向世界表現出得不到就毀滅的態度。充滿活力和魅力的上升獅子座加上潛在的不安全感，好像偷偷在策劃什麼一樣，更加使得他的性格複雜而神祕。

進一步檢視上升點的其他相位，我們發現海王星與上升點形成六分相，這更添加了他所投射出的魅力和神祕感以及他看待世界寧願採取的方式：魔幻。

與他的上升點形成相位的最後一個行星為月亮。月球代表我們私密的、情感的和潛意識的自我。在與上升點的緊張關係中，史提夫可能發現他向世界投射的影像與他內在的感覺截然不同，同時他並不希望將私密的自我向任何人暴露。

現在進入第一宮的下一個行星：史提夫的太陽在獅子座。史蒂夫自我的基礎在於表達並在過程中發現自己的需要。生活中的娛樂和參與感可以增強他的自我意識，而尊嚴和喜悅亦油然而生。太陽在第一宮使得他的行動都是以自我為出發點並按照直覺和動力進行自己的計劃。

太陽與天王星形成六分相，火星也因此與太陽產生連結。因此第十一宮雙子座的火星不僅在其基礎的個性上增添想要與眾不同的渴望，同時他也不會甘於做和大家相同的事，而是會主動積極表達自我並追求自己的興趣。

接下來我們繼續討論最後一顆位於第一宮的行星，水星。它位於處女座而且逆行。他的表達是精細的，在學習時也是如此。水星的逆行和處女座天生的謙虛使他在提出意見或做出結論之前會思考再三，觀察期也很長，這是因為能量在形成意識或向外表達前形成了某種內部的迴圈（逆行的效應）。水星在第一宮雖然位在謹慎的星座，但他的舉動往往由思想和觀念為主導。

完成第一宮的解析後，我們來到第二宮，其中木星在處女座。木星在星盤中的位置告訴我們生命中樂觀及充滿希望的地方是在何處而且我們將因而受益。但由於木星位於謹慎又一絲不苟的處女座，因此當他要發展木星的特質時，他會透過計劃或某種技術來達成，不是只憑空洞的信念或不切實際的期待而空手等待。木星在第二宮將促使他孤注一擲，要不就玩大的，要不就回家。

其餘的宮位亦用同樣的方式來解析。

## 敘事法

要記住敘事法是根據你的直覺進行，因此你不一定要從同一個地方，或像接下來的例子一樣隨意選擇；而是感覺到可以形成故事的可能性。

他的星盤中最顯著的特徵在於行星都聚集在左邊，即東半球，這強化了他對所在環境的影響力，而這部分我們也在分類與屬性的技術中討論過。我們可以從這些聚集的行星中挑選一顆開始，不過在上升點上的冥王星以及位於同一個宮位與星座的太陽是一個好的開始。

假設我們之前從未使用任何解析的技術，很明顯地我們現在得針對太陽、冥王星和上升點深入解析一番，不過由於史提夫星盤的特性及其第一宮又有多顆行星在內，因此我們一開始在討論別的技術時就已深入討論過太陽、上升點及冥王星，因此你可以參考我們之前所討論的內容。

從這裡開始我們有兩種選擇，一個是討論與冥王星和太陽同一宮位的水星，或跳到與太陽、冥王星和上升點行成相位的行星，例如四分冥王星和上升點的月亮，以及六分冥王星和上升點的海王星，抑或是位於第十一宮雙子座、同樣與冥王星和上升點形成六分相的火星與天王星。先從哪個開始都可以；我們就直接以火星和天王星來示範。

## 史提夫的火星位於第十一宮的雙子座

火星代表追求我們想要以及拒絕我們不想要事物時所採取的方式。它所在的星座和宮位代表我們容易被吸引而去追求的行事風格或行動。火星在雙子座代表他對於任何引發好奇心的事物所產生的追求欲望。而火星在雙子座會為了找尋問題的答案而產生更多問題。火星在雙子座是很虛心的，也非常具有實驗精神——你可以說他願意不加思索就嘗試新的事物。火星也與我們身體的動力或本能有很大的關係，代表我們對於刺激的立即反應。聰明機智、心思敏銳和反應快速是火星在這個位置所帶來的禮物。

若單看火星在雙子座，它也代表他可能容易缺乏焦點，注意力從一個工作換到另一個工作而且都淺嚐輒止。這可能會為史提夫帶來問題，不過當我們進一步審視星盤時，就會發現這個問題其實不大。我們可能也已發現處女座的水星和上升點上的冥王星都能協助史提夫專注在一件事上，因為處女座的水星是很謹慎刻意的，而冥王星在獅子座的上升點則讓他充滿熱忱。

火星位在第十一宮，他可能會興奮於向同儕團體或他所敬仰的人學習，看看自己的想法能被他們帶到多遠，但這都只是出於好奇心，或者想知道「其他人是怎麼生活的」。可以說，他圈子以外的世界才是讓他最終產生熱情的地方——到遠處探險，而在這個過程中他必須離開家。

## 史提夫的天王星位於第十一宮雙子座

天王星代表個體化、遵循自己的道途的欲望，無論這個道途是否與社會、家庭或同儕甚至自己的舒適區所設定的道途一致。位於雙子座的天王星使他在遇到應該思考、閱讀、學習並表達需求特別具有反動力。言論和表達的自由可能是他表達或發現個體性的重要元素之一。在第十一宮的天王星也使他必須遊走在自己與從眾的界限之間。由於第十一宮也代表長期發展的事物，因此他會發現隨著年紀的增長，他的決定與目標都是為了反映自我的真實性並經常將他帶離常軌。

若將天王星和火星在同一個宮位和星座的合相列入考量，我們還會得到更具體的特徵。除了機智、敏銳的心智本能和快捷的反應外，他同時也對奇怪的、與眾不同以及脫離常軌的事物抱持很大的興趣，而這也會反映在他的行事風格上。由於火星代表著追求事物的動力，因此天王星的加入不僅影響他的行事風格，也影響他的行事理由。對他而言，追求獨特且原創的事物，無論外在或內在都是很強的驅動力。

其餘的部分以此類推。由於我們目前為止所討論的與溝通有關，因此位於第三宮，即溝通之宮的海王星會是下一個好的選擇，或者我們也可以討論溝通之星，也就是位於第一宮處女座的水星。無論你的直覺將你帶向何方，你最終都會完成整個星盤的解析。

# 月亮交點的基礎

## 南交點

史提夫的南交點在摩羯座。他的人生取向在於設定短期或長期目標後持續堅持直到達成目標。典型的摩羯座風格使他本能地將實現目標視為最大考量來組織他的活動。他可能從很小的時候就是個負責任的人，不僅承擔自己的，也有可能承擔其他人（例如兄弟姐妹或同學）的責任。

南交點在摩羯座的人一方面自立自強但同時也是孤獨的。史提夫可能從小就非常獨立，知道如何照顧自己，不像一般孩子完全依靠他人提供娛樂、住所或照顧。若幼兒時期父母常在遠方、缺席或是忙碌的，就會迫使這樣的問題出現。在許多情況下，史提夫知道何時該妥協並在緊急的時候完成工作，即使有的時候責任並不在他身上。他習慣以什麼事都準備好以及實用主義來面對生活。他性格中有一種堅忍的品質，同時抱持某種根深蒂固的期望和理解，即無論我們是否相信或想要相信生活，你所能看到的也只是表面，但生活總是要繼續。無論他將人生困境視為一種提升還是挫折，他都會迅速來到「接下來我該怎麼辦？」的底線。無論天生還是有意而為，一旦他付出行動都會是持久的耐力戰。

史提夫知道，若想要做點什麼就得自己來。他滿足自己願望的方式是自動自發地藉著努力穩定地實現自己設定的目標，即使承擔額外的責任也無所謂。

南交點位於凡事忍耐的摩羯座最容易遇到的陷阱是，他們總是以工作或義務的觀點來行動，即應該要做什麼而不是想要做什麼。因此史提夫可能會延遲突如其來的欲望以避免脫離目標的軌道，而且當這些欲望干擾既定計劃時，他會忽略自己的感受或拒絕體驗一些與實現具體目標無關的活動。他在需要承諾或盡忠職守的事情上表現出色，也可以輕鬆地承擔起他認為必須承擔的責任，即使他是以悲觀或忍耐的態度面對。

史提夫的南交點在第六宮。強大的第六宮能量暗示當事人總是努力工作，無論是出於選擇還是出於必要，因此第六宮在像摩羯座那樣努力工作、盡忠職守的星座時，可以想像它們之間有多麼契合。摩羯座常是發號施令的星座但卻落在強調服務的第六宮中，因此他扮演的可能不是老闆的角色而是作為一個堅守堡壘的副手，是你放心依賴的對象。

南交點在第六宮的人可能覺得自己在生活中像是失敗者。若再加上其他星座或行星來強調，他甚至會覺得自己是個受害者，不過南交點在摩羯座比較會讓當事人覺得自己運氣不佳，老是成為最後一個堅守堡壘的人，或在老闆出去玩時做一些瑣碎的工作。雖然努力工作不是問題，但他可能很容易表現出一種「奴隸」的心態，承擔超乎分量的工作，或者覺得他寧願犧牲寶貴的時間也要把困難的事做到最好。

從第六宮不平等關係的角度來看，導師或學徒制可能會是南交點在第六宮的的主題。他的生活可能受到一位或多位導師的影響。另外他本人也可能會成為別人的導師，這對他而言是很自然的事，然而做這件事之前他必須要小心有關責任的問題，因為他很有可能會因此而自動承擔過多的責任。

接下來我們依照月亮交點基礎的步驟檢視與南交點形成相位的行星。

## 行星合相南交點

史提夫的南交點並無行星合相

## 行星對分南交點

金星對分史提夫的南交點。當有行星對分南交點時，當事人可能會感覺該行星所代表的經歷和特徵是難以捉摸、難以獲得或不受歡迎的。與南交點對分的金星是人際關係、友誼、健康的依賴和愛的自然徵象行星，這可能表示史提夫覺得愛或友誼由於某種原因而變得困難、難以捉摸或根本不存在。我們可以從相關的星座和宮位推測出原因。

我們已經描述了南交點位於第六宮以及摩羯座所組合而成的含義，例如努力不懈、長期忍耐和負責任，傾向追求目標而不願消磨或浪費時間，並以自給自足的方式照顧自己。然而關係的本質是相互依存、分享、合作、給予和接受、親密與脆弱，因此透過對比這兩者的差異，我們可以推測也許他位於摩羯座的南交點使他總是保持忙碌或專注而無法抽出時間在人際關係上，又或者因為他天生的獨立自主以及對孤獨的熱愛使他能輕鬆地照顧自己，讓他覺得自己並不需要再為生活加入人際關係的複雜性，無論與人相處多麼地愉快。

他的金星位於魔羯座對面的巨蟹座。儘管金星在巨蟹座有其直接的含義，但我們先關注在這對南交點位於摩羯座的人會產生什麼問題。若從這個角度來看，我們可以發現，金星在巨蟹座的組合從積極的層面而言，他的努力都是出自真心，其付出或接受的動機也都是出於善良與愛。從消極的層面而言則是，他很可能會付出太多或容易被自己的敏感所淹沒而且很難忽略或原諒伴侶輕微的過錯。

由於金星**對分**南交點，史提夫可能會捨棄這些特質並將其投射至生活的其他人身上，而不是學會接受原來自己內在有一小部分是希望伴侶有這些特質的，他甚至不承認自己的個性中也**擁有**這些特質，因此難有機會將這些特質做進一步的發展。他可能會發現身旁某些人際關係或他吸引的人對他在情感上有諸多需求，或有些複雜難解的情緒問題讓人分心，這些都是南交點在摩羯座可能出現的困境。當金星在第十二宮巨蟹座且與第六宮的南交點對分時，「完美」的情愛關係似乎是不現實或不可得的，而這不僅是因為它與南交點對分，還因為第十二宮有一種超脫塵世的特質。第十二宮的經驗指的就是脫離日常生活的障礙與現實（第六宮）。因此「逃離這個世界」的欲望可能是強烈的，且益發讓他對現實生活感到失望。

這個主題的設定可能是正確的，但需要注意的是，我們並不知道**史提夫**如何向自己解釋關係中的挑戰，或者他在何種程度上，在什麼背景下識別出這樣的挑戰——無論他是否認為自己不需要親密關係，或者將挑戰歸咎於自己的壞運氣、太害羞或遇到不對的人等等其他的可能。若他是我們的客戶，我們會跟他分享這個觀點，然後藉由討論，了解他是如何在生活中設立起這樣的框架。另一個要點是，這並不意味著他**永遠**不會有親密關係，而是對這一主題或模式保持警覺。這代表他一生中會經歷某些難以觸及的親密關係，這種特質可能存在於他所吸引的伴侶中，或他的生活可能會有一段長期或短期的時間缺少有意義的人際關係，抑或是其他可能性。這些情況不一定出自任何黑暗或可怕的原因；有時候這反而是好的，或他所希望的生活所引發的副作用（例如太過獨立反而導致孤獨）。

同樣位於巨蟹座的土星與南交點的度數差距已在5度的容許度外，因此就不算在與南交點對分的範圍內，而且在技術上它與金星的距離亦不足以形成連結。不過實際上土星仍和金星與北交點位於同一宮位及星座，在探討金星和北交點對史提夫的影響時，土星也有可能成為相關的因素，因此我們還是得快速了解一下土星。

簡單來說土星在出生星盤的位置代表我們感到困難的事情，可能是因為我們不喜歡它、不了解它，也有可能是因為我們不想面對將土星能量轉化成利益時所必需面對的現實。史提夫的土星在巨蟹座，他可能很難連結或表達內在中最脆弱或溫柔的那一面。照顧他人或接受別人的照顧並不容易。而土星位在隱藏的第十二宮，對他來說要清楚辨別任何情感障礙或限制更是一項挑戰，甚至是更大的挑戰，而這也會隨著時間發展，成為一種在生活和人際關係中的既定模式。由於南交點在摩羯座且冥王星位在上升點之故，他可以是個不假辭色的人；他也容易成為漫畫中那種稍嫌苛薄、高冷但幽默的角色，但最後卻屈服於柔情中而使奇蹟發生。金星與南交點對分可能會讓他對親密關係和內在的脆弱有著隱藏的抵抗，是他自己想要拒人於千里之外，而不是因為對方、環境或理想主義的原因。毫無疑問，當我們在解析他的北交點時，這些內容也會是解析裡的一部分。

## 行星四分南交點

史提夫的出生星盤中海王星各自與南北交點形成四分相。首先我們從南交點的角度來解析這個四分相，思考一下這顆行星的自然徵象與南交點的生活取向是如何的不一致或產生矛盾。南交點在摩羯座在觀點和例行公事上可能會欠缺靈活性。一旦他們設定好路線，制定了計劃，就會希望按照計劃進行到底。然而海王星在星盤裡的位置是指我們需要順著感覺走或順應週遭環境的地方，而這有可能是瞬息萬變的，因此我們必須打從心裡感覺到這個變化並跟上它的節奏來回應。海王星與具體的、確定的現實無關，而是關乎感覺以及生活裡的諸多可能性。摩羯座需要邊界但海王星卻是無邊無際的，就像水打在岩石上一樣，它不僅能溶解邊界還能穿越任何縫隙。海王星在他的第三宮活動，他將藉由自己的感知能力來發展上述的潛能並對其變化做出反應。從中他不僅練習培養彈性的觀點而不是固定的、預先確定的認知，而且還能在所處的每種情況下一次看到多種層次的真理和可能性。由於海王星也能將我們帶入五感之外的維度，因此在任何可能的情況下，他都能感知到其他人完全錯過的東西，例如覺察到話裡的弦外之音或對一般人而言難以感知的微妙氛圍。這種能力並非來自對於細節的辨別力，細節是辨別力是他位於處女座的水星所主管的，而是來自感知任何事件中事實以外的細微差別能力。這裡要強調細微這個詞。他擅長於感知氛圍——這很難用數據和客觀的字眼來解釋。而海王星在天秤座則是在人際關係的情境中顯示這樣的能力。他不僅發展出將自己的頻率調整到與他人一致的能力，同時以非常細微的、不著痕跡的方式對他人做出回應，他還能在情況感覺即將失控或失衡時，以一句話或一個表情巧妙地將其回復到和諧的狀態，而這是大多數人所辨不到的。

但在擁抱海王星之前，他必須面對摩羯座的南交點的挑戰，因為它比較擅長應付可測量的、客觀的現實，因此他可能會懷疑自己的觀點而不斷猜測。就算不去懷疑，他也會嘗試強迫讓自己的觀點套入嚴格的框架，堅持他所感知的是真實的，並強行在氛圍中加入假設和事實，將主觀的變成客觀的。雖然他對於環境或遇到的人們有種強烈的直覺，但這不意味著他能讀懂他們的心。他**所感知到的**與事實背後他所提出的邏輯解釋之間有巨大的差異，這對他而言至關重要。他能感受到氛圍但卻無法讀懂別人的心思，也不需要，但是他可能會難以理解其中的差異而無法有效地利用直覺所收集到的訊息。

與此同時，這種能力會經常以下列幾種方式產生反作用力：他可能無法證明他所堅持的假設是正確的，或他試圖強行將他內在所感知的加諸在他人身上而產生負面的反饋，使他繼續陷入自我懷疑和否認自己所感知的事物。之所以產生反作用力的原因是，每個人都有自己內在的感知，若他人並未和他有著相同的感覺，反感只會油然而生。

## 行星三分或六分南交點

月亮與南交點形成六分相。[29]我們已經看到月亮在天蠍座和第四宮所產生的深沉、私密且專注的情感取向，這與摩羯座專心致力朝著目標前進以及對孤獨的渴望是吻合的。我們甚至可以看到在家工作，即結合第四宮和第六宮領域的創意組合，某方面來說對他是理想的設置。

29 為了讓星盤的解析順利進行，我將容許度設為5度，因此雖然水星是以6度的距離六分北交點並三分南交點，這仍然在容許度的範圍外。然而在實際應用時，我們若將水星列入月亮交點解析的範圍內也是可以的。

## 北交點

史提夫的北交點位於巨蟹座。在許多場合中，巨蟹座重視心裡的感受能平衡摩羯座南交點的嚴格與獨立自主，並學會將心中欲望所引發的情緒之流整合至他所制定的計劃中，甚至在他們設定的目標已不符合他們的最高原則時改變計劃。

史提夫的北交點在第十二宮。由於第十二宮的本質是超脫塵世的，前往北交點的旅程將鼓勵他脫離第六宮南交點，從只顧眼前的世俗生活進入第十二宮的永恆。第十二宮能滿足內在的精神需求而不再將焦點放在日常瑣事上，並進一步推動他往北交點的旅程中前進。

巨蟹座和第十二宮的活動都鼓勵他變得更具直覺力，並學習以情感的、主觀的生活體驗為中心，以平衡他南交點的極端現實性，尤其當這樣的天性已在靈魂層面上根深蒂固時。

### 行星合相北交點

金星與史提夫的北交點合相。我們已經討論並確定這對代表史提夫「舒適區」的南交點會產生的對峙作用。現在我們要理解它對前進的方向又會產生什麼樣的影響。金星的課題和經驗通常圍繞著人際關係，一方面來自想法和先入為主的認知，一方面來自從特定朋友和合作夥伴所學到的經驗。

我們不能輕易斷定史提夫一生中最大的課題就是婚姻，因為這只是金星合相北交點的幾種可能性之一。關係的形式對史蒂夫而言也許不是那麼重要，因為他無法允許自己信任他人並與他人分享自己。而談到關係的建立，史提夫也必須了解他對人際關係所抱持的信念是什麼。由於我們無法真的與史提夫交談，不會知道他的信念是什麼，不過我們不難猜測這些有可能是社會規範和對婚姻的期望，或者他認為關係會讓他失去獨立性，又或者他對獨自生活的過分熱愛以及我們之前敘述的種種原因。

任何一種關係——情愛的、工作的還是友誼的，只要他在其中能感受到像家人般可互相信任且長期的善意，都有助於邁向合相北交點的金星。我們可能發現他在人生的早期階段經歷過很多次人際關係上的失敗，無論是感情的、友情還是家族的關係，然而這些早期的經驗將對他在人際關係上的進展有幫助，同時協助他找出適合的人際關係樣貌。

也許這樣的旅程不僅是指有意義的人際關係，也可能單純是指找回對愛的信任，對感情不再那麼僵化刻板，又或者允許自己向他人表現他的溫柔，儘管他是多麼習慣自己的堅強。在表現溫柔的同時也要允許**接受**別人的溫柔，但這可能也是一種挑戰。另一個可能讓他感到挑戰的是，他必須扭轉對伴侶關係不切實際的期待與幻想，同時不要變得憤世嫉俗，而是找到方法繼續體驗愛情的魔力，而不是將愛情建立在激情或不切實際的期望，然後在第一次吵架時幻滅。

由於大多數金星的課題與一對一的人際關係有關，因此我們可能已經找到問題的核心了。不過在第十二宮中的金星仍包含許多更抽象的可能性，有的可以解釋為一種精神上的愛——不僅是個人的愛，還包括對神或人類無所不包的愛，或神聖而富有同情心的愛（與小愛相反的大愛）。這也可能是通往打開心防、擁抱愛的脆弱之旅程一部分。沿著類似的思路，這也可能代表他重新接受自己陰性的那一面。

## 行星對分北交點

沒有行星對分北交點

## 行星四分北交點

現在我們再來研究對北交點產生影響的海王星。當史提夫試圖解決心理和生活中海王星所帶的壓力時，反而能幫助他往北交點更向前一點，因此海王星可以視為衝突的原因，也可以視為向前進展的門戶。在解析南交點時，我們討論了這顆行星（海王星）將如何成為史提夫表達自我的一部分以及可能產生的內在衝突。要解決這種壓力所導致的衝突，要不就是繼續待在南交點的舒適區與視野，否認自己海王星的部分（但這不是長遠之道），或者是將其整合成一種走出舒適區並擴大視野的可能性，允許自己融入內在代表海王星的部分。

隨著我們的成長，所謂的善意世界常挫敗我們的理想主義，使我們的思考偏向現實來避免失望和幻滅。但就某種意義上說，摩羯座的南交點已經幻滅，然而當海王星位於這個中繼站時反而帶來了某種理想化的色彩，或讓史蒂夫至少願意接受海王星的觀點並接受與其相伴的一切：例如希望、冒險失敗時仍願意嘗試、培養想像力以及願意去看各種的可能性。占星家理查德・塔納斯（Richard Tarnas）曾說，摩羯座說話時最常以「不」和「不能」開頭。這的確非常符合摩羯座的特色，但在史提夫的情況，這樣的特質甚至更加極端而阻止了北交點的進展。相反地，他可以學著說：「一切都是有可能的！」

學習隨時屈服於這樣的能量，而不是死守計劃或想要發生的事情，也可以是海王星推動他整合的課程之一。他必須嘗試讓自己感到脆弱，被周圍的環境影響，並與這樣的影響互動並學習，而不是一心一意只想成為堅定可靠的摩羯座。

當海王星介入時，我們對時間的感知是彎曲且流動的——它鼓勵我們忘記時間，只須臣服並順著流走，不再緊盯著時鐘或工作清單。又由於海王星主管第十二宮，因此又再次將他推向第十二宮的課題。電影《洛城故事》（L.A. Story）（由史提夫編劇和導演）最大的主題就是「放開頭腦，讓身體跟隨」，強調信任當下並臣服。這就是一個很好的建議！某種程度上，**儘可能**以健康的方式逃避日常瑣事（第六宮）反而是想要成為「負責任的成年人」最需要的忠告。

## 行星三分或六分北交點

月亮與北交點形成三分相。這不是巧合，因為任何六分南交點行星必然三分北交點。巨蟹座的北交點在第十二宮的活動事項與水象星座以及月亮所在宮位的特質一致。又月亮主管巨蟹座，因而產生許多共同點。相信自己情感上的直覺並追求使自己感動的東西是好的開始。若能脫離摩羯座務實理智、重視目標的箝制做到這一點，讓心來主導這一切，更能協助他往北交點的目標前進。

## 結論

到這裡你已學會許多解析星盤的技術，若你願意，甚至還可以採用更多技術。由四尖軸的基礎開始？還是從你最想知道的生活領域開始，例如職業、愛情或家庭？實際上所有技術都可以幫助你實現目標。條條大路通羅馬。若你已找到最適合的方法開始旅程而不會中斷，你自然就能找到每張星盤的核心。

不管採用哪種技術，若不把從星盤發現的訊息與已知的事實進行比較都將無濟於事。沒有一項因素是可以獨立表述的——每個符號都會因為星盤其他部分而被強化、重新定位或被減弱。無論在解析符號的過程中還是在完成後，你都必須確認每個步驟是相互連結的，如此一來占星學才能產生意義與深度。凡是可以幫助你做到這一點（或至少不會阻礙你）的技術，它就是有用的。

# 第十五章 史提夫·馬丁的生活傳記

當分析某人的出生星盤時，認識當事人（無論所知甚少或非常親密）同時是一種祝福和詛咒。在不了解當事人的情況下進行解析是困難的，若只是依照你所獲得的資訊得出結論，很可能會產生盲點和錯誤的假設。為了摒除以上的缺點，若能將你所了解的當事人事跡和個人的反饋與星盤內容進行比對是最好的方式，如此你才能看到占星學是如何轉換為現實生活而不再只是抽象的概念。而這也是將星盤解析落實在現實生活情境中唯一的方法。

史提夫在他的暢銷自傳《為舞臺而生：我的喜劇人生》（Born Standing Up: a Comic' s Life）中述了部分的童年生活到脫口秀生涯的結束。透過這些描述，我們得以發現他是如何看待自己與生活，從而將占星學和他的自傳結合，想像他如何活出自己的星盤。然而我們也要隨時告訴自己，在這些名人自傳中，當事人可能會基於某些策略選擇他們想要表達的，我們不能盡信書中的一切。

## 史提夫・馬丁的簡短自傳

史提夫・葛倫・馬丁於一九四五年出生於德州瓦柯市（Waco），父母為葛倫・馬丁和瑪麗・馬丁，並有一個姊姊美琳達（Melinda）。他與父親的關係尤其緊張，且一生中皆是如此。

他從五歲開始就看著西部片及電視上的喜劇節目長大，當時他會記住前一晚節目裡的橋段，然後在學校裡的休息時間表演給大家看。他對魔術的興趣也在同一個時期開始發展，小小年紀就會利用家人買來送他的現成道具表演。透過努力練習，他在青少年時期就已經達到業餘的水準了。

生長在南加州的他，第一份工作是在迪士尼樂園做販售導覽圖的工作，他是在開園的第一年就進入迪士尼樂園。當時他為自己可以「自立更生」而感到自豪。完成工作之餘，他最喜歡待在梅林的魔法店（Merlin's Magic Shop）和美國西部牛仔舞台劇（Golden Horseshoe Revue）並為當時的魔術和喜劇表演著迷不已。之後迪士尼的幾年間，他成為表演者的助手，在他十八歲離開迪士尼之前都在主題樂園中兩間魔法店裡工作。但沒想到最後喜劇勝過了魔術而成為他終生的職業。

後來史提夫進入大學主修哲學，之後又改讀戲劇，後來又在二十一歲因為有機會為電視節目《史慕德兄弟秀》（Smothers Brothers' Comedy Hour）擔任編劇而輟學。接下來的二十年間，他除了擔任電視節目的編劇外，也開始在《史提夫・艾倫秀》（Steve Allen Show）、《約翰尼・卡森今夜秀》（The Tonight Show Starring Johnny Carson）及《週六夜現場》（Saturday Night Live）表演。

一九七九年他在自己的喜劇片《大笨蛋》（The Jerk）擔任編劇並演出。就是在這個時候他開始將舞台從電視喜劇移到電影，因為他開始覺得電視秀「就像是太過華麗的鳥，演化的下一步就是絕種」。一九八一年他斷然離開電視秀，之後電影也成為他的職業焦點。

一九八六年史提夫與演員維多利亞・田納特（Victoria Tennant）結婚，但這段婚姻只維持到一九九二年。二〇〇七年他與安妮・斯特林菲德（Anne Stringfield）結婚，二〇一三年他的第一個兒子出生，但當時他已經六十七歲了。史提夫亦擅長彈奏班卓琴並熱衷藝術的收藏，同時也是一位劇作家及作家。

# 第十六章 史提夫·馬丁：星盤與真實生活

## 職業

當我們知道史提夫·馬丁職業的發展及成功都聚焦在表演工作時，不難發現那是源自他的太陽獅子座及上升點。在他還很小的時候，他不止喜歡看電視上的喜劇節目，還會記住裡面的橋段（有些源於位在精準的處女座的水星）並在隔天表演給同學看。從童年到青少年的階段，他不只一次了解到，他喜歡的並非表演的道具而是表演本身。在他的自傳《為舞台而生》中，他回想到在第一次看到舞台是在一次學校的場合中，而他稱舞台的華麗與耀眼的燈光為「上帝的臉」。

雖然他渴望演出，但他總認為自己是害羞的，當大家把眼光投向他時，他會覺得手足無措。他所認為的害羞可能源自上升點上的冥王星，以及在天蠍座的月亮四分冥王星和上升點所產生的矛盾，讓他對於他人的關注感到又愛又怕。他克服害羞的方式也就是他最主要的表演風格：若無其事地將自己作為取笑的對象，有時認真嚴肅，有時又自我嘲諷。

「……我給自己立了個規矩，不要讓觀眾知道我在舖哏；這很好笑，但你們不會事先知道。只要我不說出那個哏，我就不會出醜。重要的是我不會懷疑我在做的事。我不會為了等待觀眾的笑聲就停止我的表演，就好像沒有其他事比表演更重要的了……另一個規矩是，要讓觀眾相信我是最棒的，我的自信不容一絲的動搖。」

這種風格的產生不僅為了調整他害羞的個性，也為了在面對每場表演中觀眾實際的反應以及可能被討厭的風險時，幫助他克服那被動的脆弱。也許就是這種「先假裝、後成功」，故作勇敢的風格讓他不容動搖，而這也源於他的冥王星位於上升點及獅子座。在取笑自己的同時，他似乎也脫離了自己的表演，為他與觀眾之間製造了一種距離。他的火星－天王星合相在十一宮顯示出這種直覺的本能，讓他在投入娛樂性的社交活動時，仍保持一種距離感。

他創造了某種既愚蠢又與眾不同的表演風格，這某部分是因為他對於有趣的事物以及它們為什麼有趣有著專注的觀察力。就像他小時候會記住節目裡的橋段一樣，在他成長的過程中，他以自己的方法觀察各種表演者，而這就是水星在處女座所發展的能力。在經過幾個月反覆的練習後，他發現到這成為一種獨特的風格，後來還成為他的朋友兼同事里克・莫拉尼斯（Rick Moranis）所說的「反喜劇」。當史提夫在研究如何讓觀眾發笑時，他發現傳統的笑哏及其所引發的笑聲有種機械式的韻律，觀眾的笑聲成為一種自動或禮貌性的反應，像表演後的掌聲一樣，而他被困在這樣的公式中。

史提夫本能地了解到笑哏與笑聲之間存在某種生理的以及心理上的韻律，同時也能了解表演者與觀眾間互生的關係，因此他決定進行一場試驗。用這樣的公式引發觀眾大笑並不真實也不應該，他開始感到不滿足並思考若不遵循這個公式會如何。與其遵循講笑哏然後停下來等觀眾笑的公式，他索性直接繼續表演，表現出不在乎觀眾的笑聲（或有時尷尬的沉默）之樣子，等觀眾真正大笑時，那才是最自然真實的。

獅子座天生對觀眾的敏感度自然是史提夫有這樣直覺力的原因之一，然而這個發現以及他「無笑哏」的表演主軸似乎也指向他火星和天王星合相在第十一宮的雙子座。代表直覺力和發自內心反應的火星，加上創意十足與反傳統的天王星，兩者又位在好奇心強且具實驗精神的雙子座，自然而然地引導他問道：「這個按下去會怎樣？」水星有時被稱為是「捉弄大師」，而火星和天王星合相在水星主管的雙子座則產生「玩笑大師」，他知道當將荒謬和超出期待加在一起時，觀眾會無法克制哄堂大笑。因為火星與我們的生理有關（活力、架構、身體反應等等），因此這不僅是一個想法，而是一種直覺，這在他演出時更是明顯，甚至已根深蒂固地成為表演的一部分，並在第十一宮的舞台上磨練得愈發極致。

水星、天王星和雙子座這三個因子的組合使他擁有機智敏銳的能力並知道何時是適當的時機，而這更是喜劇的精髓所在。這種能力不僅來自雙子座的靈活性，也來自出人意表的天王星。雖然他在表演前會做好精細的準備，也會寫好筆記，但他的直覺總是會跑在前面：

「我一直都會想起，作為說笑表演者時，我的嘴巴在當下說笑，但我的心永遠在想著未來：嘴巴在講台詞，身體在比手勢，但我的心卻總在回顧、觀察、分析、判斷、擔心然後決定何時該講些什麼。」

雖然火星和天王星代表著他的荒謬與直覺力，但位於三宮能產生奇思妙想並將其表達的海王星肯定也發揮了影響力，透過與上升獅子座形成六分相更增添其魅力與戲劇性。海王星也與他熱愛魔術以及表演時所散發出的魔力有關，同時也代表他透過幻象和手法來迷惑觀眾的能力。海王星代表我們對神祕感和魔力的喜愛，也是我們不想看得太清楚但又煥發出光芒與感到柔軟的地方；這也是我們童年時期天真相信某些不可能的事會成真的地方。當史提夫談到在他練習撲克牌魔術時，說道：

「魔術師的手總是藏著東西，因此我學到靜止不動比動作更能讓人感到迷惑。」

當他觀察魔術師時，他對他們微妙地操控觀眾將視覺停留在某個地方，但暗地裡卻不知不覺進行真正的動作感到特別有心得，而這正是海王星（微妙與幻覺）在第三宮（感知與表達）天秤座（對別人的接受力）的示範之一。

但其中他最喜歡的是內幕消息，也就是成為知道這些技法是如何運作，或知道只有少數人才能知道的事。

這種魔力與他月亮在天蠍座的特質有關，而他喜歡知道別人不知道的事讓他覺得擁有某種力量，這可回溯至位於上升點的冥王星，即他認為世界的表面下藏有太多東西。大部分的時候他寧可將這樣的權力與祕密深藏於心，在表演時只透露一半的訊息，然而他可能也喜歡假裝在不知情的情況下曝露真相，這與冥王星愛走偏鋒的機智有關，例如——有一個著名的閉幕橋段為「很高興我們共渡了愉快的一晚，尤其在我們總有一天會死去的情況下。」

當他脫口秀的職涯達到高峰之際，他的行動與生活也付出了驚人的代價，他首當其衝地經歷了他的獅子座之光所帶來的負面效應。人們開始認為他在台上和台下應該是一樣的而且必須保持「台上」的模樣。史提夫描述，當陌生人表現出跟他很熟悉並期待他做出相同的回應時，他的害羞天性與名聲產生了矛盾。

他的私生活因為事業的成功被放大且被侵犯，也顯示出南交點在第六宮魔羯座因為太努力工作、太有企圖心時可能產生的（或目前為止）最糟的狀況與應該學習的功課。南交點的影響可能長達一輩子，因為它能帶來純粹的安全感和熟悉感，而它的影響在年輕時最為顯著，但之後的經驗讓我們理解，太容易也是要付出代價的，而這又是如何造成生活的停滯。史提夫在很年輕的時候就表現出很強的企圖心，十歲就開始在迪士尼工作，並為工作所帶來的責任感與獨立自主而感到興奮，與沒有工作的同儕相比，他甚至覺得自己高人一等。

他工作的時間雖然長，但他總是全力以赴，並穩定朝向成功的目標邁進。他那孤注一擲的冥王星－上升點風格總是把他逼到極限，而他的處女座木星又讓他對自己的能力太過自信，以致於好幾年間他怪異的風格讓觀眾感到莫名其妙，評審也對他負評連連，而這樣的反作用力也讓他感到異常焦慮，不但有恐病症的傾向，也陷入長期害怕自己表現不佳、無法達到期望的困境中。這些都可追溯至第六宮的典型問題，尤其又加上摩羯座希望有好的評價、無可挑剔的期望。他的處女座水星也為他帶來了過度自找批判和擔憂的思考模式。不過他也從不讓這些負評得逞，防礙他把工作做到最好（摩羯座）。當他第一次受到恐慌症的攻擊時（他當時並不知道是恐慌症），他並沒有去看醫生，因為他害怕會因此失去工作。

當他功成名就後，他的靈魂開始感到不滿足。當不斷堅持爬到頂端的動力消失，因為你已經到達頂端了，你會發現這樣還不夠（又或者這不是你要的，端看你的角度）。此時的他已來到南交點的極限；他不斷精進技術（第六宮）並勤奮地工作，但他對創造、尋找靈感、娛樂以及實驗的需求卻被「自動化」的行動所取代。有些事情必須放棄，眼看著前面還有好幾場票都賣完的脫口秀演出在等著他，他卻感到「身心無比疲憊」。他描述，當他結束最後一場脫口秀的演出回到休息室時，一股無以名狀的憤怒湧上心頭，於是他將他的魔法收拾起來，頭也不回離開了脫口秀的舞台。

這樣突如其來的發展似乎與他的火星－天王星以及冥王星－上升點有關。但實際上，來到頂端以及多年來所付出的代價就是改變的過程，它必然發生，而突然的（天王星）行動（火星）本身看似衝動，但其實符合他毫不猶豫的行事風格。而且冥王星在他的星盤中又位於如此顯著且具影響力的位置，冥王星經典的關鍵字**轉化**也經常在他生活中重要發展上扮演重要的角色。他最終就是要讓發展已久（上升點）的角色死亡（冥王星），另一個新的角色才能出生。

## 家庭

史提夫在多個場合中曾經提到他與父親的關係是緊張且疏離的（他們家是直接以名字稱呼父親，而不是「爸爸」），甚至在史提夫長大後更加惡劣。當父親的朋友說他的父親是多麼的有趣、照顧人和外向時，他感到非常訝異，因為他從來不曾看過父親有這樣的一面。

當他父親的表現越來越負面，尤其是針對他的母親時，這一點是從偷聽他們吵架而發現到的，他決定他與父親的關係「名存實亡」，而這個裂痕持續到他父親往生的前幾年。他描述他的母親是個非常順從的人，總是努力避免父親的怒氣，事後又偷偷將她真實的想法告訴史提夫，然後要他保守祕密，這使得他後來有好長的一段時間以為「表達真實的想法是危險的」。

史提夫與父母各自的困境與他年輕時所學到的概念可能來自月亮與冥王星的四分相、金星對分擅長忍耐的摩羯座南交點以及金星與土星的寬度數合相。

月亮是最原始的占星符號之一——它在我們能夠說話和行走時就產生影響力，並代表我們如何接受（或給予）他人的照顧。雖然月亮和位於第四宮的行星／星座代表家和家人，它不一定能客觀描述當事人的父母。相對地，月亮和第四宮顯示的是當事人，也就是史提夫是如何看待他與父母及權威者的經歷與關係。

一開始他的天蠍座月亮就顯示出某種程度的情緒緊張，而他有具有看到或感知到家中或家人之間情緒的暗流，尤其那些負面而不能讓子女看見的暗流（有時不一定能隱藏得住）。很多時候，像這樣天蠍座能量突出的人會不知不覺成為別人懺悔的對象，雖然並非出於自願，但他們也會保存祕密。

而冥王星的四分相更加入了某種極端，也代表人生最基本的信任（月亮）已產生傷口（冥王星）。一方面他渴望被照顧，但另一方面卻又拒絕被照顧，不希望自己在依賴後又失去而造成更深的傷口。毫無疑問，他的母親對他的意義有多重要，但他提到他與母親之間的祕密時，也描述了父親窒息的、將人吞噬的憤怒就像是隨時會被點燃的火藥一樣，這些都為家裡帶來了隱藏的緊張氣氛，也將史提夫的安全感（月亮四分冥王星）擲出了裂痕，也許也教導了史提夫必須保守祕密到最後。

金星位於與世隔絕的第十二宮和巨蟹座，與摩羯座南交點形成最遙遠的距離，暗示了他所想要的溫情是如何遙不可及，尤其年幼時南交點的影響力又是最強大的。金星在巨蟹座可以帶來浪漫的、情緒化的、愛與仁慈的情感，然而在這張如此自我保護的星盤中，位於第十二宮的巨蟹座只能揹著厚重的殼而無法讓這些情感實現而被看到。覺察和重新尋回這部分的自己，並願意在關係中向信任的人表達，對他而言可能要花上好幾年的練習。

也許是因為他與父親的距離，又或者只是出於天性，史提夫看起來總是獨立自主，包括在情緒上。這應該也有部分來自第六宮摩羯座的南交點——努力工作、年紀輕輕就肩負重責大任以及自給自足。

雖然史提夫曾稱讚父親是家人裡「最大方的」（經濟上），但史提夫本人似乎總是受到父親債務或其他欠債的困擾，以致於在他成年後從不使用信用卡。

整體而言，史提夫與家人的溝通和互動非常有限，他曾說只有在他自己創造的世界，遠離家庭的羈絆才是最舒服的，他覺得「家庭完全無用」，這也使他一直與家庭關係保持距離。他避免與父親談到工作，因為他的父親從不會表現出肯定的樣子而只會批評。在他三十歲後期或四十歲早期（開始往北交點前進？），他開始嘗試與父母重新連結，也發現到父親對他的態度開始「軟化」，但他說道「我愛你」這三個字遲遲到父親八十歲時才出現。

## 愛情

雖然史提夫有幾段重要的感情關係及兩段婚姻，但他並不願意公開談論私生活，而表面上的評論也讓我們很難真正知道他的感情生活。不過幾個事實及一些傳聞還是可以讓我們一窺一二。史提夫曾不止一次提到他不想要小孩以及對婚姻矛盾的態度。雖然在他長達十八年的脫口秀生涯中，他曾有過多次的一夜情與幾段短暫的「一夫一妻制生活」，但他在一九八〇年接受《花花公子》（Playboy）的訪問時說道：「我再也無法接受所謂的露水姻緣，也無法與陌生人同床共枕。這整件事——太令人絕望了。」

在脫離長期彌漫著「臥倒並掩護」氣氛的家庭，並隨著時間的發展與自我察覺，金星和北交點之旅總算可以開始，雖然要歷經漫漫長路才能修成正果。土星的限制與自我保護，再加上冥王星－月亮四分相的自我防衛更會讓這條路困難重重。北交點並不是可以唾手可得的目標或終點，它是終生必須借以指引的路標。離開短暫的感情關係對史提夫而言不僅是走向成熟的必經之路，對史提夫而言也是透過金星往北交點前進的旅程中重要轉折，畢竟親密感的形成必須要在時間和情感的複雜度上到達某個點才會產生。

自傳中有一段話顯示出他與父親之間的緊張與距離感對他的人際關係產生的影響：

「與他切斷關係只與家庭其他成員互動後，我的心理不斷累積負罪感，多年後更是以感情的失聯與盲目追求孤獨來偽裝。」

多年後在他與父親最後一次對話，也就是他的父親在臨終前說，他想要對「所有接受過但無以回報的愛」大哭一場時，史提夫說，他感到「一股熟悉感」。不管這股熟悉感是指他回想到童年時期，抑或他發現到父親的話也映證了他的生活，這肯定代表著他情感道路上的某個障礙終於可以移除，尤其是在愛的路上。

# 第十七章 疑難排解

即使我們不斷練習，累積了不少實力與技術，有時還是會遇到特別難理解的出生星盤。以下是常見的疑問以及解決的建議與方法。

## 矛盾的解決

你可能會在電腦軟體所跑出來的星盤報告中看到以下描述：「你是個外向且善於表達的人」，幾行字之後則為「你是個喜歡獨處的人」。好，你到底是那一種人？也許你出生星盤的火星位於隱密的第十二宮巨蟹座，給人的印象是安靜、居於幕後的，但因為上升點在獅子座，所以你也可能是個外向、善於表達且主管能力強的人。電腦軟體所產生的報告正說明了星盤中有些影響是互相矛盾的，然而我們可以解決這樣的矛盾。

這樣的矛盾有時依環境而定，例如有些人在人群中會特別害羞，但在一對一的環境中就不會。雖然「害羞」與「社交」看似矛盾，但都有可能分別存在於我們的個性中。不過在大部分的情況下，在考慮矛盾底下各自的力量後，你還是可以得出更深層的意義，而不是只局限在「有時你是這樣，有時則完全相反」的說法。

我們每個人的內在都有矛盾的勢力，為了爭取主導權而彼此征戰，而這些常由出生星盤中形成四分相或對分相等挑戰相位的行星所反映出來。當你覺得這兩股勢力怎麼可能在一個人的身上同時存在時，你可能也開始體會到當事人所感受的內在矛盾！此時你必須嘗試接受這兩股雖然矛盾但卻合理的影響力。它們各自代表什麼需求？而這個內在矛盾又會如何在真人的身上演出或反映在現實的環境上？

## 大勢力壓制小勢力

有時當星盤出現相互矛盾的行星及需求時，會有其中一股勢力較為強勢而具主導性，而另一股勢力較為弱勢。這有可能是因為其中某種行星組合比起其他的組合更容易被社會所接受、更容易展現，或更被當事人所喜愛。而較弱勢的行星需求或行為並非就此消失，只是暫時屈服。此時就是喚起當事人注意的時機，幫助他們了解如何滿足這些需求，並知道讓這些需求公平表達的重要性。

假設當事人的太陽和月亮皆在摩羯座，而上升點在巨蟹座。簡單來說，這三股影響力讓當事人有著強烈的務實個性，並不斷追求生產力與效率（摩羯座）。他們對待世界的方式是小心翼翼的，從而在與世界互動時保有安全感。他們不太願意做浪費時間與資源或具風險的事，即使這些事情是有趣的，因為這不符合他們最原始的需求。然而若當事人的木星位於牡羊座，他們的內在仍有一部分會想要透過冒險與實驗（牡羊座）來獲得成長並發展潛能（木星），但這對摩羯－巨蟹的組合並不是件舒服的事。實驗不一定會產生有用的結果，而且失敗常多於成功，其中的風險更有讓人受傷的可能。這兩件事是當事人更想去避免的。

因此當這兩種需求都存在於當事人的內在而精力又是有限的情況下，摩羯加上巨蟹的需求比起牡羊座的木星更具主導性與重要性，同時也讓當事人在大多數的時候感到舒服。也因此，當事人更容易讓強勢的需求壓制弱勢的需求。這也讓在牡羊座的木星更不容易找到滿意的表達方式。也許它只會在風險微不足道或有著某種安全機制與控制力的時候才能順暢地表達。這只是其中一種可以解決矛盾的方式，還有其他更多抒發矛盾的方法有待你去發掘。

星盤中的矛盾會以多種樣貌來體現。本質上當行星的組合不協調時，矛盾因而產生。更具體來說，當行星所在的星座和宮位與其他的行星形成四分相或對分相時，更會直接引發衝突。若星盤中有許多行星位於同一種元素，但只有少數位於另一種元素，也會產生內在需求的衝突。無論對作為占星師的你還是星盤的主人而言，當你嘗試了解這些矛盾所產生的疑惑時，這同時也意味著此處是出生星盤中必須解開的結！以下會再討論更多常見的矛盾。

## 不尋常的組合

當出生星盤中行星－星座－宮位的組合之間產生矛盾時的確使人疑惑，但有的時候我們只要一顆位於截然不同的星座或宮位的行星，就能讓原本順暢的星盤故事嘎然而止。沒有一種組合是絕對困難的，因為每種組合都有容易與不容易理解的地方，然後有些組合，例如土星在牡羊座或天王星在巨蟹座的確令人費解，因為這樣的組合看起來就是水火不容。這樣的疑惑也可能出現在星座的主管行星落在對面的星座時，例如火星在天秤座或海王星在處女座。而另一種情形則是星座位於對立的或屬性不合的宮位，例如牡羊座在第七宮或摩羯座在第五宮。

此時你可以用類似的方式拆解這些顯而易見的矛盾。要記得雖然十二星座原型的確告訴我們有些行星－星座－宮位的組合有其共通性並由某個行星所主管，然而這不代表它們各自的含義是相同的。此時你必須要解構十二星座原型。木星主管射手座，若射手座又在第九宮，的確與第九宮的含義相符，然而木星不等於射手座也不是第九宮。

審視你對行星、星座和宮位的意義是否有所混淆，因為這有可能是問題的根源。你是不是把關鍵詞給弄錯了？舉例來說，第九宮與思想體系有關，例如哲學或宗教、某種普世的信念、高等教育或旅行。第九宮有其專屬的活動種類，然而從事活動時不盡然都是用射手座的方式。若用射手座的方式從事第九宮的活動，當事人可能會強調教育必須透過實驗來落實，或是以冒險的方式，例如在異國以露營、背包客或健走的方式旅行。然而若在天秤座，當事人從事第九宮的活動時則會強調客觀性與思想的平衡性，並以更理智的方式來學習。他們也可能會對藝術、法律或人際關係的議題更感興趣。他們旅行的動機也會有所不同，例如他們想要體驗生活中更好的一面，參觀博物館或造訪浪漫的地方。

## 星座始點、宮始點上的行星

回想一下我們之前談到的星盤中星座與宮位的界線時所提到的星座和宮位始點。知道這個名詞的人有許多就是出生在「始點」的人，意思是指他們出生的時候，太陽即將進入下一個星座或宮位。出生在星座始點的時間範圍要比一般人理解的狹隘得多。有些人以為，他們在太陽進入下一個星座的左右幾天出生，太陽都有可能位在星座始點上，但實際上星座之間的界限是很清晰的。要出生在星座始點上，太陽必須要在**那個時候**剛好進入新的星座，也就是太陽這個「圓盤」在當下剛好跨越兩個星座的界線。若在你出生的時候太陽在魔羯座的最後一度，你仍然是貨真價實的魔羯座，即便太陽在一天或數小時後就進入水瓶座。

不過很少人是真的出生在星座始點上的。這並不表示我們不會感覺到自己有兩種以上的個性，或就上述的例子，我們不是只有魔羯座的個性。到目前為止如你所知，我們的出生星盤充滿多種符號的組成，而這些組成的疊加更說明了每個人都是複雜與獨特的。許多人會用星座「始點」來解釋他們的感受並不是那麼的完整，或無法全然符合某個星座的描述。然而當我們考量整張星盤時，會發現除了太陽在星座始點外，仍有許多可能性可以解釋這樣的感受。

星座的始點倒還容易分辨，但問題若是位於宮位始點的行星，其重要性對占星師而言仍是一個爭論不休的話題。[30] 當有行星位於宮位的前端或末端，即靠近宮始點時，要如何解析這顆行星就會是個問題——若早幾分鐘或晚幾分鐘出生，那該行星可能就會在不同的宮位上了。有鑑於此，這對某些占星師而言是有意義的。儘管行星的能量取決於其所在的位置，但由於位於宮始點的行星正在轉換宮位，因此行星的表達方式也極可能會被影響。[30]

該如何解釋位於「宮始點上」的行星在占星學是個爭論不休的問題，有多少占星師就有多少意見。這個議題一直煩惱著占星師而遲遲沒有結論，同時還延伸出其他問題，例如：位於宮始點的行星應該要以所在的宮位還是以即將進入的宮位來詮釋，抑或是兩者的「混合」？而行星究竟要多靠近才會被視為在星座或宮位的「始點」上？

決定以所在的位置詮釋行星或將其「推」到下一個連結的宮位，其背後的理由五花八門。然而也沒有一個好的理由強迫所有占星師認為這是個問題，雖然仍有許多占星師熱切地表達不同的意見。除非你對其中某個論斷特別感興趣，否則最直接了當的方式就是看到什麼是什麼，也就是

30 原因來自兩個層面：第一，就回歸黃道的系統而言，星座的起始本身並無任何爭議，然而宮位制的選擇卻有著許多不同的系統，每一種系統的宮始點也可能會有幾度的差異（不過所有宮位制的四個尖軸點大致是相同的）。第二，行星可能在數天甚至數年都位於同一個星座內，但由於宮始點在一天中的變化是很大的，因此行星只有幾分鐘的時間會位於宮始點上。

不管它再怎麼靠近始點，直接解釋行星所在星座和宮位的意義。無論你如何看待這個議題，你都必須遵循一致的法則，尤其是你才剛踏上學習占星學的旅程。當你的技術益發成熟，你就可以嘗試實驗其他方法並找出哪個方法最能產出最一致性的意義。

## 跨星座相位

每個星座相對其他星座而言都有它的意義。金牛座永遠跟在牡羊座的後面，這是不會改變的。而牡羊座也永遠四分巨蟹座，並與天秤座對分。因此任何在這些星座的行星也會反映這樣的關係。若有行星位於牡羊座14度，另外一顆位於巨蟹座14度，它們所形成的將會是四分相，不會是合相、三分相或對分相，這是因為牡羊座和巨蟹座永遠呈現四分的相位。

然而大部分相位的形成並不一定有這麼準確的度數。行星中間通常會有小範圍的容許度。位於牡羊座11度的行星與位於巨蟹座14度的行星因為在3度的容許度內，因此兩者也可視為形成四分相。然而容許度有時也會讓兩個分別位於形成六分相或三分相星座的行星，卻形成了四分的相位。這種情形最常發生在一顆行星在星座的尾端而另一顆位於星座的前端時。假設水星位於牡羊座28度而木星位於獅子座1度，就星座而言，它們永遠只會形成三分相，但因為經計算後兩個行星相距約90度，因此技術上兩顆行星是形成四分相的。若你對相位感到疑問，只消計算行星之間的度數即可，即它們中間最短的距離。

要解開跨星座相位的疑惑，我們必須要有創意地思考，想像這些星座有什麼相同點，又有什麼相異點。當兩個行星形成挑戰相位，例如四分相或對分相時，想像一下這兩者的共同點是否也可能造成衝突。若形成的是流暢的相位，例如三分相或六分相，則思考平時衝突的兩個星座是否也有共通之處。

每個星座都有處得來與處不來的地方。舉例來說，雖然天秤座和射手座永遠都會形成順暢的六分相，它們中間仍有顯著的不同，例如射手座常不加思索投入某個體驗，而天秤座卻總是猶豫不決。相反地，雖然射手座和雙魚座永遠處在四分相的關係裡，但它們都同樣擁有開放和樂觀的能量。

# 第十八章 ● 星盤解析的小祕訣

若你一生都能持續研讀和實踐占星學，過程中你還會累積更多的技術和祕訣，而這些技術都能幫助你從出生星盤中收穫更多。以下就是你可以參考的祕訣。

## 尋找主導的行星／行星組合

之前的章節所介紹的技術目的是為了幫助你找出星盤的主題。儘管這些或其他技術幫助你奠定解析基礎的同時，你自己也會發現，或透過主題線的發展而發現某些額外的訣竅，例如主導行星的存在。之前在「尋找星盤主星」的章節中我們有談到如何找出對出生星盤具主導功能的行星。然而，出生星盤中的主導行星會以各種其他方式出現，就算它不是星盤的主星。

特定行星的影響有時會在整張星盤中重複出現，有可能直接透過與許多行星形成的相位，也有可能透過定位星的關係（例如強大的海王星再加上強大的雙魚座）。若行星與上升點合相或在出生星盤中構成許多相位（尤其太陽和月亮也在其中時）進而影響許多其他行星時，也是主導行星表現的方式之一。並非每張星盤都會顯示這種情況，即使有，它可能也只是星盤的一部分，而不是主題的的一部分，因此這個技術並非適用於所有出生星盤。不過若所有或許多線索在透過定位星的回溯後都指向某個行星、星座和宮位的組合時，它的確能產生令人眼睛為之一亮的洞見，值得深入研究。

**逆行和截奪**這兩個概念可以幫助你微調行星在出生星盤中的表達。它們的影響是微妙的，但若星盤中有這兩種現象，亦可以提供行星在出生星盤中是如何作用的相關訊息。

## 行星力量的微調

### 行星逆行

地球與其他行星一起繞著太陽公轉，就像在高速公路彼此相鄰的車道上各自行駛的汽車一樣。由於每個行星的軌道長度不同，與太陽之間的距離也不盡相同，所以行星在軌道上運行時會超越彼此，有的從我們身後過來再超越我們，有的則在我們經過後被我們拋在後面。當地球超過另一個軌道上的行星時，從我們的角度看來，我們超過的行星正在向後移動，但實際上是我們在向前移動。這稱為**視逆行運動**，對理解行星的運行以及解釋它們在出生星盤的意義是重要的。

就視覺上而言，行星看起來會先減速、停止、反向運行一段時間後，再減速、停止，然後再次往前運行。若我們追蹤行星逆行期間的行徑，畫出其在天空中前後移動的路線，會發現它不僅在同一平面上來回運行，而且看起來好像往後繞著「圈圈」，就像雲霄飛車以相反的方向繞圈圈一樣。再強調一次，這只是**視**運動而已，因為行星並沒有真正在軌道上後退，然而這個繞圈圈的運動對逆行行星的影響的確是個恰當的隱喻。逆行的行星在能量的表達上看起來是間接或延遲的，整個過程好像必須先進行某種內在循環後才能對外體現出來。有些占星家認為逆行行星特別重要，若它是內行星之一(水星，金星和火星)更是如此，並會認真考量逆行會如何影響行星在出生星盤的表達。

由於太陽和月亮在太陽系中的相對位置，因此它們永遠不會逆行，而外行星(天王星，海王星和冥王星)每年都會逆行一段頗長的時間。

## 截奪

十二個星座搭配十二個宮位，豈不簡單俐落？然而星座和宮位的配對往往不是那麼的整齊；常見的情況是，宮始點可能位於星座中的某個位置，並終止於下一個星座的中間。相對地，每個宮位也可能始於不同的星座，一個接著一個，直到繞完十二個宮位為止。

但是**截奪**就是其中的例外。若出生在極端緯度，截奪的情況更為常見。由於每個宮位的大小並不相等，因此有時宮位似乎把整個星座吞沒一樣(圖10)。也就是說，宮位始於某個星座，直到**第二個**星座之後才結束，例如第二宮從巨蟹座開始，第三宮從處女座開始，而獅子座則完全被吞噬在第二宮中。由於每個星座的寬度均為30度，因此某個宮位特別大，大到超過30度的範圍時，就會發生截奪。相反的情況也可能出現，當兩個宮始點落在同一星座時，而這發生在宮位特別狹窄且寬度不到30度的情況下。

因為出生星盤是一個固定的360度的圓，所以這兩者情況通常會一起發生，較寬的宮位填滿了較窄

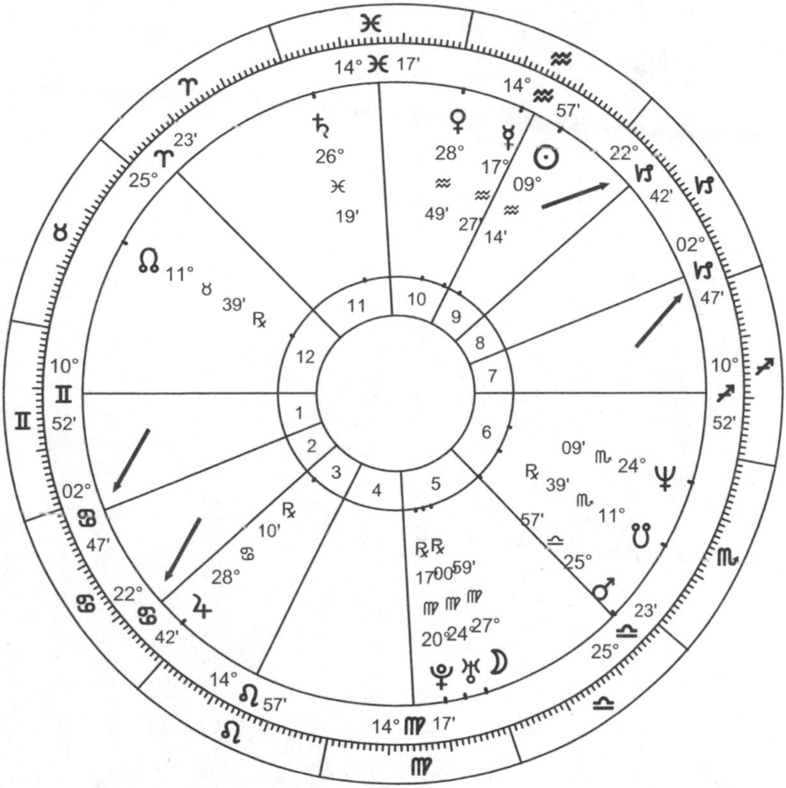

（圖10）截奪宮位：巨蟹座和摩羯座完全包圍了第二宮和第八宮

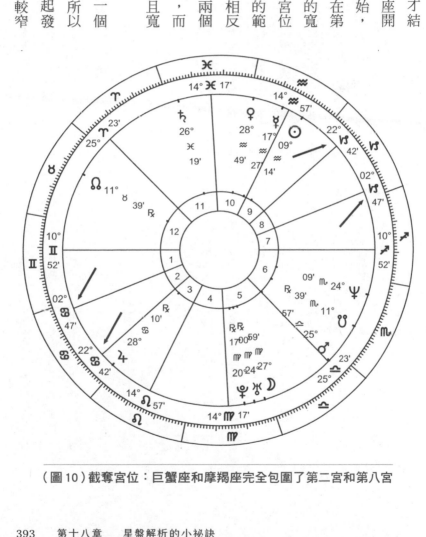

的宮位所放棄的空間。此外，在出生星盤的一側所發生的截奪也會在另一側發生，就像鏡子的反射一樣。不僅較寬的宮位（包含整個星座）和較窄的宮位會同時出現，它們也會在出生星盤的另一側出現。若一個星座被截奪，其對面的星座也會被截奪。若兩個宮始點都在同一個星座上，則其對面的兩個宮始點也將位於對面的星座上。

若星座完全被宮位給包圍，則稱為截奪星座（圖11）。該截奪星座的所有行星也會受到影響而被稱為截奪行星。

宮始點也被認為是星盤中的敏感點，星座的能量在宮始點的表達是最直接的。這也就是為什麼靠近宮始點的行星，尤其是四尖軸的行星通常被認為是重要的。但若行星落在被截奪的星座上，那麼它就會少了宮始點的作用。從本質上說，被截奪的星座通常更加隱蔽，行星的表達的能力也會是如此。你可將它比喻為透過毯子說話——你聽得到聲音，但比平常更悶。

占星家對截奪的重要性的看法有很大的差異。像逆行的行星一樣，被截取的行星影響很小，只是在行星－星座－宮位組合的基礎上做額外的微調而已。占星師克里斯・麥克雷（Chris McRae）將被截奪的星座或行星的影響描述為「因內化而更具張力」，原因是它們沒有宮始點來作為能量的出口，所以在生活中以向內表達或向內發展的方式來體現。

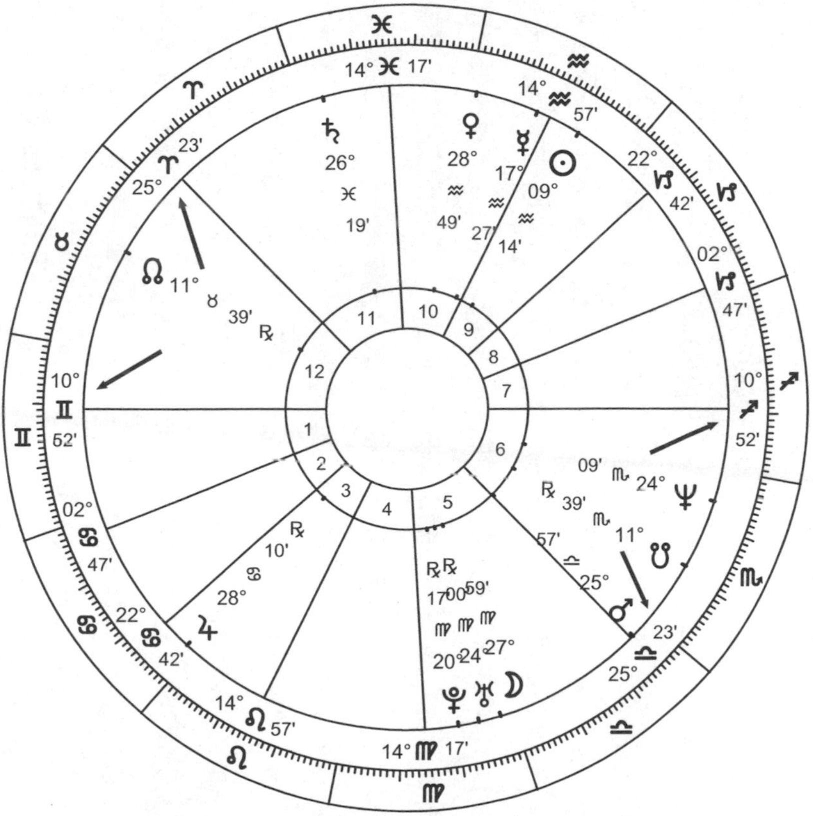


（圖11）截奪星座：第六宮和第十二宮完全包圍了天蠍座和金牛座

## 整個星座相位的應用

相位主要在協助了解不同的行星—星座—宮位組合之間的互動，從而建構出生星盤中敘事路線的梗概。雖然行星之間的相位是由具體的度數確定，但基於星座本身的相對位置所構成的整個星座的相位，在某些情況下也有可能產生關聯。當兩個行星所在星座本身就有某種固定的關係時，就會出現整個星座相位，即使兩個行星實際的相位容許度相對較寬。

星座之間總是保持固定的關係（金牛座在牡羊座之後，射手座是在雙魚座之前的三個星座，等等）。例如，牡羊座與獅子座和射手座之間的相位為三分相，和巨蟹座與摩羯座則為四分相，並始終與天秤座形成對分相。因此，牡羊座與獅子座和射手座的風格是一致的，與巨蟹座、摩羯座和天秤座在能量的表達上總會產生某種程度的緊張。當行星位於這些星座時，若它們之間的容許度太大，在技術上不一定會形成相位。然而每個行星仍將透過星座在某種程度上與其他行星產生三分相或四分相（或對分相）的和諧或緊張關係。

在整合出生星盤中行星的各種組合時，我們可以看到各種能量是如何相互協作（或不協作）。即使兩個行星之間的容許度嚴格來說並未構成相位，你必須了解這兩個行星如何在當事人身上作用，而整個星座相位有時可以幫助你完成這個目的。

## 找出相位共同的元素與模式

我們也可以將行星之間的相位或多個相位組合的相位形態拆解後，再單獨分析每個組成因子與行星的本質，之後將每個步驟所發現的內容建構成你的解析。不過還有一種技術可以統合你對相位的理解。若回溯行星所在的星座，形成相位的行星均有共同的二元性、模式或元素，但跨星座相位為例外。合相的行星顯然擁有這三種屬性，因為它們位於同一星座。除此之外，其中最重要的是相同的模式或元素。

形成四分相、對分相以及三刑會沖或大十字形態的行星都有共同的模式；他們所在的星座清一色為基本、固定或變動星座。而形成三分相的行星擁有共同的元素——火象、土星、風象或水象。至於形成六分相的行星則有相同的二元性，即投射性或接受性。

除了行星本身的細節外，享有共同模式的挑戰相位能顯示相位處理既有衝突時所採用的方式。基本星座的相位主題顯示的方式為「坐而言不如起而行」以應對行星需求之間的緊張關係。固定星座的相位主題顯示能長久承受壓力的能力，但也指向無法改變的錯誤，就好像在談判桌上每個人有著互相矛盾的需求，但各自卻又「堅持已見」。變動星座的相位主題顯示了與基本星座主題一樣的變動傾向，但其目的是擺脫衝突或逃避其影響，致使能量不斷反覆與循環。

若行星之間形成有著共同元素的相位，這種三分相的能量將在行星之間形成緊密的連結，在出生星盤中容易互相合作。這些行星在遇到情況時會以該元素恆久不變的方法來應對。火元素的三分相透過熱忱並激發彼此的創造力或本能的驅動力來合作。土元素的三分相透過實際的方法與具體的運用來合作。風元素的三分相尋找訊息並利用訊息激發和交換新的想法。水元素的三分相則運用直覺評估任何情況的意義以及該情況所引發的情感反應。

這種潛在的共通性可以幫助你強化對行星間聯繫的理解，而且也有許多作者針對這個技術發表許多著作與看法。[31] 雖然你仍然需要解析每個行星在星座和宮位的意義，才能輕鬆地（或不輕鬆地）理解它們之間的互動，但是這個技術的應用可以幫助你進一步整合它們的含義。

## 注意重複出現的徵象

在解析出生星盤的行星—星座—宮位時，你可能會產生許多的概念和組合。列出所有可能性雖然有幫助，但要弄清楚哪種可能性最為適用卻容易讓人不知所措。例如，若某人的第九宮裡有一顆行星，這可能與他的教育、旅行或哲學（正確的生活方式背後之中心思想）有關。但是你應該能判斷得出最重要的事情是什麼。例如，探索他們的基本觀點和信念可能會比猜測他們最喜歡的度假勝地更有意義（除非他們的問題是明年夏天應該到哪裡度假！）

星盤中的故事線將幫助你知道每個行星—星座—宮位組合中最有意義的描述。在上述的範例中，我們隨意假設哲學觀點比旅行更重要。然而若星盤的其他部分強調當事人對旅行的強烈需求及其對當事人的重要影響，或者旅行對當事人而言扮演著催化劑的角色（例如，射手座占主導地位或沒有行星位於較為務實的星座或宮位），你可能會意識到，第九宮的行星意義可能更偏向旅行本身，而不僅僅是建議度假勝地而已。

這就是為什麼熟悉每個行星、星座或宮位的含義是重要的，而且要意識到，在進行出生星盤的解析時，你不會採用所有可能的含義。在解析出生星盤時，你可以先記住與故事線最直接相關的關鍵字和概念。例如，在強調心理或智力傾向的星盤中，我們會看到許多行星位於風象星座／宮位或有顆強勢的水星。當事人主要會以雙子座的行星來進行學習的活動，甚至讓當事人成為書蟲或學霸。若是在一個強調社交的星盤，你可能會看到所有位於雙子座的行星更傾向雙子座善於溝通的一面，讓當事人成為一個演說家、老師或作家。這些都是雙子座所具備的特徵之一，然而當事人究竟如何在生活中**實現**則與故事線有很大的關係。

這種技術建立在重複的概念上。若你已列出各種行星—星座—宮位的組合，也找出每種組合可能的含義，請找出哪些含義是重複的。當你在整合每一種組合的含義時，重疊、反覆和強化的部分是你應該要率先注意的。

出生星盤中潛藏著無限的組合，也反映了人類無限的潛力。但是潛力並非現實。我們的確

31　占星家諾爾・泰爾將大三角視為「自給自足的封閉迴路」的概念就是透過共同的元素所體現的，而翠西・馬克斯（Tracy Marks）的著作《如何看待你的三刑會沖》（How to Handle Your T-Square）也是其中之一。

有著**無限**的可能，但不代表就可以真的成為我們想要的**一切**；因為我們並沒有無限的壽命或資源。同樣地，每個星座都代表一個原型，該領域包含無數種表現的形式與經驗。然而，即便每個複雜的人們的出生星盤都有著蘊藏多種可能性，也不代表每個人的行為都能表現出原型的一切可能。他們參與了原型的演出，但卻無法完美地代表星座中最純粹完整的經驗。他們從原型中汲取的不僅是原型中的一部分，還有所有相關的部分，而且每個與原型相關的內容還會隨出生星盤而變化，因為所有原型在星盤中是混合在一起的。

## 抽象地思考

為了使你的解析具針對性且避免太多枝節，你必須有策略地縮小範圍直到掌握精髓為止。就如上一段所述，人們無法在每一刻都實現行星、星座或宮位的所有可能性。不過你也得避免從原型汲取**太過**狹小的範圍，因此你須從中尋找最佳平衡點！這個概念的重點是將範圍縮小到最重要的潛能，同時也要了解人們是如何發展或改變表達這些潛能的方式。做到這一點的方法是避免在解釋時過於直接，也不要只執著在占星符號的一個概念或一種潛能的表現。

行星在星座或行星在宮位的詮釋不會只有一種。當你在解析水星在星座然後宮位的過程時，你同時也在定義水星自我表達的方式，從而微調並縮小可能的含義。然而水星在一定的範圍內仍存在著許多表達方式，我們不能僅靠猜測來決定哪種方式會出現，而是要理解其中最可能出現的方式。此外，想要猜出行星—星座—宮位組合中所有的表達方式是沒有意義的，也是不可能的。難道水星在第十宮處女座的人都成為會計師嗎？當然不是。水星在第十宮處女座有多種表達的方式可以選擇，只要是能在公眾的或符合其職業目標的領域中（第十宮）以準確分析的方式（處女座）完成溝通的欲望（水星）即可。不要隨意猜測X人會成為會計師還是Y人喜歡收集原版或初版小說。這些是都是讓他們個人探索和決定的，屬於自由意志的領域：如何表達與運用行星的核心能量本來就會帶來多種結果。與其玩猜一猜的遊戲，不如專注於事物的核心：一個或兩個根本的原因所帶來的多種影響。洞悉這些根本需求和原因不僅會提高準確性，而且對於出生星盤的當事人而言更具價值。

## 關鍵詞：樹根還是樹枝

現在你已經了解到，常用來示範或比喻行星、星座或宮位意義的關鍵詞，並不一定會以**字面上**的意義在出生星盤中呈現。冥王星主管犯罪和黑社會，儘管每個人都有冥王星，但不是每個人都是黑社會（雖然有些人可能認為自己是）。若你卡在關鍵詞上，可以思考一下它傳達的只是範例還是本質。它會帶你深入其含義的根源，還是只是從該根源分支出來的一種可能性？一般來說當關鍵詞的含義越是複雜和多面，它就越有可能是根源。**溝通**和**學習**是**雙子座**最基本的關鍵詞，然而獲得新聞學學位、對填字遊戲的熱愛、喜歡電視脫口秀或成為讀書會的會員只是雙子座這顆樹的分支，不一定會在雙子座的生活明顯呈現，但這些都是源於樹的根源而支持著雙子座的支幹。

## 不要強加主題

找到出生星盤的主題就像中獎，你會希望每個行星的意義都與主題有關，但這不一定可行。有時你可能有一個主要主題和一個次要主題，或者兩個互相衝突的主題。有時候你會發現一顆獨立的行星，無論怎麼嘗試都無法將它與你所發現的主題串聯起來。此時你可以重新思考或重新建構你的主題來了解自己是否錯過了什麼重點，但也有可能這顆行星就是想要保持孤立的狀態。孤立可能就是主題的一部分（或第二個相互矛盾的主題），它代表當事人的一部分，而那部分很難與其他的部分互動或融合，因此就由這顆孤立的行星反映出來。例如，若星盤的大部分顯示了旅行和冒險的特質，然而位於第四宮金牛座的月亮卻暗示當事人是個喜歡平凡的日常生活並耽溺於安全感的宅男，這確實是矛盾的。但這也指出當事人在嘗試滿足所有需求時可能會遇到的挑戰，以及當他們的內在有一部分長期無法獲得滿足時可能產生的衝突。星盤中超出主題或與主題有所衝突的部分，與主題一致的部分是一樣有價值的。

## 與對面的星座、宮位比較

占星師大部分的工作是不斷深入他們對行星、星座和宮位基本原型的理解。若你在理解星座或宮位的基本含義時遇到困難，或者只是想更深入理解，將它們與對面的星座和宮位做比較可以為你提供一些不一樣的觀點。在前面的章節中你已經閱讀許多有關宮位和星座的內容了；以下是一些基本簡單的含義來幫助你加強理解。

### 牡羊座 vs 天秤座

牡羊座從不猶豫。它的行動是直接而有力的，對於想要的也總是熱情地追求。他們是勇於競爭且大膽的，是自我也可能是自私的。牡羊座的人是積極進取且有自信的，但也容易產生衝動，常會一頭熱，思考模式也是非黑即白。

若說牡羊座是戰將，那麼天秤座則是和平使者，確保每個人都有機會表達自我，同時避免不必要的衝突。天秤座的人善於妥協、舉止優雅、思想公正。天秤座看到的一切都是灰色——萬事並非絕對，而是多元而複雜的。正是這種能力使他們得以看到自己之外的觀點，也使他們有著強烈的社交意識，但也容易猶豫而無法下決定。

## 金牛座vs天蠍座

金牛座的存在是一貫的冷靜、寧靜和穩定。他們深知凡事慢慢來的好處並懂得享受生活的當下。他們的內心有一種篤定感，因此他們看起來總是波瀾不驚。金牛座喜歡凡事簡單明瞭，並崇尚「不急不徐」的行事風格。他們不喜歡戲劇化，並且會頑固地抵抗改變來固守已知的安全。

天蠍座的人不喜歡生活在穩定開朗的世界，也們只有在危險邊緣時才會感到自己活著。複雜和緊張的事物才能使他們成長，而當危機使其他人崩潰或無法行動時，天蠍座的人卻仍生機盎然。天蠍座渴望改變所帶來的更新與淨化，甚至會有意地尋求改變，不過他們也常把尋常的事給戲劇化。天蠍座的人還善於洞察隱藏在環境或他人行為表面下那些赤裸裸的，甚至令人無以接受的真相，他們很難只憑表象而去接受任何事，看起來越是純粹或簡單的事物，他們越容易起疑。

## 雙子座vs射手座

雖然雙子座和射手座都有學習和體驗的欲望，但方法卻有所不同。雙子座提出問題並希望得到回答，而當這些回答導致更多問題時，他們反而更加高興。他們就像萬花筒般以各種視角看待事情，因此他們的好奇心很少得到滿足。若他們感到無聊了，就會迅速將焦點轉向下一件事。

射手座則希望自己能發現並體會事情的意義，不是只要收集抽象的事實歸納起來就好，而是必須透過個人的體驗。唯有體驗才能真正了解真相，他們也才能蓬勃發展。他們傾向將所有的概念統合在一起後再歸納出結論，但若某些重要的細節被掩蓋了，他們就會作出錯誤的結論。

## 巨蟹座 vs 摩羯座

摩羯座總將目標放在首位然後才關注（情感的）需求，而巨蟹座則將情感需求放在首位，然後才去關注後續的事。對巨蟹座來說，世界可以等待但心不能等，也不應該等。摩羯座的宏觀視野使他們很難停下來休息，因為他們知道今天無法完成的事明天會變得加倍困難，因為世界是不等人的。對摩羯座來說，結果才是最重要的。對於巨蟹座來說，結果雖然重要，但過程才是決定的重點。

## 獅子座 vs 水瓶座

這組星座有著相同的表達自我的願望，但表達的方式卻相反。當獅子座有機會展示自己時，他們的光芒充滿了熱情或表現力，而他們的歡樂總會吸引其他人。水瓶座則透過人我的區分來強化自我意識，這樣他們才能真實表達自我。獅子座的方式是透過參與和包容來發揮自己最好的一面，而水瓶座的方式則建立在超然的態度上，如此他們才能自由發揮其最佳狀態。

## 處女座 vs 雙魚座

處女座以清晰的定義和界限來理解、接受並控制他們的世界。他們善於分類和組織，行動時總想著自己的意圖和目的。當雙魚座在壓力和期望下只會更萎靡不振時，處女座卻生氣勃勃。處女座的精力是集中的，而雙魚座的能量是分散和開放的。當處女座忽略大局而專注細節時，雙魚座則是被大的格局所引吸，卻因無法承擔太多細節而受苦。

雙魚座不進行控制，而是臣服。他們不會為了實現完美而控制，而是屈服於更大的完整與生活，他們的世界因不完美而完美。雙魚座依靠同情心、同理心和想像力行事，而處女座依靠的是洞察力、邏輯性和批判性思維。

## 第一宮與第七宮：自我與他人

第一宮的活動可以幫助我們發現或增強自我意識，在其中我們只為自己和自己的需求服務。我們可能對自己沒有太多的看法，因為一切都在內在運作。然而在第七宮我們會考慮如何把我們的需求與他人的融合在一起，並在必要時妥協和解決衝突，才能繼續分享彼此的生活。在第七宮我們透過他人的眼睛看到自己，無論是否喜歡，我們還是能增進自己的了解，即使我們的伴侶並不一定是正確的，畢竟他們也有自己的盲點。

## 第二宮與第八宮：個人與共享的資源

在第二宮一切都取決於我們：我們的能力，透過自我的努力創造或獲得的資源以及我們如何使用資源的任何決定。但在第八宮我們的資源與其他人的結合起來，在得到他人支持的同時也支持別人。在這種共同享有的資源中，我們同時變得強大，也更加脆弱。兩個宮位都與基本的生存有關，第二宮的生存問題是實際的，而第八宮的問題則與生存的本質或情感有關。

## 第三宮與第九宮：訊息的收集與汲取

雖然兩個宮位的領域都包含學習，但是第三宮的活動集中在觀察、學習或傳遞訊息等即時的事物上。我們不時地對觀察到的訊息做出反應並且不斷改變看法。第九宮的活動則將我們帶離快速變化的感知世界，進入了大型的知識體系以及將知識整合成意義的悠久傳統。一般來說第九宮的訊息已是經過充分整理且去蕪存菁的，其中亦建立起有意義的聯繫。

## 第四宮與第十宮：私人和公共的領域

第四宮的領域主要以我們來自哪裡，從哪裡出發有關，無論我們的出生與家庭，還是進入世界前每一天的開始。第四宮活動與隱私、庇護和氏族有關。而第十宮不在乎我們來自何處，而是關乎我們在世界上的角色以及我們對公眾事務的參與。別人透過我們在世界上扮演的角色看到並認識我們，在這裡我們關注的不是內在的世界，而是將我們在內在世界所培養的東西帶到外面的世界來。

## 第五宮與第十一宮：現在與未來，自我與團體

第五宮的活動將我們吸引到當下，我們在其中追逐著世界所帶給我們的東西。第十一宮的活動則將我們吸引到未來、所有的可能性和人群中。第五宮的活動讓我們站在自己的舞台上，而第十一宮的活動則將我們吸引到觀眾中，成為合唱團裡的一個聲音，為的是實現某種目標或讓自己感到屬於某個團體。

## 第六宮與十二宮：物質和非物質世界

第六宮的事物都是非常真實和平凡的。沒有什麼比倒垃圾、餵貓、上班打卡或刷牙更讓人提不起勁的了，然而就是這些以及數百個類似的瑣事組成了第六宮的活動。我們這裡完成了現實世界的工作，我們的視野小到只有手頭上的任務。在從事第六宮的事物時，我們無法超出世界的範圍，我們是屬於這個世界的。然而在第十二宮，我們的重點不是物質，而是精神的、永恆的與超然的事物。第十二宮的活動讓人們產生更大的視野，使我們暫時（即使只是暫時）擺脫日常生活的煩惱。我們的意識從手上的瑣事擴展到生活本身真正的遼闊。

# 結語

## 寫自己的故事

在初級的階段中，星盤只是一系列的公式。就像用螺栓（宮位）將螺絲（行星）釘入插槽內（星座）一樣。每個公式都會產生一連串的關鍵詞，但你現在已經知道關鍵詞不是最終目的；它們只是為了尋找核心意義的過程中激發你的思維。關鍵詞是固定不變的，但它們皆源於變動的原型，就像樹枝源於樹根一樣。理解星座的關鍵詞或行星組合的最好方法，是透過範例和相關內容將概念轉變成現實。當學習占星的時間越長，你所積累的案例、故事、法則和更精準的判斷就會越多。

當你對原型越是熟悉，你就越能感覺得到它們在你的身旁、你的內在，甚至透過你而活躍。這是一個隨著時間進展而益發豐富的過程，而當你實踐占星的時間越長，藉由經驗所獲得的知識就會越豐富。你將對星座、行星、宮位或相位產生自己的看法，而這就是為什麼占星學能蓬勃發展的原因。在一開始學習時，你會嘗試模仿老師的聲音、遵循他們的範例並使用他們的語言，直到自己成為老師為止。

你所讀到的真的使你了解獅子座的本質嗎？某個人的言語真的能生動地為你示範第三宮的樣子嗎？今天聽到的某句話是否讓你覺得非常符合金星的特質？這些見解都是平常收集得到的無價之寶，並隨時在你需要的時候取用。我們都有一套不同的學習經歷和觀點，而這些都會影響我們對事物的理解。生活透過書本、電影、神話、歌曲、漫畫、人際關係、勝利、喜悅、悲傷等等與我們對話。你的一切、愛好和興趣，技術和經驗都可以為你帶來對占星的獨特理解和應用，因為占星學就是生活。當你發現某件事情**對你而言**確實代表某個占星符號時，它會比你任何概念或關鍵詞停留在你腦子裡更久，影響也更深遠。

拿一本空白的本子，並以星座、行星、宮位、相位，解析技術和任何你喜歡的占星學元素來設定你的章節。除了你已理解的基本定義外，寫下那些符合占星符號的核心意義並特別觸動你的想法和故事。你也可以慢慢收集並累積那些簡單實際並直接相關的、能示範占星學概念的說法、想法、範例和比喻。過一段時間，你將擁有一本為你量身訂做的占星書，並你在解析星盤遇到困難時跳出來協助你發揮創造力。以下有一些想法可以幫助你開始：

回想一下你最喜歡的電影。它們有哪些核心的主題？你能把主題和某個星座或行星連結起來嗎？你也可以用同樣的方去應用在你最喜歡的書籍、童話故事等等。

某個星座最喜歡的職業是什麼，而**更重要是，為什麼**？

若將星座擬人化，它們會是什麼樣的人物？你認為每個星座可以由哪些經典的人物代表，無論這個人是生是死，真實的或虛構的？

你也可以建立或收集任何備忘錄或表格，例如關鍵詞列表，用於星座和行星等占星符號的解碼表，元素和模式的組合及其包含的星座以及其他方便好讀取的訊息摘要。你也可以在當地尋找占星課程或藉由網站上的懶人包來協助你建構書中的內容。不用說，組成學習團體並從他人學習更是極佳的方法。

貼上自己或其他特別吸引你的星盤，或是親密朋友與家人的出生星盤，如此一來，當你有任何想法時就可以隨時對照。

你也可以收集一些特別直指占星符號精髓的語錄或法則。

記得隨身攜帶你的書，隨時準備好記錄下每個靈光乍現！

# 專有名詞表

有些詞彙並未在本書書現，但我仍然將它們列出以供你們參考，一方面希望激起你們的好奇心，一方面也方便你們更進一步學習。

**友好（affinity）**：當星盤中兩個或兩個以上的因子以和諧的方式連結在一起的狀態，例如行星位於性質相符的星座。

**尖軸（angles）**：星盤的四方由第一宮、四宮、七宮和十宮的始點所標示的位置，由出生時所在的地平線和中天分別與黃道交叉而形成的四個點。

**始宮（angular）**：行星位於始宮時是指它位於四個尖軸宮之一（第一宮、四宮、七宮和十宮）以及／或與其中一個四尖軸合相。

**入相位（applying）**：係指相位完成之前的過程。也稱為**進相位**（approaching）。

**原型（archetype）**：係指存在集體潛意識的某些想法或概念，無須經過有意識地學習也已存在個人的潛意識裡；一些原始的符號。

**上升點（Ascendant）【亦見上升星座（rising Signs）】**：係指大部分的宮位制中四個尖軸宮的第一個宮位。上升點為出生時黃道星座的特定度數與赤道的交點，與**上升星座**不同。上升星座係指包括上升點在內的整個星座。但上升星座和上升點因出於方便經常被交替使用。

**相位（aspect）**：兩個行星之間所形成的角度，由星盤中兩個行星（度數）所相距的弧所計算出來的。

**相位形態（aspect pattern）**：由超過兩個以上的行星所形成的相位，且彼此之間形成特定的關係，同時跨越整張星盤。

**小行星（asteroid）**：類似行星的星體（有時被稱為微型行星 [planetoids]），主要分布在火星和木星軌道之間，如行星繞著太陽旋轉。小行星屬於一個較大族群，被稱為**次行星**（minor planets）的一部分，該族群還包括矮行星（例如穀神星 [Ceres] 以及在2006年被重新歸類的冥王星）、半人馬星群（centaurs）（其軌道位於木星和海王星之間）以及超海王星星體（trans-Neptunian Objects）（其軌道位於海王星之外，是的，其中還包括冥王星）。有些占星師也會找出星盤上的小行星並像解析行星意義一樣來解析它們。其中廣被使用的小行星有（相較其他小行星）穀神星、婚神星（Juno）、智神星（Pallas-Athene）和灶神星（Vesta）。冥王星也因其與占星學的密切連結仍被大多數占星師視為占星學的行星之一。

**占星學（astrology）**：係指研究天體與地球上任何事件與人類活動在象徵意義上的連結的學問。

**占星學分類（astrology, Types of）**：隨著時間的演進，占星學延伸出不同的種類與支派。以下為部分的分類，但不是全部：

- **中國占星學（Chinese astrology）**：該系統與西洋／回歸黃道占星學截然不同。該系統亦有黃道十二星座，但與黃道上的天文星座並無關聯。這十二星座分別為：鼠、牛、虎、兔、龍、蛇、馬、羊、猴、雞、狗、豬。每個人出生的年、月、日、時可建構四柱八字，每一柱由上述十二種動物之一所代表，當事人的個性或命運的所有可能性則由四種不同的動物所演繹。【譯註11】
- **擇時占星學（electional astrology）**：係指將占星學應用在為某些活動的「出生」選擇最佳時間或地點，例如為商業、婚姻甚至生小孩等活動。
- **卜卦占星學（horary astrology）**：係指將占星學應用在回答特定問題上。當某個問題被提問時，依照當下的時間及地點繪製一張星盤，並就星盤的徵象回答問題。
- **印度占星學（Jyotish, Hindu and Indian astrology）（或稱為吠陀占星學，Vedic astrology）**：另一個與西洋占星學截然不同的系統。印度占星學一樣有十二星座，但使用的是恆星黃道系統。其中天空又更進一步分割為27個稱為月宿（lunar mansions）的區間，並採用十六種元素的分類。

- **瑪雅占星學（Mayan astrology）**：另一種有別於西洋占星學的系統，其中由二十個星座以及一些動物、物品、抽象的概念或事件所組成，例如死亡或風。瑪雅占星學是以方向而非元素來分類，並採用260天為一年，被稱為卓爾金曆（Tzolkin）的曆法。
- **醫療占星學（medical astrology）**：係指依據個人的出生星盤分析當事人身體健康的占星學應用。其中每個星座（有時也包括行星）對應著身體上特定的區域。
- **世運占星學（mundane astrology）**：係指將占星學應用在世界各種事務、事件，包括政治局勢的分析。依地點分類的占星學。
- **本命占星學（natal astrology）**：係指以各種角度，例如心理、靈魂、生命歷程等等來分析個人組成的占星學。
- **恆星黃道占星學（sidereal astrology）**：係指一種定義黃道十二星座界限的方法。其中黃道十二星座乃根據黃道上天文星座裡的恆星來界定，並非由春分點開始，將黃道上的天空分割為十二個星座的方法（此法稱為回歸黃道[tropical]）。

---

【譯註11】譯者以為，中國的八字是由天干地支所構成並且有複雜且多種的演繹技術，並非單純由四種動物組合而成。且四柱八字並非研究星象之命理系統，不能稱為占星學，中國真正以星象為依據的命理系統為七政四餘。此處與作者所說稍有不同，提供另一種看法供讀者參考。

• **回歸黃道占星學（tropical astrology）**：係指另一種定義黃道十二星座界限的方法。回歸黃道占星學是根據太陽運行在巨蟹座和摩羯座之間的回歸帶時，以其赤緯上的度數為基點來排列十二星座，與根據同名的天文星座來排列十二星座的方法不同〔此法稱為恆星黃道（sidereal）〕。

**天文學（astronomy）**：係指研究宇宙與天球星體的學問，其中包括星體位置、運行、組成與來源的分析。

**弧度（arc）**：係指一種測量圓周長度的量度。一個弧的長度可從測量某個圓周的一部分而得出。

**軸線（axis）**：係指一條穿越地球（或任何行星）中心並連接兩極所想像出來的線，而行星繞著這條線轉動或「旋轉」。

**吉象（benefic）**：係指能帶來幫助和好處的吉星或吉相位的古代名詞，最具代表性的為金星或木星。

**天球（celestial sphere）**：地球周圍是無盡的空間，而天球就是想像的，以地球為中心的球體，代表從四方圍繞地球的宇宙。

**星盤（chart）**：占星學中以二度空間來表現（類似地圖）某一瞬間的天體狀態。

**天文星座（constellation）**：天球的特定區域，由一群恆星或星體形態構成，並因不同的文化與時間被賦予不一樣的名字。

**赤緯反平行（contraparallel）【亦見赤緯（declination）】**：係指一種較不常見的相位關係，根據兩個或多個行星的**赤緯**所形成，代表它們相距天球赤道的緯度距離是相同的。當兩個行星位於天球赤道的兩側（一個在赤道北方，另一個在南方）但度數相同時（一般容許度為1度），它們就形成赤緯反平行的相位。這個相位通常被解釋為「較弱的」對分相。

**始點（cusp）**：係指用來區分星座或宮位的界線。

**必然無力（debility）（亦見必然尊貴[dignity]）**：係指行星位於入弱或入陷的星座上。

**十度（decan/Decanate）**：係指將每個星座以十度為一單位所劃分的區域。

**赤緯（declination）**：係指行星所在位置與天體赤道之間的距離，並以其位於天體赤道的北方或南方，以及度、分、秒所來表示相距的弧度。

**度數（degree）【見弧度（arc）】**：係指一種計量的單位。亦即將圓周劃分為360個區間，每等分則為一度。

**解析（delineate）**：係指占星學中分析星盤的過程，尤其是指星盤中兩個因子的組合，例如行星與星座或行星間的相位。

**下降點（Descendant）**：在大多數的宮位制中，第三個標示星盤四方位的尖軸。亦為出生時位於西方地平線上的星座與黃道交會的度數。

**尊貴力量（Dignity）**：係指衡量行星在星盤中的位置所具備的力量或榮耀度。當行星位在有利於行星表達的星座時，根據古代的的定義，該行星則具有必然尊貴力量。必然尊貴力量有五種：廟（domicile）、陷（detriment）、旺（exaltation）、弱（Fall）、三分性（triplicity）、界（term）和外觀（face）或十度。而具備**偶然**（accidental）尊貴的行星則是指行星在整個星盤中位於相對顯著的位置。此時行星對星盤的影響力將會因為一些原因而提升，包括（但不限於）：位於顯著的位置（例如位於尖軸宮）或有好的助力，例如與吉星形成有益的相位。

**順行（direct）**：係指行星在其軌道看起來是往前運行的，其反義詞為逆行，即行星看起來是向後運行的。

**定位星（dispositor）**：係指星盤中主管宮始點的星座或行星所在星座的行星。舉例來說，若第二宮的始點位於金牛座，其定位星即為金星，因為金星主管金牛座。若出生星盤的火星位於金牛座，基於同樣原因，其定位星亦為金星。這個詞彙源於拉丁文，原意是指「放在不同的位置」。主管宮始點或行星所在星座的行星被認為能移動或帶著能量在星盤中不斷往前。

**二元性（duality）**：係指將十二星座分為兩個種類：投射性和接受性，或常被稱為陽性和陰性或積極面和消極面。

**蝕相（eclipse）**：係指當星體被另一個星體遮蔽時的短暫現象，例如從地球的觀點來看，當月亮遮蔽了太陽的光芒時，或地球來到太陽和月亮的中間而遮蔽了月亮的光芒時。至於全蝕的現象只會發生在三個星體位於同一個**赤緯**度數（全蝕）或位於相近的**赤緯**度數（偏蝕）並排成一列時。星體的遮蔽則發生在星體來到另一個星體前面（自地球的觀點）或通過另一個星體的陰影時。日蝕是指當月亮來到地球和太陽的中間而把太陽〔**掩星**（occultation）〕從我們的視線擋住，太陽的光芒因此而被遮蔽時。月蝕則發生在當地球來到月亮和太陽之間，地球的陰影落在月亮上而遮蔽了月亮反射的光芒時。

**黃道（ecliptic）**：係指從地球的觀點來看太陽一年間在天球行經的視軌道。

**元素（element）**：占星學將星座與宮位分為四種元素：火象、土象、水星和風象。每種元素下各有三個星座及宮位，而同一元素的星座及宮位擁有類似的性質。

**星曆表（ephemeris）**：係指記錄行星（包括太陽、月亮，有時還有月亮交點及被選擇的小行星）位置的表格。除了記錄行星在特定時間所在星座的度、分甚至秒之外，同時也記錄幾個月或幾年間行星每天在特定時間的位置。標準的星曆表會記錄五十年間行星每日在正午或午夜時所在的位置。占星師會利用這個資料追蹤行星在其軌道上以黃道星座的順序行進時的位置、視方向以及平均運行速度。這些資料在繪製星盤時是必備的，同時也是設計繪製星盤的軟體時必須輸入的參數之一。

**二分點（equinox）**：係指一年兩次白天與黑夜的長度大致相等的時刻。技術上亦指太陽來到黃道與天體赤道交接點之時。二分點亦標示著牡羊座與天秤座的開始。

**恆星（fixed Star）**：係指一種看起來與小行星、彗星和行星的運動無關的星體。行星（planet）這個字源於希臘「流浪之星」（wandering star）一詞。

**地心系統（geocentric）【亦見日心系統（heliocentric）】**：係指將地球視為太陽系的中心或是站在地球的位置來觀察的天文觀點。

**星座符號（glyph）**：係指一套簡化的、用來代表行星、星座和相位的符號。

**大圈（great Circle）**：係指將球體，例如地球或天球從中心分成兩半的平面。

**日心系統（Heliocentric）【亦見地心系統】**：係指將太陽視為太陽系的中心或是站在太陽的位置來觀察的天文觀點（**helios**＝太陽）。

**半球（hemisphere）**：球體的一半，例如將地球或天球分為東、西、南、北等半球。

**地平線（horizon）**：一般係指天地之間的界限，亦被稱為**視地平線**。然而真正的或**理論上**的地平線會通過地球的中心。

**天宮圖（horoscope）**：較常見也廣為人知的用法係指根據出生時太陽的星座來概述一個人的個性或作出預測。但準確的用法是指個人的出生星盤或本命星盤。

**宮位（house）**：根據特定**宮位制**（House System）的方法將出生星盤切分成十二個區域，其中之一即為宮位。每個宮位代表每個人人生中某個領域的經驗、活動與行為。

**宮位制（house System）**：透過一連串的準則與數學計算來得出星盤宮始點位置的各種

系統，包括但不限於普拉西德制（Placidus）、波菲制（Porphyry）、柯赫制（Koch）以及等宮制（Whole house systems）。

**下中天（Imum Coeli）**〔見天底（Nadir）〕

**內側行星（inferior）[vs. 外側行星（superior）]**：比地球更靠近太陽的行星（水星和金星）稱為內側行星。這個名詞並無優劣之分，只是表達位於太陽系內側的意思。內側這個詞亦常用於**內側合相**（inferior conjunction），係指行星合相時相對於太陽而言與地球位於同一側。

**始入（ingress）**：在占星學中通常是指當行星進入一個星座時，但它也可以表示從某人的角度來看，一個星體經過另一個星體時（例如水星從太陽前面經過或日、月蝕發生時）。

**截奪（interception）**：係指當出生地位於緯度的極南或極北時可能產生的現象，此時星盤中的某個宮位會大於三十度，且該宮位的界限會將一個星座全部包圍。另一方面也會有一個宮位的度數小於三十度，使得該宮位被最近的星座界限所包圍，其結果則是兩個宮始點會發生在同一星座內，或某個宮始點直接跳過一個星座。

**關鍵詞（keyword）**：在占星學上係指經常用來描述占星符號，諸如行星、星座和宮位的特徵或行為的語彙。

**緯度（latitude）**：係指地球上測量某地在北方或南方與赤道間距離的單位。**黃緯**（celestial latitude）則是指測量某個位置在北方或南方與天體赤道間距離的單位。

**經度（longitude）**：係指地球上測量某地在東方或西方與本初子午線（prime meridian）間距離的單位。**黃經**（celestial longitude）則是指測量某個位置在東方與春分點（vernal equinox point）（天體赤道與黃道的交點）相距的單位。

**發光體（luminary）**：係指有時用來描述太陽和月亮的名詞。

**主相位（major Aspects）**〔見**托勒密相位**（Ptolemaic Aspects）〕

**凶象（malefic）**：係指會帶來傷害、不利的凶星或凶相位的古代名詞，最常是指火星和土星。

**上中天（Medium Coeli）**〔見天頂（Midheaven）〕

**天頂（Midheaven）**：為拉丁文，意指「天空的中間」，亦為黃道與子午線在出生地的天空中所交會的點，並與星盤中的第十宮有關。

**中點（midpoint）**：位於出生星盤的圓周上兩個行星或兩點之間最近的距離。【譯註12】

**次相位（minor Aspects）**：係指兩個或多個行星之間所形成的角度，但未被列為主相位（major Aspect）或托勒密相位（Ptolematic Aspect）者，包括（但不限於）補十二分相（quincunx）、補八分相（sesquisquadrate）和十二分相（semi-Sextile）。

**模式（modality）**：根據廣泛的相同特徵將星座分為基本、固定和變動三種模式。有時也被稱為質料或四正屬性。

**互容（mutual Reception）**：係指當兩個行星位於對方主管的星座時，例如太陽在牡羊座且火星在獅子座。

**天底（Nadir）**：係指星盤中「最低的點」，與星盤中的第四宮有關。就占星學而言，它是指黃道與中天在出生地的地平線下相交的點。就天文學而言，它是指直接在觀察者下方的某個點，與頂點（zenith）的概念是相對的。

**出生星盤（natal Chart）**：係指出生時依據當下的時間與地點所繪製，代表天球的圓形圖，其中包括行星、星座和宮位的位置。

**本命盤（nativity）**：另一個意指出生星盤的名詞。

**交點（node）**：在占星學中係指天球上某行星跨越黃道時的點。其中有兩種常用的計算方法：**平均**（mean）交點是將地球自轉時的「晃動」排除而計算出來的平均的位置「見**歲差**（precession of the equinoxes）」；**真實**（True）交點則是將「晃動」的數值列入計算的位置。

**容許度（orb）**：係指行星準確地形成相位前可被允許的距離。例如，兩個行星在準確合相前的距離為三度，其容許度即為3度。

**軌道（orbit）**：在天文學係指一個星體圍繞著另一個星體運行，例如行星圍繞著太陽或月亮

---

【譯註12】譯者以為，一般占星學裡說到中點，是指星盤上兩個行星或兩點之間最近距離的最中間的點，此處也與作者意思稍有不同，提出供讀者參考。

圍繞著地球。

**出界（out-of-bounds）**：當行星運行時跨越了黃道北方或南方的界限。

**赤緯平行（parallel）（亦見赤緯）**：係指一種較不常見的相位關係，由兩個或多個行星的所在的**赤緯**所形成，即它們相對於天球赤道的緯度。當兩個行星位於同一度數（一般容許度為1度）且在天球赤道的同一側時（兩個都在赤道以北或以南），兩者就形成赤緯平行的相位。該相位通常被解釋為「較弱的」合相。

**外來的（peregrine）**：源於拉丁文，意指「國外的」，其原意及主要含義為行星位於不具**必然尊貴**的位置上——不在其入廟的星座亦不在其入旺的星座等等。占星師諾爾・泰爾則將其應用在未形成五種托勒密相位的行星上。

**月相（phases, lunar）**：係指月亮依其運行的周期並反射太陽的光線時（就地球的觀點）所形成的不同階段。理論上月亮周期可依其光線劃分成好幾個階段，但在西洋占星學最常見的為八個月相。八個月相系統是由以下幾個階段所構成：新月（new）、眉月（waxing crescent）、上弦月（first quater）、盈凸月（waxing gibbous）、滿月（full）、虧凸月（waning gibbous）〔有時稱為**散播月**（disseminating）〕、下弦月（last or third quarter）和殘月（waning crescent）〔有時稱為**消散月**（balsamic）〕。

另外要釐清的是，**盈**[waxing]這個名詞是指新月、眉月和上弦月等月亮的光芒漸增直至滿

**星相（phases, planetary）**：月相主要是應用在月亮周期，但同樣概念亦可應用在其他行星的周期。如同月亮周期是指月亮相對於太陽的位置（就地球的觀點），行星周期則是指行星相對於其他行星的位置。每個行星皆可與其他行星形成星相的關係，即使兩者並未形成相位。行星的星相是自某個行星度數為起點，以順時鐘方向計算至另一個行星度數為止。

**行星（planet）**：源於希臘文，意指「流浪的行星」。就占星學而言，這個詞也包含太陽和月亮。

**內行星（planet, inner）**：占星學中係指水星、金星和火星，有時亦被稱為**個人行星**（personal planets）。太陽和月亮亦可包含在內。

**外行星（planet, outer）**：係指七個可見行星之外的三個行星：天王星、海王星和冥王星。它們距太陽系的中心十分遙遠，有時亦被稱為**超個人行星**（transpersonal planets）。由於他們在占星學形成後非常久的時間才被發現，因此也被稱為**現代行星**（modern planets）。相對於**可見行星**（visible planets）而言，它們也可被稱為**不可見行星**（invisible planets）。

**可見行星（planet, visible）**：係指天王星、海王星和冥王星被發現之前，七顆「古典」行星（包括太陽和月亮）。

**社會行星（planet, social）**：係指兩個位於「中間」的行星，即木星和土星。

**點（point）**：通常用來稱呼不具形體的占星學組成因子，例如月亮交點。

**兩極（polarity）**：黃道帶上對立的星座可稱為兩極的星座。

**歲差（precession of the equinoxes）**：係指地球軸心相對於天球而言不斷產生的變化。假設地球軸心往天球延伸，必然會指向某個位置，而這個空間中的「點」會隨著時間以及地球軸心重複的運動而緩慢地位移，其移動的周期約為26,000年。就像陀螺緩慢地晃動一樣，地軸的「晃動」也會形成某種想像的小圓周。這個現象亦被稱為**地軸進動**（axial precession）。

**托勒密相位（Ptolemaic Aspects）**：通常係指以下相位：合相、六分相、四分相、三分相和對分相，亦稱為**主相位**。該詞彙源於西元一世紀的占星學家／天文學家克勞狄烏斯・托勒密（Claudius Ptolemy）具影響力的著作**《占星四書》**（Tetrabiblos）。

**象限（quadrant）**：係指一個圓周的四分之一。將出生星盤分為四個象限，每個象限包含三個宮。第一象限包含第一宮到第三宮，第二象限包含第四宮到第六宮，以此類推。

**生時校正（rectification）**：係指藉由比對生活重要事件與當時行星的運動來確認個案大致出生時間的過程。

**逆行（retrograde）**：係指從地球的觀點來看，行星在軌道上看似往後運行的現象。但行星實際上並未真正向後運行，只是看起來像是逆行，因此更準確的說法為**視**逆行運動。

**上升星座（rising Signs）**（**亦見上升點**）：係指出生時自東方地平線升起的星座，其中亦包含上升點。

**星盤主星（ruler, chart）**：主管上升星座的行星以及／或與上升點緊密合相的行星。

**行星主星（ruler, planetary）**：當行星位於與其性質完全相符的特定星座時將表現出「在家」的狀態，此時該行星為所在星座的主星。行星與星座的主管關係最原始只分配予七個可見行星，且並非完全根據行星與星座的性質，而是依某種模式由太陽和月亮依序分配予各個星座。

**出相位（separating）**：係指行星在準確形成相位後的運動——當兩個行星完成相位後，彼此漸行漸遠，兩者距離間容許度或弧度也將越來越寬。

**星座（sign）**：出生星盤周圍的十二個區域之一，每個區域等同於**黃道帶**上的30度。每個星座皆代表特定的原型與特徵。

**停滯（station）**：係指行星在改變方向前看起來在軌道上停止運行的狀態。

**星群（stellium）**：三個或三個以上在同一星座或宮位合相的行星。

**太陽星座（Sun Sign）**：出生時太陽所在的星座，常被大眾簡化為「星座」，例如「你是什麼星座？」

**頂點（zenith）**：直接在觀察者上方，位於天球的某個點。

**黃道帶（zodiac）**：與黃道（太陽的視軌道）平行且狹窄的帶狀區域，其上又被區分為十二個等分（星座）。

Green, Jeff. *Pluto Volume I: The Evolutionary Journey of the Soul.* Woodbury, MN: Llewellyn Publications, 1985.

Herring, Amy. *Astrology of the Moon: An Illuminating Journey through the Signs and Houses.* Woodbury, MN: Llewellyn Publications, 2010.

Jones, Mark. *Healing the Soul: Pluto, Uranus, and the Lunar Nodes.* Portland, OR: Raven Dreams Press, 2011.

Marks, Tracy. *Planetary Aspects: An Astrological Guide to Managing your T-Square,* Expanded Revised Edition. Lake Worth, FL: Ibis Press, 2014.

Oken, Alan. *Rulers of the Horoscope: Finding Your Way through the Labyrinth.* Newburyport, MA: Red Wheel Weiser, 2008.

**更多技術**

Forrest, Steven. *The Changing Sky: A Practical Guide to Predictive Astrology,* Second Edition. Borrego Springs, CA: Seven Paws Press, 2008.

Sullivan, Erin. *The Astrology of Midlife and Aging.* New York: Tarcher, 2005.

**其他專題**

Bloch, Douglas and Demetra George. *Asteroid Goddesses.* Lake Worth, FL: Ibis Press, 2003.

Burk, Kevin. *Astrology Math Made Easy.* Woburn, MA: Serendipity Press, 2005.

# 推薦書籍與學習資源

## 出生星盤的研讀

史蒂芬・阿若優（Arroyo, Stephen）（1990）。《阿若優的星盤詮釋指南》（Chart Interpretation Handbook: Guidelines for Understanding the Essentials of the Birth Chart）。亞瑟譯。臺北。木馬文化。

史蒂芬・阿若優（Arroyo, Stephen）（1992）。《占星・業力與轉化：從星盤看你今生的成長功課》（Astrology, Karma, and Transformation: The Inner Dimensions of the Birth Chart）。胡因夢譯。臺北：心靈工坊。

史蒂芬・阿若優（Arroyo, Stephen）（1975）。《占星、心理學與四元素：占星諮商的能量途徑》（Astrology, Psychology, and the Four Elements: An Energy Approach to Astrology and its Use in the Counseling Arts）。胡因夢譯。臺北：心靈工坊。

Forrest, Jodie. *The Ascendant*. Borrego Springs, CA: Seven Paws Press, 2007.

Forrest, Steven.The Book of Pluto: Finding Wisdom in Darkness with Astrology, Second Edition. Borrego Springs, CA: Seven Paws Press, 2012.

Forrest, Steven. *The Inner Sky: How to Make Wiser Choices for a More Fulfilling Life*. Borrego Springs, CA: Seven Paws Press, 1997.

Forrest, Steven. *Yesterday's Sky*. Borrego Springs, CA: Seven Paws Press, 2008.

Princeton, NJ: Princeton University Press, 2010.

Jung, Carl and Joseph Campbell, ed. *The Portable Jung*. New York: Penguin Books, 1976.

Martin, Steve. *Born Standing Up: A Comic's Life*. New York: Scribner, 2008.

## 網路資源與文章

http://www.astro.com 提供非常棒且免費的星盤資源，其上還有占星論壇、大量的文章以及可供點選的星盤內容與星盤報告。他們的星曆表包含了9000年來的資訊，對進階的學習者相當有助益。

http://www.heavenlytruth.com 是我的專業網站，其中有大量的占星文章、提供給初學者的視頻與課程，還有一些演講的時程和諮商的相關資訊。

http://www.cdc.gov/nchs/w2w.htm 若你手上沒有正確的出生資料，這個網站提供美國各州獲取出生證明的連結。

http://findastrologer.com/local_astrology_organizations.htm 能幫助你建置占星學習的網絡。若你在當地找不到占星團體，你也可以建立自己的團體並在這個網站登錄你的資訊。

http://astro.unl.edu/animationsLinks.html#ca_coordsmotion 有許多模擬的動畫與圖案來幫助你將天球與天文現象視覺化，例如四季變化、蝕相等等。

## 獲取星盤

向作者索取

Coppock, Austin. *36 Faces: The History, Astrology, and Magic of the Decans*. Hercules, CA: Three Hands Press, 2014.

March, Marion D. and Joan McEvers. *The Only Way to Learn Astrology: Math & Interpretation Techniques*, Volume 2, Third Edition. Epping, NH: Starcrafts Publishing, 2009.

McRae, Chris. Understanding Interceptions: *A Key to Unlocking the Door*. Tempe, AZ: American Federation of Astrologers Inc., 2000.

**占星學歷史**

Bobrick, Benson. The Fated Sky: *Astrology in History*. New York: Simon & Schuster, 2006.

Campion, Nicholas. *A History of Western Astrology Volume I*: The Ancient and Classical Worlds. New York: Bloomsbury Academic, 2009.

Campion, Nicholas. *A History of Western Astrology Volume II*: The Medieval and Modern Worlds. New York: Bloomsbury Academic, 2009.

Holden, James Herschel. *A History of Horoscopic Astrology*, Second Edition. Tempe, AZ: American Federation of Astrologers Inc., 1996.

Tarnas, Richard. *Cosmos and Psyche: Intimations of a New World View*. New York: Viking Adult, 2006.

**占星學以外**

Jung, Carl. *In the Collected Works of C. G. Jung Volume 8*: The Stages of Life.

社非常歡迎讀者表達對於本書的喜愛以及本書所帶來的幫助，然而敝社只能提供轉信的服務，無法保證每封信都會獲得回覆。請將信件寄到：

Amy Herring
c/o Llewellyn Worldwide
2143 Wooddale Drive
Woodbury, MN 55125-2989

請附上回郵信封與美金 $1.00 的郵資。若為美國境外，請附上國際回信郵票券。本社的許多作者都有自己的網站提供更多的資源。更多資訊請參考我們的網站 http://www.llewellyn.com

若你想獲取免費的 PDF 格式的星盤，可透過我的網站 HeavenlyTruth.com 索取。你只須提供姓名及準確的出生資訊，我將以電郵傳送免費的出生星盤。

### 網路資源

許多網站都有免費計算星盤的功能，但不一定有相同的準確度，這取決於程式設計的人是如何設計的。日光節約時間的轉換、不知名的或已經改名的出生地點以及其他複雜的因子都有可能影響星盤的準確度。雖然有許多書籍能提供某幾天行星在哪個星座的資訊，但我們必須考慮一天中哪個時間點（以及時區）行星將進入下一個星座。另外宮位與上升點也必須透過計算才能得出，而且每張星盤的宮位與上升點各自不同。有些書能提供查詢上升點的表格，但那些多半都不夠準確（當我初入占星學時，就是因為這樣而誤把錯誤的星座當成自己的上升）。因此在選擇網路的資源時務必謹慎。建議最好能在一個以上的網站上獲得星盤並比較其中的差異。

### 軟體

專業的軟體當然是計算出生星盤最合適的選擇，然而對初學者或業餘愛好者而言，價錢可能會讓他們卻步，此時用一般免費或低價的軟體即可。不過由於專業的軟體是由資深的程式設計師及占星師投入心血及研究所設計的，因此他們所使用的數據也較為準確，畢竟羊毛出在羊身上。目前最廣為專業占星師或嚴肅的業餘愛好者所使用的軟體為：Solar Fire、WinStar、Kepler、Janus 和 Time Passages。

### 寫給作者

若你希望聯絡作者或想要知道更多有關本書的資訊，請寫給鹿林國際出版社（Llewellyn Worldwide Ltd.）。敝社將會把你的需求轉給作者。作者及敝

" Translated from "
Essential Astrology：
Everything You Need to Know to Interpret Your Natal Chart

Published by Llewellyn Publications
Woodbury, MN 55125 USA
www.llewellyn.com

Published by arrangement with Llewellyn Publications, a division of Llewellyn Worldwide LTD. through LEE's Literary Agency

# 基礎占星──本命盤解盤技巧

出　　版／楓樹林出版事業有限公司
地　　址／新北市板橋區信義路163巷3號10樓
郵政劃撥／19907596 楓書坊文化出版社
網　　址／www.maplebook.com.tw
電　　話／02-2957-6096
傳　　真／02-2957-6435
作　　者／艾美・赫林
翻　　譯／陳紅穎
企劃編輯／王瀅晴
港澳經銷／泛華發行代理有限公司
定　　價／550元
出版日期／2021年5月

國家圖書館出版品預行編目資料

基礎占星：本命盤解盤技巧 / 艾美・赫林作;
陳紅穎翻譯 . -- 初版 . -- 新北市：楓樹林出
版事業有限公司 , 2021.05　面；　公分

ISBN 978-986-5572-29-7（平裝）

1. 占星術

292.22　　110004312